인간으로서의 생(生)이
세상의 욕망과 유혹, 두려움의 속박을 끊고
신(神)을 향한 자유인(自由人)의 길을
당당하고 단단하며 담담한 마음으로 함께 걸어갈 수 있기를 바라는 인류의 기원과
하늘 길을 인간에게 가르쳐준 지구의 모든 스승과 신(神)들에게 감사의 마음을 담아
이 한 권의 책을 바친다.

신(神)이 길을 걷는
우주진화(宇宙進化)의 원리(原理)
천부경

초판 1쇄 인쇄 2014년 3월 20일

지은이 한상영
발행인 김재홍
책임편집 조유영
마케팅 이연실

발행처 도서출판 지식공감
등록번호 제396-2012-000018호
주소 경기도 고양시 일산동구 견달산로225번길 112
전화 031-901-9300
팩스 031-902-0089
홈페이지 www.bookdaum.com
전자우편 book@bookdaum.com

가격 25,000원
ISBN 979-11-5622-017-6   13150

CIP제어번호 CIP2014007749
이 도서의 국립중앙도서관 출판시 도서목록(CIP)은 e-CIP 홈페이지(http://www.nl.go.kr/ecip)에서 이용하실 수 있습니다.

ⓒ 한상영, 2014, Printed in Korea.

- 이 책은 저작권법에 따라 보호받는 저작물이므로 무단전재와 무단복제를 금지하며, 이 책 내용의 전부 또는 일부를 이용하려면 반드시 저작권자와 도서출판 지식공감의 서면 동의를 받아야 합니다.
- 파본이나 잘못된 책은 구입처에서 교환해 드립니다.
- '지식공감 지식기부실천' 도서출판 지식공감은 창립일로부터 모든 발행 도서의 2%를 '지식기부실천'으로 조성하여 전국 중·고등학교 도서관에 기부를 실천합니다. 도서출판 지식공감의 모든 발행 도서는 2%의 기부실천을 계속할 것입니다.

신(神)과 인간·지구와 우주의 무경계적 존재를 마음으로 잇다

신神이 길을 걷는
우주진화宇宙進化의 원리原理

천부경
天符經

한상영 지음

'마음은 무엇인가' '나는 누구인가'

신(神)과 인간의 경계에서 마음으로 나(我)를 찾아

삶의 짝이 앎이나 성공이 아닌 자기자신이라는 존재론적 진실을 바로잡고

세상에서 쓰이는 내가 아닌 나를 위해 사는 삶을 걸어가야 한다.

일러두기

- 경문(經文)의 사용은 묘향산 석벽본을 따른다.
- '궤'의 한자표기는 혼용되고 있는 '匱'와 '櫃' 중 '櫃'를 사용하였다.

天符經

一始無始一析三極無
盡本天一一地一二人
一三一積十鉅無櫃化
三天二三地二三人二
三大三合六生七八九
運三四成環五七一妙
衍萬往萬來用變不動
本本心本太陽昂明人
中天地一一終無終一

서 문

一

　천부경(天符經)은 오랜 시간 좇았던 '마음(心)은 무엇인가', '마음은 존재하는 것인가'에 대한 물음의 길이자 도착점이었다. 그 길 위에서 '인간에게 마음이 왜 필요한 것인가'에 대한 질문이 적절한 것임을 자각하게 되었다. 마음과 큰 연관이 없어 보였던 천부경에서 본심(本心)으로 마음이 필요한 이유를 찾았기 때문이다. 마음이 인간에게 주어진 것이 아니라 필요한 것임을 자각하게 됨으로써, 역설적으로 마음이 존재한다는 것은 명확해졌다. 그 이후부터 마음에 대한 질문은 존재 여부가 아니라 존재이유로 달라졌다. 천부경의 원저자는 인간이 단순하게 태어나고 죽는 존재가 아니라, 진화를 위해 생사(生死)를 거듭하는 기회를 지닌 존재임을 가르치고자 한다. 이 과정에서 인간에게 필요한 것이 마음이고, 이를 위한 마음공부는 특별한 것이 아니다. 인간이 저절로 자라는 것처럼, 본래의 밝음을 따라 마음의 집을 지어가는 단순한 일이다. 이를 위해서 희미해진 인간의 본래 모습과 마음을 고전(古典)의 도움을 받아 되살릴 필요가 있다.

마음(心)을 만드는 출발점은 정신(精神)과 문명(文明)이 쌓아온 세상의 집단의식과 무의식에서 독립하고자 하는 자유의지이다. 이를 위해 인간은 신(神)에 대한 올바른 모습을 정립해야 한다. 이는 세상의 무기인 생존과 감정적 공격으로부터 스스로를 지키기 위해 필요한 노력이다. 이때의 신(神)은 예수와 부처, 노자의 길에서 모두 같다. 이름에 따라 도(道)·네 안의 하나님·불성(佛性)으로 다를 뿐, 그들이 보여주는 신성(神性)과 마음에 관한 가르침의 본질은 같다. 우리가 할 일은 신(神)과 인간이 본래 같은 존재임을 자각하는 것뿐이다. 인간은 마음대로 살 수 있는 권리가 있다. 이를 위한 마음을 만들어 가는 과정을 통하여, 인간은 신(神)과 같은 마음으로 삶을 사는 기회를 얻는다. 천부경은 신(神)의 길을 담고 있는 인류를 위한 교과서이고, 인간이 그 길을 걸어가는 것이 우주원리에 의한 것임을 밝혀준다. 이를 위해 인간은 마음을 만들어야 하고, 이를 통해 마음대로 살 수 있기를 바라는 마음이 이 책에 담겨있다. 그 길의 중심에 천부경이 있고, 역경(易經)과 도덕경(道德經)이 그것을 돕는다.

마음(心)은 인간의 신성(神性)이 투쟁한 증거이자 도구이다. 이를 위해 인간은 과학이나 이성(理性)으로 인지하고 있는 것보다 훨씬 긴 시간을 거쳐왔다. 그 과정을 거쳐온 신(神)과 성인(聖人)들이 인간을 널리 이롭게 하고자 경전(經典)들을 남겼다. 그들이 남긴 천지자연의 원리와 인간의 길을 물어 배우는 것이 본래의 학문(學問)이다. 그래서 그들이 남긴 말(言)과 글(書)은 명확하고 단순하다. 고로 학문(學問)이란 학문(學文)으로 새로운 길을 만드는 것이 아니라, 인간을 인간의 길에서 벗어나지 않도록 하는 것이어야 한다. 이를 위해 인간의 길에서 끝에 다다른 이들이 남긴 경전(經典)과 가르침을 기준으로 삼아야 하는 것이다. 그 과정에서 인간으로 독립(獨立)하고, 나(我)로 자립(自立)하는 진화의 길을 걸어 마음을 지녀야 한다. 그런 까닭에 전작(前作)인 『도덕경, 삶의 경계를 넘는 통찰』은 본래 쓸 계획이 없었던 책이다. 경전(經典)은 이미 그 자체로 쓰여진 목적에 부합되는 내용을 완벽하게 모두 담고 있기 때문이다. 그럼에도 책을 쓰게 된 이유는 역설적이게도 무늬(文)에 의해 특별하게 변해버린 경전 때문이었다. 그리고 도덕경을 쓴 인연 값을 치르기 위하여 다시 이 책 『신(神)이 길을 걷는 우주진화의 원리, 천부경』을 쓰게 되었다.

二

이 책 『신(神)이 길을 걷는 우주진화의 원리, 천부경(天符經)』의 본문은 「해제」와 「개론」, 「다섯 개의 장(章)」과 「부록」으로 구성되어 있다. 이 책을 쓴 가장 큰 이유는 마음(心)을 경험한 사람을 위한 도덕경만으로는 그 목직에 부합하는 결과를 얻는 것이 쉽지 않기 때문이다. 이를 위해 인간의 길에 대한 전체모습과 원리를 담고 있는 천부경이 필요한 것이다. 그런 까닭에 천부경을 가운데에 놓고, 사방(四方)과 상하(上下)의 자리에서 순서대로 원리를 설명하고자 한다. 하나의 대상을 각각의 방식으로 반복함으로써, 우주의 원리를 완전한 모습으로 드러내고자 하는 노력이다. 인간이 마음에 의한 직관으로 스스로 세상을 살아갈 수 있기를 바라는 것이다. 81자의 경문을 다루는 책이 이처럼 길어진 이유이다.

「해제」는 지금 천부경(天符經)을 읽어야 하는 이유와 홍익인간(弘益人間)의 본래 의미, 천손민족으로서의 의무에 대한 내용을 담고 있다. 「개론」에서는 우주의 존재원리인 진화(進化)와 변화(變化)의 차이를 설명하고, 이를 통해 인간이 본래 걷던 길이 진화임을 제시한다. 「제1장」은 천부경 81자의 중심이 되는 본심(本心)에 대해 설명하는 장이다. 우주와 지구, 인간이 하나로 이어져 있는 것의 상징이 본(本)이고, 그 본(本)을 인간이 지니게 되는 것이 본심(本心)이다. 이 장에서 마음(心)을 지니는 과정과 의미 그리고 역할에 대해 설명하고, 마음은 인간이 지니고 있는 것이 아니라 필요한 것임을 밝힌다. 「제2장」은 천부경 경문의 배열구조를 통한 해석체계를 보여주는 장이다. 천부경은 하나(一)가 흘러가는 일묘연(一妙衍)에 부합되는 원리를 따라 순차적으로 배치되어 있다. 일시무시일(一始無始一)과 일종무종일(一終無終一)이 진화의 과정임을 9개의 마디로 나누고, 진화가 일어나는 터전이자 대상인 천지인(天地人)의 진화 과정으로 설명한다.

「제3장」은 천부경(天符經)의 원문(原文) 81자를 해석한 장이다. 지구가 생겨나 인간이 그 속에서 진화의 주체가 되는 과정과 본심(本心)을 중심으로 일어나는 인간의 마침(終)을 우주원리에 부합되도록 해석하였다. 원문만으로 천부경의 해석이 가능함을 보여줌으로써, 천부경에 다다르는 하나의 길을 제시하고자 한다. 「제4장」은 천부경이 지니고 있는 우주관과 진화원리에 대한 담론을 담고 있다. 81자의 경문에 담긴 우주의 진화원리를 설명 가능한 것으로 풀어보는 장이다. 이를 통하여 천부경이 홍익인간(弘益人間)과 이화세계(理化世界)라는 건국과 통치이념의 근간이 될 수 있는 이유를 보여준다. 「제5장」은 천부경과 역경(易經) 그리고 도덕경(道德經)의 구조와 내용을 통하여, 세 경전이 천부경의 우주원리에 따라 쓰인 것임을 보여주고자 하는 장이다. 인간이 세 경전을 삶에 실제 적용할 수 있도록 돕고자 하는 것이다. 인간이 마음대로 살기 위하여, 세 경전을 어떻게 하나의 그림으로 활용할 수 있는가에 대한 논의이다. 「부록」은 천부경에 드러난 사상(思想)과 수(數)에 대한 정리를 담고 있다. 천부경의 입장에서 지니는 각각의 의미적 차이를 설명함으로써, 천부경의 철학과 경문에 대한 접근을 돕고자 하는 사족(蛇足)이다.

三

사람들이 고전(古典)에 대해 물어올 때 고민하는 것은 '어디까지 친절해야 하는가'이다. 경전 그 자체의 내용에서 벗어나지 않아야 하고, 그 목적에 대해 주관적 입장이 배제된 상태로 설명해야 하기 때문이다. 도덕경(道德經)이나 역경(易經)처럼 본래의 경전 자체가 다양한 내용을 품고 있으면, 그것을 그대로 따라가며 하나로 꿰어주면 되기에 상대적으로 친절함을 조절하기가 수월하다. 그러나 81자에 모든 내용을 담아낸 천부경(天符經)은 그것이 어렵다. 인간 의식의 얕아짐과 세상의 질서에 길들여진 인식의 관성이 단단해진 것이 그 원인이다. 그런 까닭에 다양한 각도의 반복을 통해 자연스럽게 마음을 지닐 수 있는 길을 놓고자 하는 것이다. 지식에 의한 통찰(洞察)을 통해서는 마음에 의한 직관(直觀)을 얻을 수 없다. 천부경을 따라 인간의 길이 시작된 출발점으로 돌아가야 하는 이유이다.

문명의 발전과 풍요는 의도와 달리 자연과 사회적 환경으로부터 인간을 보호한 적이 없다. 그런 까닭에 인간에게는 나(我)를 위한 마음과 가르침이 모두 필요하다. 논을 빌어야 할 사람은 돈을 벌어야 하고, 왕(王)이 될 사람은 왕이 되고자 해야 한다. 다만 인간은 이러한 생(生)의 모습을 위해 살아야 하는 것이 아니라, 진화를 위한 기회로 인간에게 그 생(生)이 주어진 것임을 자각해야 한다. 이를 위해 인문학은 세상의 변화원리를 좇는 것에서, 인간에게 마음을 통한 진화의 원리를 제시하는 것으로 바뀌어야 한다. 마음(心)에 기반한 직관(直觀)으로 하나뿐인 인간의 길에 부합하도록 각각의 방법으로 걸어가야 하는 것이다. 천부경(天符經)은 이에 필요한 사상적 표준이자 교재가 되어 줄 수 있다. 이 책 『신(神)의 길을 걷는 우주진화의 원리, 천부경』은 그것을 돕기 위한 천부경의 가르침을 풀어내고 있다. 이를 따라가면, 인간은 독립(獨立)과 자립(自立)의 길을 걸어 나(我)의 마음으로 세상을 살게 될 것이다.

인간은 세상 속에서 스스로에 의지하여 스스로 살아갈 수 있는 부동본(不動本)의 마음을 지녀야 한다. 천부경을 통해 '인간에게 마음이 왜 필요한 것인가'를 설명함으로써, '마음의 존재와 그 마음이 생긴 증거, 마음의 의미'에 대한 도가도(道可道)이자 명가명(名可名)의 소리를 드러내는 이유이다. 이 작업은 진리를 전달한다고 믿거나 과시하기 위한 것이 아니다. 옛사람들이 보고 전해준 것으로 인하여 나름의 길을 찾은 것에 대한 의무이고, 이는 마음(心)을 공부하는 사람들의 전통이다. 그런 까닭에 도덕경은 도덕경에서 그리고 천부경은 천부경에서 벗어나지 않고, 자기 것을 추가하지 않은 상태로 '서있는 자리'에서 보이는 경전(經典)의 전경을 설명하고자 하는 것이다.

우리는 홍익인간(弘益人間)과 이화세계(理化世界)라는 독창적 국가이념과 통치철학을 지니고 있다. 이는 경쟁 중심의 사회를 인간 중심으로 변화시키기에 충분한 지향점이다. 삶을 개인이 책임지는 것이라 믿게 한 세상의 질서를 바꾸는 것이다. 인간의 출발점으로 돌아가 인간의 길을 회복하는 것의 중심에 마음(心)이 있다. 인간은 마음(心)에 의한 직관으로, 한 생(生) 안의 삶이 아닌 생(生)과 생(生)으로 이어지는 나(我)의 시간을 만들어 갈 수 있다. 인간의 목적인 진화의 길로 돌아가는 것이다. 천부경(天符經)은 이를 위한 '인간이 인간의 마음으로, 마음(心)대로 살아가는 법'을 제시해 줄 수 있다. 천부경은 우주진화의 원리를 담고 있고, 인간을 위한 마음(心)에 관한 경전이 된다. 무(無)는 인간이 길을 걸어가야 하는 목표이다. 이 무(無)를 인간은 신(神)이라고 부르고, 신(神)으로 걸어야 하는 진짜 인간의 길이 기다리고 있다. 이 책의 제목이 인간이 아닌 '신(神)이 길을 걷는 우주진화의 원리'인 이유이다. 이렇게 지구에서의 숙제를 마쳤다.

2013년 개천절에

솨망경(坐忘境)에서 한상영이 쓰다.

目 목
次 차

서문 • 7

천부경 해제 • 23

　| 세상에 갇힌 인간(人間) • 23
　| 세상의 무기, 생존(生存) • 25
　| 인류의 휴가 끝내기 • 28
　| 천부경의 가치 • 29
　| 천부경의 유래와 논란 • 32
　| 천손민족(天孫民族)으로서의 의무 • 35
　| 천부경의 쓰임 • 38

전편(前篇)

개　론 우주 진화(進化)와 변화(變化) 사이의 경계, 인간 • 45

제 1 장 천부경(天符經)의 본심론(本心論) • 59

본편(本編)

제 2 장 천부경(天符經)의 구조적 원리와 해석 체계 • 83

    1절   일시무시일 석삼극 무진본
               (一始無始一 析三極 無盡本) • 88

    2절   천일일 지일이 인일삼(天一一 地一二 人一三) • 91

    3절   일적십거 무궤화삼 (一積十鉅 無櫃化三) • 93

    4절   천이삼 지이삼 인이삼(天二三 地二三 人二三) • 95

    5절   대삼합육 생칠팔구(大三合六 生七八九) • 97

    6절   운삼 사성 환오칠(運三 四成 環五七) • 99

    7절   일묘연 만왕만래 용변부동본
               (一妙衍 萬往萬來 用變不動本) • 102

    8절   본심 본태양앙명 인중천지일
               (本心 本太陽昂明 人中天地一) • 104

    9절   일종무종일(一終無終一) • 107

제 3 장 천부경(天符經)의 원문해설(原文解說) • 111

　| 일시무시일(一始無始一) • 117

　| 석삼극(析三極) • 123

　| 무진본(無盡本) • 129

　| 천일일 지일이 인일삼(天—— 地—二 人—三) • 134

　| 일적십거(一積十鉅) • 140

　| 무궤화삼(無櫃化三) • 143

　| 천이삼 지이삼 인이삼(天二三 地二三 人二三) • 149

　| 대삼합육(大三合六) • 154

　| 생칠팔구(生七八九) • 158

　| 운삼(運三) • 164

　| 사성(四成) • 168

　| 환오칠(環五七) • 171

　| 일묘연(一妙衍) • 177

　| 만왕만래(萬往萬來) • 180

　| 용변부동본(用變不動本) • 183

| 본심(本心) · 188

| 본태양앙명(本太陽昻明) · 192

| 인중천지일(人中天地一) · 196

| 일종무종일(一終無終一) · 201

후편(後篇)

제 4 장 천부경론소(天符經論疏), 인간과 신(神), 지구와 우주 그리고 절대무(絶代無) · 211

| 일시무시일(一始無始一) · 213

| 석삼극(析三極) · 219

| 무진본(無盡本) · 223

| 천일일 지일이 인일삼(天一一 地一二 人一三) · 227

| 일적십거(一積十鉅) · 230

| 무궤화삼(無櫃化三) · 233

| 천이삼 지이삼 인이삼(天二三 地二三 人二三) · 236

| 대삼합육(大三合六) • 239

| 생칠팔구(生七八九) • 245

| 운삼(運三) • 249

| 사성(四成) • 254

| 환오칠(環五七) • 260

| 일묘연(一妙衍) • 263

| 만왕만래(萬往萬來) • 266

| 용변부동본(用變不動本) • 269

| 본심(本心) • 272

| 본태양앙명(本太陽昂明) • 277

| 인중천지일(人中天地一) • 282

| 일종무종일(一終無終一) • 288

제5장 역경(易經)과 도덕경(道德經)으로 찾아가는 길, 천부지도(天符之道) • 295

| 인간의 길, 천부지도(天符之道) • 297

| 바르게 세워야 제대로 보인다 • 302

| 뿌리를 찾아야 밝음이 된다 • 306

| 천부경(天符經)과 역경(易經) • 311

| 건괘(乾卦) • 317

| 곤괘(坤卦) • 322

| 건곤(乾坤)의 쓰임(用) • 326

| 반본환원 • 329

부록(附錄)

Ⅰ. 천부경(天符經)의 사상(思想) • 335

Ⅱ. 천부경(天符經)의 수(數) • 366

[천부경(天符經) 해제]
왜, 지금 천부경을 읽어야 하는가?

세상에 갇힌 인간(人間)

　세상은 인간을 위해 인간이 만들고, 인간만이 공유하는 인공의 천지간(天地間)이다. 인간의 세상이 만들어지는 과정에서 인간의 의식은 신(神)과 우주(宇宙)로부터 분리되었다. 세상적 삶에 필요한 선택만을 거듭했기 때문이다. 이 과정에서 문명(文明)과 종교(宗敎)가 세상의 두 축으로 자리잡았다. 문명(文明)의 지성(知性)이 지구적 존재로서의 삶을 가르침으로써, 우주적 진화가 아닌 지구적 변화에 인간이 갇히게 되었다. 여기에 종교가 신(神)을 대신함으로써, 신(神)과 이어진 존재적 진화의 끈도 끊어졌다. 우주가 지구를 만들어 인간을 운행의 주체로 선택한 과정과 목적이 잊혀진 것이다. 이러한 과정을 거치면서 우주와 인간을 잇던 정신(精神) 역시 변질되었다. 지구와 인간을 잇는 지구적인 것으로 축소되었다가, 결국 인간과 인간을 잇는 세상적인 것으로 고착되었다. 인간 스스로 우주와 연결된 고리를 풀어버리고, 지구 안의 섬인 세상을 인간의 전부로 삼은 것이다.

우주는 우주의 무(無)로 무(無)인 상태의 지구를 만들었다. 그리고 지구를 운행시켜 우주의 목적에 부합하는 역할을 행할 존재로 인간을 생겨나게 했다. 그 목적이 천부경(天符經)에서 말하는 신(神)의 길을 걷는 우주진화의 원리이다. 인간이 세상에 갇히면서 어긋났던 그 길로 되돌아갈 수 있도록 돕는다. 천부경은 여든한 자의 경문만으로 우주와 지구 그리고 인간의 생겨남과 목적, 인간이 걸어가야 하는 진화(進化)의 과정 전체를 설명한다. 천부경이 이처럼 짧은 경문으로 명확한 원리만을 남긴 것은 이런 원리가 단절되지 않도록 하기 위함일 것이다. 이것은 인간에게 존재적으로 부여된 명확한 목적이 있다는 의미이고, 그 목적에 따른 길을 보여준 것이 부처·예수·노자이다. 이것은 우주적 진화의 길이고, 인간에게 이 진화의 길은 마침(終)으로 신(神)이 되는 길이 된다. 인간이 그 길을 잊고 세상에 갇혀 있음에도 멸종되지 않은 것은 온전히 신(神)이 된 사람들 덕분이다.

인간은 그들을 지구적 신(神)으로 삼았다. 그리고 그 신(神)을 좇아 살아가며 쓰일 뿐, 그들처럼 우주적 원리를 좇아 신(神)이 되고자 하지 않는다. 세상에 갇힌 시간이 본래의 신성(神性)인 마음(心)을 잃게 만들었기 때문이다. 그래서 거의 모든 사람에게는 마음의 자리만이 남아있다. 인간은 지구 안에서 우주에 부합되는 길에 적합하게 진화된 유일한 존재다. 우주에 지구가 생겨나고, 지구에 다시 인간이 생겨난 것은 명확한 우주적 목적에 의한 것이기 때문이다. 그 목적인 진화의 순수성을 지킨 인간이 부처와 예수, 노자가 된 것이다. 천부경은 그 길을 걷는 원리를 명료하게 보여준다. 우주의 목적에 부합되는 유일한 존재로 선택된 순간부터, 인간의 존재적 역할은 선택의 문제가 아니다. 그런 까닭에 '세상에서의 나'는 '신(神)으로 진화되는 인간으로서의 나'에게 주어진 생(生)의 기회이고, 세상에 갇힌 인간이 스스로 그 경계 밖으로 나와 존재성을 회복해야 한다.

세상의 무기, 생존(生存)

인간의 세상은 크게 '문명(文明)에 기반한 세상'과 '정신(精神)에 기반한 세상'으로 나뉘어져 있다. 인간은 문명과 정신이 가르친 두 가지의 세상 사이를 전체로 알고 살기에 존재적 삶을 자각할 수 없다. 이 극과 극의 두 세상은 인간을 위한 것이라고 주장한다는 점, 인간이 선택할 수 있는 모든 것이라고 가르쳐 인간을 지배한다는 점, 인간을 자립할 수 없기에 돌봐주어야 하는 불쌍한 존재로 여긴다는 점, 마지막으로 그 세상이 신(神)도 우주도 아닌 인간이 만들어낸 지구 안의 아주 작은 세상에 한정된다는 공통점을 공유한다. 오랜 시간 인간은 자발적 종속에 의한 자기억제를 반복함으로써 기준들을 만들어 냈고, 세상이 전부라는 믿음을 사실로 공유하게 된 것이다. 세상이 인간에게 생존(生存)에 대한 두려움을 지니도록 만드는 것에 성공했기에 가능한 일이었다.

생존(生存)은 문명(文明)과 종교(宗敎)로 대변되는 세상이 인간에게 가르친 것이다. 생존은 죽음을 인간의 의식영역으로 끌어들이는 도구이다. 본래 인간에게 생존과 죽음은 삶의 당연한 과정에 불과했다. 문명과 종교에 의해 의미가 부여되면서 특별해진 것이다. 문명은 인간을 생존의 가치를 위한 경쟁에 나서도록 하고, 종교는 생존에 무상(無常)과 순종으로 무늬(文)를 입혔다. 이 과정을 통해 인간의 생(生)에 극과 극의 기준이 고착화되었고, 생존의 욕망과 죽음의 두려움이 뒤섞이면서 삶에 집착하게 되었다. 본래 인간에게 생존이란, 목적이 아닌 거듭 주어지는 기회에 불과한 것임을 잊도록 만든 것이다. 이처럼 의식의 본말(本末)이 전도되면서 인간의 의식은 세상에 한정되어 자유를 잃었다. 그런 까닭에 인간이 이 두 세상에 의지하는 한, 절대로 인간의 길을 자유롭게 살아갈 수 있는 의식수준에 다다를 수 없다.

인간은 문명(文明)과 종교(宗敎)의 이러한 속성과 원리를 수천 년 동안 발전시켜 왔다. 세상 속의 지성인과 종교인들은 그 의식의 정점에 위치한 사람들이다. 그런 까닭에 인간의 길을 섧어 신(神)이 된 부처·예수·노자들이 남긴 경전(經典)과 가르침들을 그대로 전달하기 어렵다. 세상이 정한 질서에 익숙해진 인간의 의식수준으로는, 의식의 출발점과 목적이 다른 그들의 본질을 이해할 수 없다. 이는 인간이 지구의 중심적 존재가 된 이유와 우주에 지구가 생겨난 원리를 알 수 없다는 것을 의미한다. 더 이상 신(神)이 된 인간이 나오지 못하는 지구적 현실이 그것을 증명한다. 인간의 경계가 된 이 두 세상의 한계가 분명해진 것이고, 우주는 스스로 바로잡을 수 있도록 인간에게 휴가를 주었다. 인간은 인간이라서 의미가 있는 것이 아니다. 우주적 목적에 부합되는 존재로 선택되었기에 지구적으로 의미가 있는 것이고, 그것을 지속할 수 있을 때 우주적 존재가치가 있음을 깨달아야 한다. 이처럼 인간의 길은 세상에서 찾을 수 없다. 인간의 존재적 의미에서 그 길을 찾아야 하고, 고전(古典)과 경전들이 그 길의 모범답안을 보여준다. 이를 통해 인간(人間)의 존재적 가치와 진화적 의미에 집중해야 한다.

인류의 휴가 끝내기

세상의 크기는 독립되어 고정된 시공(時空)인 지구의 안정성에 큰 영향을 미친다. 세상이 커질수록 지구는 본래의 존재적 목적을 지속하기 어려워지고, 인간의 의식은 지구와 우주로 확장되지 못하게 된다. 이로 인하여 인간과 인간, 인간과 지구는 같은 목적을 지닌 공존과 협력의 관계에서 경쟁과 지배의 관계로 변질된다. 문제는 문명(文明)과 종교(宗敎)가 한계에 다다르면 더 이상 인간에게 매력적인 대안을 제시해 줄 수 없다는 점이다. 인간의 존재적 가치는 사라지고, 존재적 숫자는 최대에 다다른 지금이 그 한계점이다. 한계점에 다다른 인간은 진화가 가능했던 존재로 돌아가는 방법 외에는 대안이 없다. 그런 까닭에 세상에서 해답을 기대할 수 없음을 자각한 인간들은 우주로 연결된 의식의 길을 찾기 시작했다. 서양(西洋)을 중심으로 일어나고 있는 신(神)과 우주(宇宙), 영성(靈性)과 의식혁명에 관한 문제제기가 그 증거이다. 그러나 자체적으로 해결할 수 있는 대안을 지니지 못했기에 외계문명 등에 의지하는 것이 주류를 이루고 있을 뿐이다. 그럼에도 인간이 문명의 고정관념과 지배력에서 벗어나 우주와 소통하고자 하고, 종교와 상관없이 신(神) 그 자체를 직면하고자 하기 시작한 것은 분명하다.

이제 신(神)이 된 인간들 덕분에 인류가 보내던 휴가는 끝났다.

인간은 지구에서 존재적 가치와 기회를 유지하던 본래의 길을 걸어야 하고, 문명과 과학의 편리를 넘어선 우주적 신성(神性)을 좇아야 한다. 세상에는 이와 관련된 징후들이 그 어느 때보다 넘쳐나고 있다. 더 이상 문명과 종교 그리고 변화에 맞추는 관성적 삶으로는 대안을 찾을 수 없다. '지구에 생존하기 위한 것'이 아니라 '지구에 생존하게 된 이유'를 좇아, 인간이 생겨난 본래의 목적에 부합하는 생존의 기회와 의식의 뿌리를 바로 잡아야 한다. 이를 위한 유일한 대안은 한정된 시공(時空)에서의 변화가 아니라, 시공의 경계를 넘어가는 우주적 진화의식으로 살아가는 것이다. 그것을 천부경(天符經)은 지구적 무(無)에 기반한 존재인 인간에서, 우주적 무(無)에 기반한 존재인 신(神)으로의 진화라고 가르쳐준다. 인간이라는 존재의 본래 역할을 천부경에서 찾을 수 있는 것이다. 비전(秘傳)으로 전해지던 천부경이 100여 년 전에 세상에 그 실체를 드러낸 까닭 역시 이러한 큰 흐름 안에 있다.

천부경의 가치

 인간은 본래 자연과 세상, 신(神)과 인간, 우주와 지구라는 경계를 지닌 적이 없었다. 모든 것이 하나의 본(本)과 길로 연결되어 있었다. 지구 상의 신화들에 그 흔적들이 그대로 남아있다. 그런 까닭에 진화의 끝에 다다라 마친 인간의 생겨남이 가능했다. 천부경(天符經)은 그런 상태의 우주와 지구, 인간의 존재성과 목적에 대한 내용을 신화가 아닌 완전한 원리의 형태로 담고 있는 경전이다. 경계가 없는 하나의 시공(時空)으로 우주와 지구, 신(神)과 인간이 이어진 원리를 보여준다. 그것이 가능한 이유는 이 모든 것이 하나의 무(無)로 이루어진 것이기 때문이다. 하나의 무(無)가 우주와 지구, 인간이라는 목적에 부합하는 시공(時空)과 존재로 자리잡은 것이다. 그런 까닭에 만물적 존재에서 지구적 존재로, 다시 우주적 존재로 인간이 넘어간다고 천부경이 가르칠 수 있는 것이다.

이처럼 지구와 인간이 만들어진 것과 인간의 존재성과 목적에 관한 원리를 하나로 보여주는 것은 천부경(天符經)뿐이다. 부처·예수·노자들은 그 원리를 따라 우주적 무(無)인 신(神)이 되었다. 그러나 그들의 가르침들과 인간의 욕망이 뒤섞여 만들어진 정신(精神)과 문명(文明)은 그 길과 어긋났다. 그 길로 다시 돌아가기 위해서는 완전한 지도와 명분이 필요하고, 이것이 천부경이 지닌 가치의 근간이다. 천부경이 전하는 것은 인간이 두려움을 지니기 전에 살아가던 본래 모습이고, 인간만의 세상에 갇히기 전에 좇았던 본래의 밝음이다. 천부경(天符經)은 인간에게 하늘, 즉 우주적 목적에 부합하는 삶이 있다는 사실을 자각하도록 만든다. 그것은 세상이 가르치는 '잘 사는 것'이나 '오래 사는 것', '죽음을 기다리는 것'

과는 전혀 상관없는 진짜 인간의 길이다. 인간이 생(生)을 '목적'이 아니라 '기회'로 활용하던 삶을 회복하는 것이다.

인간은 삶의 목적을 자기를 위한 것으로 온전하게 사용할 수 있어야 한다. 이를 위해 태어남과 동시에 갇힌 의식의 경계를 넘을 수 있도록 돕는 도구가 필요하고, 천부경은 그 역할에 적합한 경전이다. 세상과 종교를 통하지 않고 신(神)과 우주를 직면하는 것으로 의식의 출발점인 뿌리를 바꾸는 것이다. 이를 통해 인간이 종교나 문명, 문화와 지식을 통해 배운 것과 다른 목적을 지닌 존재임을 보여준다. 인간 존재성의 본질을 되찾기 위한 의식전환의 근거를 찾는 것이다. 지구적 진화를 인간을 중심으로 설계한 까닭을 수용한다면, 현재의 생(生)에 부합되는 기회를 잃지 않을 수 있다. 인간에게 이러한 과정은, 진보가 아니라 퇴보된 것을 바로잡는 것이다. 신(神)이 된 사람들이 남겨놓은 과거의 경험을 넘어서지 못하는 인간의 현실이 그것을 증명한다. 신(神)의 길을 걷던 본래의 의식수준으로 돌아가는 것은 인간의 존재가치를 회복하는 것이다. 천부경은 이 전환된 의식의 뿌리가 되고, 그 줄기이자 열매가 역경(易經)이나 도덕경(道德經)과 같은 경전들이 된다. 이처럼 천부경은 인간의 존재적 뿌리와 우주에서 인간의 가치를 증명하는 유일한 경전이라 할 수 있다.

천부경의 유래와 논란

　천부경(天符經)은 모든 문명(文明)과 종교(宗敎)로부터 자유로운 인간과 무(無)로 상징되는 신(神)의 본질에 대해 이야기한다. 우주가 존재하는 원리이자 존재하게 된 이유이고, 인간이 주인공이 되어 걷는 진화의 여정이다. 인간에게 신(神)의 길을 걷는 우주진화 원리를 전하고 있는 경전인 천부경이, 지금의 인류에게 절대적으로 필요한 까닭이다. 본래 인간의 의식은 지구에서 우주로 열려 있었다. 그런 까닭에 그때 인간의 의식은 태양과 수 많은 별의 신(神)을 좇았다. 지금처럼 지구 안의 신(神)을 좇는 것조차 버거워하는 존재가 아니었다. 이렇게 끊어져 버린 의식의 뿌리를 천부경은 온전한 모습으로 되살려 놓고 있다. 인간이 지구에 생겨난 목적을 잊고 사는 것은, 생(生)과 사(死)를 거듭하는 과정을 의미 없는 것으로 만든다. 인간의 삶에는 분명한 목적이 있고, 스스로 그 길을 걷고자 해야 한다.

　천부경(天符經)은 81자로 이루어진 한민족 최고의 경전(經典)으로 우주운행의 원리를 담고 있다. 전하는 바로 천부경의 시초는 환국(桓國)시대 환웅(桓雄)이 신지(神誌) 혁덕(赫德)에게 고대문자인 녹도문(鹿圖文)으로 적도록 한 것이고, 현재의 천부경은 단군(檀君)시대에 전서(篆書)로 이어지던 것을 신라시대의 최치원(崔致遠)이 태백산에서 발견한 단군전비(檀君篆碑)를 한자(漢字)로 옮긴 것이다. 이러한 천부경이 세상에 알려진 계기는 수도자인 계연수(桂延壽)가 1917년 묘향산 석벽에 새겨진 천부경 81자를 발견하여 단군교(檀君敎)에 전한 것에서 기인한다. 천부경의 원문 또는 명칭이 담겨 있는 문헌에는 태백일사(太白逸史), 삼성기(三聖記), 단군세기(檀君世記), 단기고사(檀奇古史), 삼국유사(三國遺事), 천을진경(天乙眞經), 농은유집본(農隱遺集本) 등이 있다. 천부경에는 묘향산 석벽본(石壁本)·최고운 사적본(事蹟本)·태백일사본·노사전본(蘆沙傳本) 등이 있으며, 묘향산 석벽본이 통행본으로 사용되고 있다.

천부경(天符經)의 경문은 판본에 따라 몇몇 글자가 조금씩 다르다. 경문의 구조는 동일하고, 의미적 차이는 거의 없다. 천부경에는 근거의 불명확함에서 오는 위경(僞經) 논란이 존재한다. 천부경에 대한 문헌학적 근거(根據)가 많지 않고, 신뢰도에 대해 지속적으로 문제가 제기되고 있기 때문이다. 이는 20세기에 갑골문(甲骨文)이 발견되기 전까지 존재하던 논란의 형태와 크게 다르지 않다. 갑골문 역시 같은 이유로 19세기까지 논란의 대상이었다. 마찬가지로 그 시대의 역사와 문화에 대한 논란도 끊이지 않았다. 이는 근거를 통해서 사실을 받아들이는 방식의 한계를 보여준다. 그럼에도 시기와 문헌, 주도적 사관(史觀) 등의 학문(學問)적 근거로 살피는 방식이 여전히 주요한 도구로 활용되고 있다.

천부경(天符經)은 고대(古代)의 당연한 원리가 이어지는 과정에서 비전(秘傳)적 성격을 지니게 된 것이다. 또한 경문 전체가 81자로 짧고 단순하여, 전승이나 교육을 위해 문헌적 형태를 지닐 필요가 없다. 천부경의 위경(僞經) 논란은 이러한 특성에 대한 이해의 부족, 변화된 정신(精神)에 의해 낮아진 의식수준이 경전의 진리나 사실을 직관적으로 수용하는 법을 잃었기에 생기는 것이다. 천부경의 구조와 원리를 이해할 수 있다면, 홍익인간(弘益人間)과 재세이화(在世理化)라는 오래된 전통과 그 뿌리가 같은 것임을 알 수 있다. 인간이 쌓아온 믿음이나 지식으로 검증되는 진실은 많지 않다. 특히 갑골문(甲骨文)이나 천부경(天符經)과 같은 고대 전통의 경우 더욱 그렇다.

인간의 세상이 우주적 삶에서 지구적 삶으로, 다시 인간적 삶으로 축소되면서 의식의 한계가 커졌다. 본래의 우주적 밝음 대신 인간이 만든 밝음을 기준으로 바라보기 때문이다. 다행히 천부경에는 경전을 검증할 홍익인간(弘益人間)과 재세이화(在世理化)라는 죽지 않는 뿌리(根)가 있다. 천부경은 인간을 위한 경전이다. 인간이 이 우주에 존재하게 된 이유와 그에 부합되는 인간의 길을 가르치기 위한 교과서이다. 홍익인간(弘益人間)과 이화세계(理化世界)의 이념이 천부경에서 나왔다는 주장을 검증함으로써, 본래의 용도를 되찾는다면 위경(僞經) 논란은 자연스럽게 사라질 것이다. 이는 인간이 생겨난 뿌리의 본질에 부합된 것으로 진위(眞僞)를 밝히는 학문(學問)의 본래 방식이다. 인간은 이런 과정을 통하여 세상의 지식들 중에서 바른 것을 찾아내야 하고, 그것을 좇아 본래의 원리를 밝히는 힘을 키워야 한다. 천부경의 우주진화 원리는 그것의 기준이 되어줄 수 있다. 마음이 저절로 밝음을 향해 있는 인간의 본래 모습을 되찾는 여정에 적절한 나침반이자 교재인 것이다.

천손민족(天孫民族)으로서의 의무

천손민족(天孫民族)으로서의 의무는 우주원리의 계승자(繼承者)이고, 적절한 때(時中)에 모든 인간이 하늘의 자손(天孫)임을 세상에 알려주는 역할이다. 계승(繼承)되어 온 것은 인간이 지구에 생겨난 우주의 원리이고, 그것을 담고 있는 경전이 천부경(天符經)이다. 그것을 적절한 때에 세상에 드러내는 역할을 하는 것이 홍익인간(弘益人間)이다. 천손민족으로서의 의무를 다하기 위해서는 홍익인간에 대해 명확히 이해하는 것이 필요하다. 홍익인간에는 '널리 인간을 이롭게 한다'는 역할로써의 의미가 있고, '널리 인간을 이롭게 하는 인간'이라는 존재적 의미가 있다. 천부경에서 본심(本心)을 지닌 인간의 존재적 상징이 홍익인간이고, 그런 홍익인간이 다른 인간들을 본심(本心)을 지닌 상태로 만들어 가는 것이 그 역할인 것이다.

본심(本心)을 지닌 홍익인간(弘益人間)으로 채워진 세상이 이화세계(理化世界)가 된다. 이는 인간 모두가 마음(心)을 지닌 성인(聖人)으로 밝음을 좇아 신(神)이 될 수 있는 준비가 된 상태이다. 인간들이 이런 상태에 다다를 수 있도록 고대정신의 금척(金尺)인 천부경을 계승하여 세상에 알리는 것이 천손민족(天孫民族)으로서의 의무이다. 이렇게 홍익인간으로 가득 찬 이화세계가 고조선(古朝鮮) 이전, 환인(桓因)의 아들 환웅(桓雄)이 무리를 이끌고 하늘에서 내려와 세웠다는 신시(神市)의 모습이다. 이러한 신시(神市)를 민족 전체가 경험하고, 그것의 전통을 현재까지 이어오고 있기에 천손민족이라 부르는 것이다. 그 증거가 천부경이다. 천부경은 인간과 하늘이 이어져 있던 고대정신(古代精神)의 상징인 홍익인간과 이화세계, 삼교회통(三敎會通)의 뿌리인 것이다.

지구에는 다양한 민족(民族)들이 각각의 전통을 지니고 이어져 왔고, 각각 하늘에 대한 입장을 지니고 있다. 유대인은 '하느님이 선택한 백성의 나라'라고 하고, 중국인은 '하늘의 아들인 천자(天子)가 다스리는 나라'라고 하며, 이집트인은 '태양의 아들이 다스리는 나라'라고 불러왔다. 이처럼 하늘에 선택된 백성이거나 하늘의 자손이 다스리는 백성의 나라라는 것이, 하늘과 사람 사이에 대한 보통의 입장이다. 지구상에서 유일하게 우리만이 '모든 사람들이 하늘의 자손(子孫)'이라는 천손(天孫)의 전통을 지니고 있다. 천손민족(天孫民族)이란, 하늘에서 내려와 지상에 살다가 하늘로 돌아간다는 우리 민족 고유의 정신(精神)이다. 이것은 천부경(天符經)의 우주 진화원리에 그대로 부합된다. 오랜 기간 단일민족(單一民族)과 백의민족(白衣民族)으로 상징되는 존재적 순수성을 이어올 수 있었던 이유이자 목적이다.

100여 년 전 천부경의 출현은 잊고 있던 천손민족(天孫民族)으로서의 의무를 마쳐야 할 때가 도래했음을 의미한다. 이 의무는 세상에 갇힌 인간에게 하늘을 좇는 길을 제시하는 것이다. 삼극(三極)이 천지인(天地人)을 만들어 인간을 지구적 존재로 선택한 것과 인간이 하늘의 목적에 부합하고자 세상을 만들어 운행한다는 천부경의 가르침이 그것이다. 존재적으로는 홍익인간(弘益人間)으로 돌아감이고, 세상적으로는 이화세계(理化世界)로 나아가는 과정이 된다. 인간이 홍익인간으로 돌아가기 위해서는 만왕만래(萬往萬來)와 용변부동본(用變不動本), 본심(本心)의 단계를 통하여 반본환원(返本還原)해야 한다. 이는 인간의 의식이 세상에서 인간으로 돌아가 천지인(天地人)을 합쳐 홍익인간이 되는 과정이다. 그래야만 삼극(三極)이 합쳐지는 인중천지일(人中天地一)에 다다라 하늘로 돌아갈 수 있다. 이를 위해 인간 스스로 인간의 세상을 홍익인간으로 가득 채운 이화세계인 신시(神市)가 될 수 있도록 돕는 것이 천손민족의 의무이다.

우리는 홍익인간(弘益人間)과 재세이화(在世理化)라는 우주적 진화원리를 통치와 건국의 이념으로 삼고 있다. 전자는 인간의 진화이고, 후자는 세상의 진화이다. 이 두 개의 진화가 합쳐짐으로써 신시(神市)가 만들어지고, 신(神)이 하늘에서 지구로 내려왔던 목적이 이루어져 인간 역시 신(神)이 되어 하늘로 돌아갈 수 있게 된다. 이 정신(精神)이 이어져 인내천(人乃天), 즉 '인간이 곧 하늘'이라고 말하는 유일한 민족이 되었다. 이는 우주가 진화의 과정을 지속하도록 인간에게 심어둔 자발적 의지인 자유(自由)로, 인간으로서의 인연(因緣)과 인과(因果)를 풀어내면 하늘로 돌아갈 수 있다는 의미이다. 인간은 하늘의 자손이기에 하늘로 돌아가는 것이고, 세계에서 유일하게 국가가 세워진 날을 '하늘이 열린 때(開天節)'라고 부르는 이유이다.

천부경의 쓰임

상대성(相對性)과 세상에 갇힌 의식의 한계를 극복하는 것은 마음(心)으로 인간의 존재성을 자각하는 길뿐이다. 그런 까닭에 천부경이 인간에게 본심(本心)과 인중천지일(人中天地一)의 단계적 인간상을 제시하고 있는 것이다. 이와 같은 의식의 전환은 지구라는 알(卵) 속 세상에 머물고 있는 인간을 부화시킬 것이고, 우주는 본래의 목적대로 인간을 신(神)의 길을 걷도록 만들 것이다. 이 길(道)은 마음(心)인 도(道)를 목적으로 하는 것이 아니라, 마음(心)인 도(道)에서 출발하여 무(無)인 상도(常道)에 다다르는 것을 목적으로 한다. 그 길은 부처·예수·노자가 보여준 길이고, 인간은 세상의 믿음이 아니라 그들의 길을 그대로 좇아야 할 때이다. 그 길의 전체를 보여주는 지도가 천부경이고, 인간이 공부의 뿌리를 바꿔 알(卵)에서 부화되는 것을 돕는 밝음으로 쓰일 수 있다.

천부경(天符經)에는 인간이 스스로 틀림없는(自然) 그 길을 걸어야 하는 이유가 담겨 있다. 이를 위해서 인간의 존재성을 한결같이 지속됨이 없는(無常) 것에서 한결같이 지속되는(常) 것으로 바꾸어야 한다. 이처럼 잘못된 인간의식의 뿌리를 뽑아 주는 것이 신(神)의 역할이다. 이와 같은 우주적 신성(神性)의 원리를 완벽하게 담아낸 천부경은, 인간이 세상의 경계를 넘어 본래의 존재성을 회복하는 것에 훌륭한 길잡이로 쓰일 수 있다. 지구가 진화의 길(道)을 벗어나지 않도록 심어준 인간의 본성(本性)이 덕(德)이다. 인간에게 우주적 신성(神性)인 도(道)와 지구적 본성인 덕(德)이 합쳐져 도덕(道德)으로 존재하게 된 것이다. 인간이 단순히 삶과 죽음을 거듭하도록 지구에 생겨난 것이 아님을 자각해야 한다는 의미이다. 고로 독립된 인간으로서 공존(共存)과 공생(共生)하는 인간 중심의 세상을 만들고자 천부경을 사용할 수 있어야 한다.

인간은 수천 년간 잘못된 길에 들어서서 충분한 수업료를 냈다. 이제 세상의 질서에 맞는 인간을 길러내는 교육이 아니라, 인간에게 맞는 세상을 만드는 교육이 필요하다. 천부경(天符經)은 이를 위해 배워야 할 것과 배우는 방법을 충분히 담고 있다. 천지인(天地人)이 삼극(三極)의 필요에 의해 만들어지고, 인간이 만든 세상은 그 천지인 위에 입혀진 무늬(文)에 불과한 것임을 아는 것이 그 출발점이다. 천부경은 인간 모두를 위해 준비된 경전이다. 그런 까닭에 지구상의 모든 문명과 종교로부터 자유로운 방식으로 인간과 신의 본질이 하나임을 이야기한다. 이는 인간이 존재적으로 자립된 근거를 되찾기 위함이고, 지금 우리가 천부경을 읽어야 하는 이유이다.

우주와 인간을 묶어주는 하나의 원리를 통하면, 종교·인종·문명·사상·문화로 인한 분란을 조절할 수 있다. 이처럼 천부경(天符經)은 인간이 마음을 따라 사는 우주적 존재임을 깨닫도록 우주가 공개한 오픈 소스(Open Source)이다. 이 원리와 재료로 지구가 만들어졌고, 다시 동일한 방식으로 인간이 만들어졌다. 인간의 열려 있는 의식은 이를 활용하여 세상의 문명과 종교, 문화와 지식을 창조(創造)할 수 있었다. 천부경으로 인간 본연의 생명력(生命力)을 회복하고, 무한한 창조력을 지닌 특별한 존재였던 인간의 본래 모습을 되찾아야 한다. 우리는 마음(心)이라는 무한정의 자원과 부(富)의 근원인 홍익인간(弘益人間)의 정신을 지닌 나라이다. 그것을 자각하여 이화세계(理化世界)를 위한 마음으로 다른 나라들과 전통을 공유할 수 있게 된다면, 고대전통인 천부경의 원리와 사상적 유산은 우리를 보호하고 미래를 밝혀주는 강력한 힘이 될 것이다. 천부경은 우리의 역사관(歷史觀)과 문화전통을 올바르게 정립할 수 있는 진정한 유산(遺産)이다. 이를 우리 스스로 자각한다면, 종교(宗敎)가 아닌 하나의 민족(民族)이 인류 전체 역사(歷史)의 기준으로 자리잡는 신기원을 이룰 수 있을 것이다.

전편
(前篇)

개론
(槪論)

우주 진화(進化)와 변화(變化) 사이의 경계, 인간

당당하고 단단하며 담담하게 자유인으로

│ 개론(槪論) │

우주 진화(進化)와 변화(變化) 사이의 경계, 인간

 우주는 다양한 시공(時空)과 별(星)들로 이루어져 있고, 각각의 별들은 역할에 부합하는 독립된 시공을 지닌다. 이를 시간적으로 잇는 진화(進化)와 공간적으로 잇는 존재 안의 변화(變化)라는 두 가지 원리로 하나의 우주가 운행된다. 진화와 변화는 우주가 존재하는 기본원리이다. 우주의 시간 속에 존재하는 각각의 공간들은 자기 역할을 위해 변화하고, 이 공간 속의 독립된 시간이 이를 한결같게 지속시킨다. 우주는 존재하던 것이 아니라 생겨난 것이다. 우주가 생겨나 존재하는 것에는 이유와 목적이 있고, 우주가 존재하는 방식인 변화만으로는 그것을 설명할 수 없다. 변화는 존재하는 것에 부합하는 것을 지향하고, 진화는 존재하는 것이 목적에 부합되는 것을 지향한다. 변화가 진화의 과정에서 일어나는 것이라면, 진화는 우주의 존재이유이자 목적이다. 그것이 우주와 지구가 멈추어 있는 상태가 아니라 확장되고, 한 방향으로 계속 움직이는 이유이다.

진화와 변화라는 두 가지의 원리는 지구와 인간에게도 그대로 적용된다. 인간이 지구 안에서 진화를 시쳐온 과정을 통하여, 인간은 본래 우주적 진화에 놓인 존재였음을 알 수 있다. 지구를 우주의 진화과정과 하나로 잇는 역할을 담당하는 존재인 것이다. 만물의 하나에서 인간으로 진화하고, 그 과정에서 성인(聖人)과 신(神)이 생겨나는 우주의 하나로 진화해온 까닭이다. 이러한 인간의 진화는 스스로 틀림없이(自然) 그리고 한결같이 지속되는(常) 길(道)이었다. 그러나 이 진화의 과정에서 일어난 변화에 의해 생겨난 정신(精神)과 의식(意識)이 역설적으로 인간의 진화를 멈추게 만들었다. 삶이 변화에 의지하여 진화의 기회를 흘려버리게 되면서, 인간은 하늘(天)에 부합하는 존재에서 땅(地)에 종속된 존재가 된 것이다. 그 결과 인간과 하나였던 마음(心)은 사라지고, 그 역할은 정신으로 만들어낸 마음들이 대체하게 되었다. 그리고 시간은 이것을 문명화시켜 인간의 삶으로 만들었다.

 인간의 진화에 필요한 것은 우주와 지구, 인간을 하나로 잇던 마음(心)을 공유하는 것뿐이다. 그럼에도 진화의 과정에서 독립된 인간이 지구 안의 변화를 살필 수 있게 되고, 인간이 변화들을 설명할 수 있는 정신(精神)을 마음(心)을 기반으로 만들어냈다. 이것이 인간을 진화에 부합하는 순리적(順理的) 존재에서, 변화에 적응하는 인과적(因果的) 존재로 변질시켰다. 정신(精神)을 기반으로 인간만의 세상인 문명(文明)이 만들어진 것이다. 본래의 문명은 인간의 진화를 보호하고 돕기 위한 것이었다. 그러나 문명이 지속되면서 정신은 자연스럽게 마음에서 멀어져 변화와 연동된 것이 되었다. 이러한 선택은 인간을 우주적 존재에서 지구적 존재로, 다시 지구적 존재에서 세상적 존재로 축소시켰다. 그 결과 인간의 존재적 진화는 소수에서 선택적으로 일어났고, 이 소수의 진화마저 결국 단절되었다. 진화에서 신(神)은 지구적 변화에서 벗어나 우주적 진화에 성공한 인간을 가리킨다. 반면에 성인(聖人)은 지구적 변화에서는 벗어났으나 우주적 진화에는 다다르지 못한 인간이다. 부처·예수·노자는 신(神)이 된 인간의 대표이고, 공자(孔子)는 성인(聖人)이 된 인간의 대표이다. 이들은 인간이 잘못된 길에 들어섰음을 가르치고자 하였고, 인간을 위한 빛(明)을 각각의 방식으로 남겨두었다. 천부경(天符經)과 역경(易經), 도덕경(道德經)이 대표적인 경전(經典)이자 고전(古典)이다.

인간은 진화를 위한 마음(心) 대신 변화에 부합하는 정신(精神)을 선택했다. 인간이 본래의 목적인 우주적 진화의 존재성에서 멀어진 이유이다. 그런 까닭에 수천 년간 신(神)과 성인(聖人)이 남긴 가르침과 경전(經典)들을 접해왔어도, 인간의 길(道)에서 계속 멀어질 수 밖에 없었던 것이다. 그들이 가르치고자 하는 목적을 모르기 때문이고, 인간은 점점 더 본질의 무늬(文)를 밝힌 문명(文明)을 편하게 여기게 되었다. 이로 인하여 정신(精神)은 우주의 마음(心)과 연결된 것에서, 인간만의 것으로 단설되었다. 인간이 세상에 부합하는 정신문명(精神文明)을 기준으로 사는 이유이다. 인간이 정신을 좇아 마음에서 멀어짐으로써 '변하지 않음(不變)'을 잃어버린 것이다. 불변(不變)의 상태를 잃어버렸다는 것은 존재적 진화가 일어날 수 없다는 의미가 된다. 마음(心)은 본(本)과 본(本)을 연결하기에 한결같이 지속되어(常) 진화가 가능하다. 반면에 정신(精神)은 본(本) 안의 변화에 부합하기에 한결같이 지속됨이 없어(無常) 진화가 불가능하다. 그럼에도 인간의 욕심은 마음을 따르는 대신 정신을 좇았고, 스스로를 제물로 삼아 세상의 경계를 단단하게 하는 길을 선택했다. 이로 인하여 인간은 마음 대신 흔적조차 구분하기 어려운 마음자리를 지닌 채 살게 되었다. 천부경(天符經)이 본심(本心)의 과정을 통하여, 그 마음자리에 마음(心)을 만들어 가는 과정을 설명하는 이유이다.

문자(文)는 무늬(文)이고, 세상에 드러났던 시대정신(時代精神)들의 유산(遺産)이다. 고로 고전(古典)에서 문자로 남겨진 정신을 볼 수 있다. 그러나 무늬인 문자로는 지도를 만들어 마음에 닿는 길을 가르칠 수 있을 뿐이기에 그 마음(心)은 볼 수 없다. 인간은 무늬(文)를 따라 다양한 해석과 입장을 만들어낼 뿐, 고전의 완전하고 선명한 지도를 따라가 그 안의 마음을 얻고자 하지 않는다. 그런 까닭에 고전들에 대한 수많은 개념과 방법론이 세상에 나왔음에도, 수십 년을 읽어도 이해할 수 없는 책들이 되어 버리는 것이다. 경전(經典)의 마음(心)은 무자진경(無字眞經)이고, 그 법(法)은 불립문자(不立文字)라는 말(言)에 모든 것이 들어있다. 세상에서 희미해진 진화의 길과 만나기 위해서는 경전 그대로를 좇아 말과 행동으로 삼아 그 안의 법(法)을 얻고자 해야 한다. 이를 통하여 그 경전이 쓰여진 목적을 자각한다면, 본래 하나인 마음을 얻어 일이관지(一以貫之)할 수 있게 된다. 고로 도덕경(道德經)은 5000여 자(字) 이외의 글이 더 필요하지 않고, 역경(易經)은 64괘(卦) 이상을 필요로 하지 않는다. 인간의 길을 담은 경전(經典)은 자체적으로 해석 가능한 구조와 내용으로 쓰여진 것이기에, 경전을 벗어나 근거를 찾을 이유가 없다.

마음(心)은 한결같이 지속되는(常) 변하지 않는(不變) 것이다. 시대나 상황 또는 종교나 사상에 따라 달라지지 않고 수천 년이 지나도 한결같게 지속된다. 그것을 전하고자 신(神)과 성인(聖人)의 가르침을 담아 남긴 것이 경전(經典)이다. 이 경전들이 후대의 권위와 학(學)의 근거로 오용되고 있기에, 그것에서 독립된 상태로 접할 수 있어야 그 본체(本體)와 만날 수 있게 된다. 천부경(天符經)과 역경(易經), 도덕경(道德經)을 이해할 수 없는 이유는 경전이 쓰여진 목적 그대로 좇지 않기 때문이다. 세상은 새로운 해석이나 입장이 드러나면 세상을 위한 근거들에 맞추고자 한다. 기존의 근거들과 기준이 잘못되었을 가능성보다 질서의 근간이 되는 권위와 가치를 지키는 것이 우선이다. 인간을 가두는 것에 성공한 세상의 경계를 흔들지 않아야 하기 때문이다. 경전을 본질적 가치보다 세상을 위한 도구로 활용한다는 의미이다. 이를 바로잡기 위해서는 인간의 존재적 역할에 대한 정립과 세상에 흔들리지 않는 의지(意志)가 필요하다. 신(神)과 성인(聖人)들이 몇 글자로 전할 수 있는 밝음을 수많은 무늬(文)로 친절하게 전해주는 까닭이다.

지구는 하나의 본(本)으로 우주진화의 목적에 부합하도록 스스로 틀림없이(自然) 운행된다. 지구의 본(本)이 각각의 만물(萬物)에 깃들고, 만물은 그에 부합하는 각각의 생(生)을 살게 된다. 인간은 만물 중에서 지구적 진화의 대표로 선택되었고, 그 증거로 마음(心)이라는 본(本)을 지닐 수 있게 되었다. 마음은 특별한 것이 아니다. 인간이 지구와 우주의 본(本)과 연결되어 진화해 갈 수 있도록 본래부터 지녔던 끈과 같은 것이다. 고로 마음(心)은 진화의 길을 따라 사는 인간 그 자체를 상징한다. 그런 마음(心)이 만들어야만 지닐 수 있는 대상으로 바뀐 것은 진화가 아닌 변화를 따랐기 때문이다. 이로 인하여 인간은 스스로 규정한 한정된 시공(時空)과 정신(精神)에 갇힌 삶을 살게 되었다. 인간의 존재적 진화를 보여주는 고전(古典)인 천부경(天符經) 역시 변화에 부합된 상태의 정신

(精神)으로는 알기 어렵다. 세상에 부합하는 정신문명(精神文明)의 밝음이 우주의 목적에 부합하는 인간의 길을 어둡게 만들기 때문이다. 이로 인하여 세상과 인간은 첩섬 신화에서 믿어졌고, 인간은 진화적 존재였던 기억을 잃었다. 덕분에 스스로 틀림없던(自然) 인간의 길은 신비한 것이 되어 버렸다. 인간이 인위적으로 만든 밝음(明)을 꺼야 본래의 밝음이 드러나 인간이 좇을 수 있게 된다.

세상은 변화에 부합되는 합의를 통하여 인간에게 불합리한 사실들을 만들어 냈고, 문명(文明)과 종교(宗敎)는 그것을 믿도록 가르쳐 세상의 질서를 만들었다. 이에 부합하는 삶과 앎의 체계가 권위와 힘을 지니도록 설계해 인간이 이로움을 좇도록 한 것이다. 세상은 인간에게 의지 대신 세상에 순응하는 것의 이로움을 가르쳤다. 이 과정에서 인간은 잘못된 믿음을 전통과 권위로 여기게 되었고, 스스로 정신(精神)을 한정 지어 마음(心)을 향한 문(門)을 닫아 버렸다. 인간의 생(生)을 진화과정의 존재적 거듭됨이 아닌 현재의 생(生)만을 위한 것이라 믿게 만든 것이다. 세상의 질서를 위한 교육의 결과이고, 인간을 진화와 변화 사이의 경계에 끼여 살게 만든 원인이다. 이것은 모든 것이 마음(心)이라는 신(神)과 성인(聖人)들의 가르침을 좇아야만 극복할 수 있다. 그 원리와 방법은 그들이 남긴 경전(經典)들에 숨김없이 담겨 있다. 우리가 고전(古典)이나 경전을 신화(神話)가 아니라 있는 그대로 다루어야 하는 이유이다. 인간은 익숙한 것으로 돌아간다. 지금까지는 세상에서 익숙해진 정신과 권위로 돌아갔다. 그러나 본래이 인간에게 익숙한 것은 스스로 틀림없이(自然) 살아가던 마음(心)이다. 이제 인간은 그 마음으로 돌아가야 한다. 현재의 문명과 종교는 인간의 문제를 해결할 능력이 없다. 유일한 대안은 문명과 종교의 뿌리가 우주진화의 길이었음을 확인하는 것이고, 그 길로 돌아가는 것이다.

지금까지 인간은 세상의 질서를 위해 희생되어 왔다. 그러나 세상의 본래 목적은 인간이 인간의 길을 걷는 것을 돕기 위해 생겨난 것이다. 이를 위해서는 교육과 배움의 내용을 세상을 위해 기능하도록 하는 것에서 마음(心)을 위한 것으로 바꾸어야 한다. 고전(古典)을 정신(精神)으로 가공하던 것을 멈추고, 그 본질인 인간의 존재가치와 존재이유를 그대로 가르쳐야 한다. 세상은 안전과 안정을 명분으로 인간에게 불합리한 가치를 당연한 것으로 만들었다. 그 결과로 인간은 존재적 역할에 대한 잘못된 믿음이 쌓여 마음이 없는 상태가 되었다. 인간은 정신문명(精神文明)을 명분으로 그것에 합의해 왔고, 세상의 질서에 필요한 것들을 진실이라 믿는 어리석음을 키워왔다. 이러한 반복과 역사적 전통은 인간을 불합리한 세상의 장벽을 넘지 못하도록 하는 권위가 되었다. 이를 위해 인간의 길을 담고 있는 고전(古典)을 세상의 목적에 맞도록 각색해왔고, 그 무늬(文)를 통해서만 접하는 것이 옳다고 선동한다. 그런 까닭에 인과(因果)의 복잡함이 아닌 단 하나의 순리(順理)를 가르치는 고전(古典)의 쉽고 단순한 진실과 인간의 본래 존재가치를 접하면 당황하게 되는 것이다.

 인간의 마음(心)은 하나(一)인 지구적 본(本)에서 모두 생겨난 것이기에, 그 본(本)을 접하는 입장에 따라 그 모양이 다르게 된다. 그런 까닭에 마음을 지니게 되면, 같은 본(本)을 본뜬(母) 것이기에 그 모양과 상관없이 같은 마음이다. 이것이 도덕경(道德經)이 말하고자 하는 도가도(道可道)이자 명가명(名可名)이고, 각각의 도(道)와 이름(名)이 상도(常道)와 상명(常名)이 아닌 이유이다. 마음인 도(道)가 본뜬 상도(常道)가 있음을 가르침으로써 인간이 지구와 본(本)으로 이어지는 법을 보여준다. 이를 따라 지구의 본(本)과 이어진 마음으로 태양의 밝음을 우러르면, 천지(天地)를 머금어 지구와 같은 존재가 된다는 것이 천부경(天符經)의 진화원리이다. 역경(易經)은 인간이 본심(本心)으로 독립된 지구적 괘(卦)가 되는 것을 돕는다. 지구적 본(本)인 삼극(三極)은 무늬(文)로 자연(自然)을 만들었다. 인간이 자연(自然)의 스스로 틀림없음을 본떠(母) 한결같게 지속되는(常) 마음(心)을 만들 터전을 제공한 것이다. 그러나 인간은 변화에 매혹되어 인간만의 정신(精神)으로 문명을 만들어 자연에서 세상으로 독립하는 우(愚)를 범했다.

세상이 낳은 문제와 한계를 극복할 수 있는 것은 지구적 본(本)인 마음(心)뿐이다. 그런 끼닭에 인간에게 자연(自然)과 정신(精神)의 주체가 되는 마음에 대해 가르치는 것이 필요하다. 우주적 진화원리를 담고 있는 천부경(天符經)을 통하여 인간의 존재적 가치를 되찾아, 삶의 경계를 넘어 우주적 진화라는 인간의 본래 목적으로 돌아가야 한다. 정신과 물질이 만들어낸 문명(文明)이 임계점을 넘어서면서 지구와 인간을 위협하고 있다. 그 해결책은 인간이 변화에서 벗어나 우주의 목적에 부합하는 진화의 길을 다시 걷는 것이다. 이러한 우주진화의 과정을 인간의 입장에서 지도(圖)로 완성한 것이 천부경이고, 그 주체는 마음을 지닌 인간이 된다. 천부경은 인간이 성인(聖人)과 신(神)이 되는 진화원리를 보여준다. 이를 위해 새로운 길이나 원리를 만들어야 할 필요는 없다. 이미 다양한 경전(經典)들에 그 길이 남아있고, 천부경으로 그 경전들의 뿌리였던 원리를 찾아가면 된다. 천부경을 통해 경전들의 본 모습을 볼 수 있게 된다면, 경전들을 의식수준과 목적에 부합되도록 사용할 수 있게 된다. 이는 옛사람들이 남긴 옛적의 도(古之道)를 그대로 따라가는 것이다.

길을 잃어 인간의 존재적 목적을 모르고 사는 시대에 진화를 위한 단계적 길을 연결하고, 복원하는 작업은 선택의 문제가 아니다. 인간에게 이 길은 하나만 존재하기에 새로 만들 수 있는 것도 아니다. 본래 존재하던 끊어진 길을 이어야 한다. 그 길이 이어지면 변화와 진화 사이의 경계에서 멈추었던 인간은 자연스럽게 다시 걷게 된다. 천부경(天符經)을 뿌리로 삼는 역경(易經)이나 노녁싱(道德經)과 같은 경전들은 본래 하나인 길의 이정표다. 인간이 이 길을 마음(心)으로 이을 수 있게 되면 진화를 위한 길이 드러난다. 이 길은 인간이 신(神)의 길을 걷는 우주진화의 원리에 부합하는 길(道)이고, 인간은 이 길에서 스스로 채울 수 있는 능력을 지니고 있다. 천부경을 이 길에서 흔들리지 않는 밝음(明)으로 삼아야 한다. 그 밝음으로 마음의 집을 짓고 천지(天地)를 채워 신(神)이 되는 것은 스스로에게 달려 있다. 천부경으로 길을 잇는 것이 가능한 것은, 신(神)에 다다를 수 있었던 옛적의 도(古之道)이기 때문이다.

신(神)과 성인(聖人)들은 사람을 널리 이롭게 하고자 한 홍익인간(弘益人間)이다. 그런 까닭에 그들이 남긴 말(言)과 글은 매우 쉽다. 인간에게는 지속되는 나(我)를 위한 마음과 현재의 생(生)을 위한 가르침이 모두 필요하다. 돈을 벌어야 할 사람은 돈을 벌어야 하고, 왕(王)이 되어야 하는 사람은 왕(王)으로 살아야 한다. 그러나 이러한 생(生)의 모습들은 중요한 것이 아니다. 각각의 생(生)이 마음(心)을 만드는 진화과정에서 주어진 기회임을 자각하는 것이 중요하다. 이를 위해 천부경(天符經)은 인간이 우주진화의 원리대로 과정을 거치는 모습을 가르쳐 주는 것이다. 인간은 누구나 독립된 방식으로 진화의 길을 이어간다. 그 과정에서 인간 중 하나로 거듭 되는 생(生)을 나(我)로 순환되도록 만들어야 한다. 고로 진화의 길과 현재의 생(生)을 이어지도록 만들어주는 밝음이 있다면, 그 길이 누구의 것인가는 상관없이 좇아 마음을 만들어야 한다.

천부경(天符經)은 이러한 선택을 돕기 위한 원리와 방법론을 모두 담고 있다. 이것은 81자로 설명 가능한 당연하고 명확한 쉬운 원리이다. 길에서 멀어진 인간에게는 이 짧고 명확함이 역설적으로 어려운 것이 되었을 뿐이다. 그런 까닭에 신(神)과 성인(聖人)이 된 사람들은 친절하게 역경(易經)과 도덕경(道德經)을 세상에 남겨 놓았다. 인간은 선택의 여지없이 독립(獨立)과 자립(自立)의 생(生)을 살아야 하는 존재이기 때문이다. 복잡계인 세상 속에서 인간이 스스로를 의지할 수 있게 되고, 부동본(不動本)을 지켜 진화적 삶을 사는 것을 천부경은 목표로 한다. 이를 위해 누구나 마음(心)을 본(本)으로 지닐 수 있는 것임을 가르쳐 주는 것이다. 이 여든한 자의 밝음을 좇아 진화와 변화 사이의 경계를 넘고자 하는 의지를 지닌 인간으로서, 마음을 만들어 성인(聖人)이 되고 다시 신(神)이 되는 무(無)의 진화를 시작해야 할 때이다.

제 1 장

천부경(天符經)의 본심론(本心論)

당당하고 단단하며 담담하게 자유인으로

제1장

천부경(天符經)의 본심론(本心論)

　인간의 정신(精神)은 지구적 본(本) 안에서 변화에 부합하는 무늬(文)를 만들고, 지속되는 시간으로 독립된 정신들을 연결하여 정신문명(精神文明)을 이루었다. 반면에 마음(心)은 본(本) 안에서 인간의 존재적 진화를 통하여 만들어진 것이고, 하늘(天)인 우주에 부합하도록 하는 진화의 길(道)을 연결하는 인간의 본(本)이다. 그런 까닭에 우주적 진화의 원리를 다루는 천부경(天符經)이 정신이 아닌 마음을 그 본(本)으로 삼는 것이다. 지구적 진화를 위한 본(本)으로 인간의 길인 마음을 다루고, 그 본심(本心)으로 우주적 진화의 상징인 신(神)의 길을 보여주고자 하기 때문이다. 인간은 이를 위한 마음(心)을 만들어가야 하는 존재이기에 마음을 지니고 태어나지 않는다. 그럼에도 마음이 인간에게 반드시 필요한 것은, 인간이 지구적 진화의 유일한 주체이기 때문이다. 이는 지구가 석삼극(析三極)으로 우주에서 독립된 본(本)을 만들어, 우주의 목적에 부합되는 역할을 시작하는 것과 같은 원리이다. 인간이 본심(本心)

을 지님으로써, 지구처럼 하늘에 부합되는 존재가 될 수 있다는 천
부경의 기본명제가 가능한 이유이다.

　인간에게 마음은 만들어야 하는 대상이지만, 세상에는 마음을
지닌 사람들이 존재한다. 만왕만래(萬往萬來)하는 생(生)의 순환과
정을 거쳐 마음을 지녔던 사람이 마침(終)을 위해 마음을 지닌 채
태어나기 때문이다. 즉, 인간의 존재적 진화단계에 따라 생(生)하
는 상태가 다른 것이다. 이것은 우주진화의 섭리에 의한 자연스러
운 거듭됨의 법칙이다. 천부경(天符經)은 인간의 생(生)에 칠(七)·팔
(八)·구(九)의 진화단계이자 순환과정이 존재하고, 구(九)에 다다
르게 되면 마음(心)을 본(本)으로 지니게 됨을 보여준다. 그런 까닭
에 구(九)에 다다른 인간은 부동본(不動本)의 과정을 거쳐 나(我)로
순환하고, 마음을 지닌 상태로 태어날 수 있는 것이다. 인간은 우
주진화의 원리에 부합하는 지구적 진화를 거침으로써, 마음을 만
들 수 있는 마음자리를 지니게 된 존재이다. 이를 위하여 우주적
시공(時空)인 삼극(三極)이 천지인(天地人)이라는 지구적 시공을 만
들어 인간을 운행하는 것이다. 이 운행과정에서 천부경은 그 마음
자리가 만물과 구분되지 않는 상태의 인간을 육(六)이라 하고, 마
음자리에 마음(心)의 터를 닦아 가는 과정을 만왕만래(萬往萬來)의
칠(七)이라 하며, 그 터에 마음의 집을 지어가는 과정을 용변부동
본(用變不動本)의 팔(八)이라 칭한다. 마음자리에 집 짓기가 마무리

되면 인간은 본심(本心)을 지닌 구(九)가 되고, 이 때부터 지구적 진화과정에서 우주적 진화과정으로 넘어가게 된다.

천부경(天符經)은 인간의 진화과정에 윤회적 순환의 단계가 존재한다는 입장이고, 그 단계적 차이를 명확하게 구분 지어 사용한다. 이 과정에서 지구적 순리(順理)와 인과(因果)가 존재하게 된다. 지구적 순리는 생(生)에서 생(生)으로 이어지는 진화적 흐름이고, 지구적 인과는 한 생(生) 안에서 일어나는 변화에 대한 매듭이다. 천부경은 합육(合六)과 생칠팔구(生七八九)로 인간의 진화단계를 구분하고, 그 진화단계의 차이와 기준으로 마음(心)을 사용한다. 인간의 진화적 운행인 일묘연(一妙衍)의 만왕만래(萬往萬來)·용변부동본(用變不動本)·본심(本心)과 연결하여, 지구적 진화의 단계별 특성과 마음이 만들어져 가는 과정을 보여주는 이유이다. 그런 연후에 마음을 지닌 인간이 자발적으로 태양의 밝음을 우러러 인중천지일(人中天地一)로 마치는 우주적 진화에 대해 가르친다.

지구적 진화과정에서 생겨난 인간의 진화는 만물에서 인간이 독립(獨立)하는 것에서 출발한다. 그리고 나(我)로 자립(自立)하기 위하여 마음을 만들어가는 생(生)을 살아간다. 인간이 존재적 진화를 거치는 것은 우주의 원리에 부합하는 자연스러운 지구적 순리(順理)이다. 인간의 인과와 지구의 순리가 우주의 원리를 따라 일어나는 것이기 때문이다. 지구의 무진본(無盡本)과 인간의 본심(本心) 그리고 우주의 본태양(本太陽)이 하나의 원리로 연결되어 있는 이유이다. 지구와 우주는 인간이 부합해야 하는 대상인 하늘(天)이고, 이 두 개의 하늘은 인간이 도(道)로 닮아가야 하는 순차적 상도(常道)가 된다. 이처럼 본(本)은 지구와 우주 그리고 인간의 존재방식이고, 인간에게는 마음(心)이자 도(道)이다. 인간의 진화는 지구와 우주의 본(本)이 운행되는 것에 부합될 때 지속된다. 이 과정은 우주적 진화의 단계를 거치는 것이기에 인간의 의식으로 신(神)의 길을 걷는다고 표현하는 것이다.

우주적 진화는 선택이 아니라 이미 스스로 틀림없이(自然) 일어나고 있는 과정이다. 인간은 이것을 생겨남과 살아감, 죽음으로 계속해서 배우고 있다. 그 과정에서 인간이 지구적 진화의 주체로 선택되었고, 우주의 진화과정에 참여하기 위해서 필요한 것이 마음(心)이다. 그런 까닭에 마음을 본(本)으로 삼는 본심(本心)을 기준으로 지구적 진화와 우주적 진화의 과정이 구분된다. 지구의 진화 대표인 인간에게는 그 증거로 본능(本能)과 다른 본심(本心)을 위한 마음자리가 있다. 천부경(天符經)은 그 마음자리에 마음을 만들어 가는 과정과 단계, 차이를 통하여 우주적 진화에 대해 설명한다. 인간은 마음을 지니기 전까지 지구적 순리에서 벗어날 수 없다. 또한 일종무종일(一終無終一)에 다다르기 전에는 멈춤과 진화를 선택할 자격이 없다. 지구가 무시일(無始一)로 시작하는 것과 같은 무종일(無終一)의 상태에 다다라야 선택권을 지니게 되고, 인간이 무(無)의 존재가 된 것을 신(神)으로 상징한다. 일적십거(一積十鉅)는 인간이 비롯된 지구적 무(無)의 크기이고, 고로 지구에서 진화를 마친(終) 인간인 신(神)의 크기는 역시 십(十)이다. 신(神)이 된 인간은 다른 인간에게 자신이 걸어온 마음과 마침의 길에 대해 가르치고자 한다. 이를 위해 인간에게 지구와 같은 역할을 행하고, 마음에 기반한 자유(自由)에 대해 가르치는 것이다.

인간이 없는 마음(心)을 있다고 믿게 된 것은, 부처·예수·노자·공자와 같이 마음을 만들었던 사람들의 가르침 때문이다. 천부경(天符經)은 마음을 지닌 인간과 다시 길을 걸어 마침(終)에 다다른 인간을 명확히 구분한다. 부처·예수·노자는 마침(終)에 다다라 신(神)이 된 인간을 상징한다. 이들의 가르침은 그들이 지니게 된 무(無)의 특성과 마음을 따라 각각의 종교가 되었다. 반면에 공자(孔子)는 마침에는 다다르지 못했으나, 마음을 만들어 그 마음의 극(極)에 다다라 성인(聖人)이 된 인간의 상징이다. 그러나 마치지 못했기에 무(無)인 상태에 다다르지 못했다. 공자(孔子)의 가르침이 마음 그 자체보다는 마음의 적절한 작용을 가르치는 학문(學問)의 도구적 기준으로, 세상의 학(學)과 무늬(文)의 중심이 된 이유이다. 공자(孔子)는 마음의 생겨남과 그 지구적 순리(順理)에 대해 가르칠 수 있었지만, 우주적 순리인 무(無)에 대해서는 가르칠 수 없었다. 이를 활용하여 세상은 인간을 군자(君子)의 경계에 가둘 명분을 얻었다.

마음(心)은 마음으로 전해지지만 학(學)은 무늬(文)로 전해진다. 따라서 마음은 변화됨이 없이 하나(一)인 상태로 이어지지만, 학(學)은 필요에 의해 변화되기에 하나로 이어질 수 없다. 그러므로 인간은 마음과 학(學)의 경전을 분별하여 다룰 수 있는 의식적 정립을 필요로 한다. 공자(孔子)가 말한 '하나(一)를 가지고 꿰어간다'는 의미의 오도일이관지(吾道一以貫之)는 마음(心)과 도(道)에 대한 오래된 전통이다. 오도(吾道)는 성인(聖人)들의 도(道)를 의미하고, 꿰어가는 것은 인간이 살아가는 목적에 따라 결정된다. 여기에서 하나(一)가 상징하는 것은 마음이자 도(道)이다. 일이관지(一以貫之)는 마음을 얻기 위한 삶이자 배움의 과정이다. 인간에게 모든 것을 꿸 수 있는 하나(一)는 지구적 순리를 공유하는 본(本)인 마음(心)이 유일하다. 천부경이 인간의 본(本)으로 마음을 사용하고 있는 이유와 같다. 공자의 일이관지(一以貫之)는 윤궐집중(允闕執中), 즉 '진실되게 그것의 적절함을 잡아라'라는 공자 이전 마음의 전통에서 벗어나지 않는다. 마음을 지니지 못한 인간은 시공(時空)과 존재를 상대적으로 인식하게 된다. 그래서 하나를 적절하게 사용하는 법(法)을 통하여 마음을 경험하게 하는 것이다. 그 상대적 시공에서 중(中)으로 꿰어지는 것들이 인의예지(仁義禮知)이고, 이것으로는 상대성을 넘어 존재성에 다다를 수 없다.

인간은 모든 것을 꿸 수 있는 하나(一)에 대해 알고자 해왔고, 이것은 본(本)이고 마음(心)이며 도(道)인 독립된 존재성의 상징이다. 그러나 이를 위한 도구로 학(學)과 문(文)을 선택함으로써 마음(心)에서 멀어졌다. 인간이 만물에서 진화의 대표로 선택되는 과정에서 지니게 된 본능(本能)과의 싸움에서 진 결과이다. 천부경(天符經)에서 인간이 진화적 존재가 되는 것이 지구적 선택이라면, 본심(本心)을 만들어 가는 과정은 인간의 의지에 달려있다. 멈추어 있을 수도 있고, 생칠팔구(生七八九)의 존재적 진화를 지속할 수도 있다는 의미이다. 신(神)과 성인(聖人)들은 가르침과 경전(經典)들로 이것을 도와주고자 한다. 그럼에도 인간은 배움으로 변화의 질서에 적응하고자 하고, 차이를 벌리는 것에 도움이 되는 꿰어진 것의 양(量)을 중시한다. 그 차이가 자기를 위한 힘이 되기를 욕망하기 때문이다. 이것은 현재의 생(生)이 전부라 여기는 낮아진 의식수준에서 기인한다. 그래서 배울수록 마음에서 멀어지는 역설에 놓이게 된 것이다. 공자(孔子)가 학(學)과 문(文)으로 적절함을 가르쳐 마음을 보여주고자 한 노력이 실패한 것은, 무(無)에 대한 경험이 없어 생(生)에서 생(生)으로 이어지는 인간의 진화적 존재이유를 가르칠 수 없었기 때문이다.

인간이 마음(心)을 지니고 있는 것이라 여기는 것은 신(神)과 성인(聖人)들의 가르침 때문이다. 그들은 자기들의 가르침이 인간이 마음을 지녀 변하지 않는 상태에 다다르는 것에 도움이 되길 바랐다. 그러나, 세상에 현혹된 인간들에게 이런 가르침은 역설적으로 욕망의 근거가 되었다. 마음을 지니기 위한 가르침과 지식들이 세상에서 차별을 위한 권위의 도구로 변질된 것이다. 이것은 인간 모두에게 이로운 신(神)이 된 사람들의 가르침을 버리고, 상대적으로 쉽고 현실적으로 이로운 성인(聖人)의 가르침을 선택한 결과이다. 이로 인하여 없는 마음을 있다고 여기며 살게 되었고, 이를 통해 본래 하나인 마음을 차이를 지닌 것으로 만들었기 때문이다. 그런 까닭에 인간은 학(學)과 문(文)의 폭증에도 불구하고 인간의 길을 잃어버린 것이다. 결국 존재적 진화는 멈추게 되었고, 인간은 우주가 아닌 세상을 생(生)의 기준으로 삼게 되었다. 인간이 신(神)의 길을 걷는 진화적 존재에서 세상의 도구로 쓰이는 하찮은 존재가 된 것이다.

마침(終)을 위한 도구로 마음(心)을 다루면 상대적으로 얻기 수월하다. 그러나 마음을 목적으로 삼아서는 마음을 얻기 어렵다. 마음이나 도(道)는 특별한 수행이나 비전을 통하거나 세상 밖에서 만드는 것이 아니다. 어느 자리, 어느 삶, 어느 나이에서도 이룰 수 있다. 왜냐하면, 인간이 우주의 원리에 부합하는 지구적 순리로 생겨나 항상 그 속에서 살아가기 때문이다. 고로 마음이나 도(道)를 위한 가르침에는 천부경(天符經) 여든한 자 이상이 필요하지 않나고도 할 수 있다. 마침(終)을 위한 마음을 만들기 위해서는 비전(祕傳)이나 특별함이 아니라 스스로의 생(生)에 대한 자각을 필요로 하기 때문이다. 인간의 의식은 세상과 가까워진 만큼 지구적 본(本)에서 멀어져 자기의 생(生)을 그대로를 이해할 수 없다. 이로 인하여 낮아진 의식수준에 맞도록 천부경 81자를 보여주는 것이 필요해졌다. 이를 위해 마음을 만드는 과정과 마침(終)을 위한 방법을 별도로 뽑아낸 것이 역경(易經)과 도덕경(道德經)의 내용이다. 그러나 인간은 이 두 경전에서도 역시 멀어졌다. 그리고는 학(學)과 무늬(文)의 학문(學問)으로 허상(虛像)의 마음을 만들고, 인문학(人文學)에 의지해 마음이 있는 것처럼 행세하며 살아간다. 그런 까닭에 마음(心)에 대해 진지할 수 없고, 마음을 당연한 것이 아닌 필요한 것이라 여기지 못하는 것이다.

용변(用變)한 현재의 생(生)에서 부동본(不動本)인 삶을 살 수 있다면 마음은 자연스럽게 만들어진다. 수행을 통한 채움이나 비워냄이 아니라, 자발적으로 인간적 속성을 덜어내 빈집이 되는 것이다. 그 상태에 다다른 것이 인간 안의 무(無)인 본심(本心)이다. 그런 까닭에 마음(心)이 있는 사람은 하나의 부동본(不動本)이기에, 훌륭해지는 것이 아니라 변하지 않는 사람이 된다. 마음은 한결같음으로 지속되는 지구의 본(本)을 본뜬 것이기 때문이다. 이는 마음이 생기면 지구처럼 태양의 밝음을 저절로 좇게 되는 것으로 확인된다. 마음이 생기면 인간은 지구처럼 한결같이 지속되고자 하기에 변하지 않으므로 밝음(明)을 좇는다. 인간이 본심(本心)으로 무진본(無盡本)인 석삼극(析三極) 중 한 극(極)이 된 상태이기에 그것이 가능하다. 이를 통해 태양앙명(太陽昻明)으로 석삼극의 남은 두 극(極)인 천지(天地)를 담아내는 생(生)의 기회를 얻게 된다. 인간이 채우는 것에 따라 변하는 것임을 자각할 수 있다면, 천부경(天符經)이 본심(本心)으로 인간에게 비어있음(人中)이 필요하다고 하는 까닭을 스스로 알게 된다. 마음이라는 빈집을 채울 수 있는 것은 삼극(三極)의 무(無) 밖에 없기에 인간이 변하지 않게 되는 것이다. 이것은 우주의 무(無)가 지구에 채워지는 것과 같기에 무종일(無終一)이라 하는 것이다.

마음을 지녔던 성인(聖人)과 신(神)의 가르침은 변하지 않았다. 인간이 거듭되는 채워짐으로 세상을 따라 끊임없이 변해 왔을 뿐이다. 이로 인하여 인간은 존재적 본질을 잃고 더욱 어두워졌다. 그런 까닭에 존재적 진화를 위한 기회를 복구해 주고자 지구는 끊임없이 인간을 멸종시키는 것이다. 그것이 생(生)에서 생(生)으로 이어지는 것이기에 자각이 어려워 그 기회를 살리지 못할 뿐이다. 이것이 한순간 동시에 일어나는 것이 종말(終末), 즉 멸종시키는

(終) 것의 거듭됨이 끝나(末) 시작됨이 없는 것이다. 이것은 지구가 인간의 존재적 역할에 대한 기대를 포기하는 것과 같다. 이처럼 인간의 그침(死=己)은 세상이 가르친 것과 달리 새로운 기회를 위한 단절에 불과하다. 인간이 존재적 역할을 자각하고, 그것을 바로잡고자 하면 언제든 진화의 길로 복귀할 수 있는 이유이다. 그럼에도 인간은 이러한 기회들을 살려 진화하지 못하고 변화에 머무르고 있다. 인간이 생(生)에 대한 입장을 바로잡아야 나(我)로 순환하여 마침(終)에 다다를 수 있게 된다. 인간은 훌륭함이나 성공이 아닌 그 생(生)에 부합하는 삶을 살아야 한다. 현재의 생(生)이 갖는 세속적 가치가 아닌 생(生)이 지닌 기회에 집중해야 한다는 의미이다. 이를 위해서 인간은 인간들과 세상으로부터 독립할 필요가 있다. 그럼으로써 왕(王)이나 부자로 성공하고자 하는 하찮은 존재에서 신(神)의 길을 걷는 자유인(自由人)이 되어야 한다.

인간은 세상 속에 놓여 있고, 그 속에서 스스로 독립(獨立)해야 인간으로 살 수 있다. 천부경(天符經)은 운삼사성(運三四成)으로 이를 위한 독립과 자립의 방식이 거듭됨을 보여준다. 독립하지 못하면 마음(心)을 만들 자리가 없고, 자립하지 못하면 마음을 얻어도 마칠 수 없기 때문이다. 신(神)과 성인(聖人)의 길이 비슷한 것 같아도 인간에게 전혀 다른 결과로 이어질 수 있는 이유이다. 시공(時空)의 경계를 넘어 인식적 한계를 벗어날 수 있어야 마음 없이 마음대로 살고자 하지 않게 된다. 또한 부동본(不動本)을 위한 기회인 용변(用變)한 생(生)의 목적대로 살 수 있다. 이는 자기의 마음자리에 나(我)의 마음을 만들어 가는 것이다. 즉, 인간의 존재적 순환이 만물 또는 인간 중 하나에서 본심(本心)을 통하여 나(我)로 순환하도록 만드는 방법이다. 나(我)로 순환할 수 있어야 마침(終)을 통해 나(我)로 지속되는 우주적 무(無)가 될 수 있다. 본래의 마음(心)은 무(無)인 하나지만, 인간이 지니게 되는 마음은 생(生)을 따르기에 모두 다르다. 고로 누군가의 마음을 그대로 따르거나 닮고자 해서는 마음을 지닐 수 없다. 마찬가지로 가르쳐주는 법(法)대로 행해서도 마음을 볼 수는 있지만 만들지는 못한다. 그런 까닭에 스스로의 본질(本質)을 찾아가기 위한 독립이 우선인 것이다.

부동본(不動本)의 상태가 아니면 마음(心)은 자리를 잡을 수 없다. 지구가 우주에서 독립된 시공(時空)을 지님으로써 존재하는 것과 같은 이치이고, 독립되지 않은 인간에게 마음이 생길 수 없는 이유이다. 마찬가지로 신(神)을 믿는 것이 아니라 신(神)과 같아지고자 해야 본심(本心)을 얻을 수 있다. 천부경(天符經)은 신(神)의 길을 따라가는 과정에서 마음(心)을 만들고, 그 마음으로 신(神)과 같아져 지구로부터 자립하는 우주진화의 원리이다. 신(神)과 성인(聖人)이 그 길을 '자기들의 도(道)에 이름을 지어(道可道名可名)' 보여주는 경전(經典)들 역시 마찬가지이다. 이를 위해서는 없는 마음에 의지해 멈추어 있는 의식과 마음의 문제로 돌려 회피하는 삶의 태도를 바로잡는 것이 필요하다. 그런 까닭에 이런 경전들의 역할은 인간을 침범한 것들로부터 인간을 독립시켜주는 것에 있다. 이런 밝음을 좇아 삶이 한결같이 지속되는(常) 스스로 틀림없는(自然) 것이 되도록 노력해야 한다. 인간의 존재적 가치가 변화에 순응하는 것에서, 본(本)에서 본(本)으로 넘어가는 진화의 생(生)으로 회복되어야 하기 때문이다. 이를 위해서 천부경이 경문에서 본(本)을 사용하는 방식인 '한결같게 지속됨(常)'과 '한결같이 지속됨이 없음(無常)', 즉 본(本) 사이의 상(常)과 무상(無常)의 관계를 이해하는 것이 필요하다.

천부경(天符經) 81자 중 본(本)은 네 차례 사용되는 중요한 개념이다. 천부(天符)라는 이름과 그 쓰임을 통하여 본(本)이 상(常)과 무상(無常)의 특성을 지니고 있음을 보여준다. 상(常)은 부합해야 하는 하늘(天)이 지닌 본(本)의 특성이고, 무상(無常)은 그 하늘에 부합해야 하는 존재가 지니는 본(本)의 특성이다. 지구적 상(常)인 무진본(無盡本)안에서 부동본(不動本)과 본심(本心)은 무상(無常)이 된다. 마찬가지로 우주적 상(常)인 본태양(本太陽)에게 무진본(無盡本)은 무상(無常)이 된다. 지구라는 본(本)의 상(常)안에서 인간이 지니는 본(本)은 무상(無常)이 되고, 우주라는 본(本)의 상(常)안에서 지구가 지니는 본(本)은 무상(無常)이 된다. 같은 방식으로 절대무(絶代無)라는 본(本)의 상(常)안에서 우주 역시 무상(無常)인 존재가 된다. 이런 관계성 위에서 본(本)안의 손재가 본(本)에서 본(本)으로 이어지는 진화로 연결되는 것이다. 이 모든 상(常)과 무상(無常)의 본(本)을 잇는 것이 무(無)이고, 무(無)의 관점에서는 존재하는 모든 것이 같은 것이다. 인간이 일종무종일(一終無終一)로 무(無)가 되면 상(常)의 존재인 신(神)이 되는 이유이고, 인간이라는 존재 안에서는 무(無)이기에 변하지 않는 마음(心)이 상(常)이 된다. 이렇게 단계적으로 설계된 것이 우주진화의 구조이다. 이 과정에 놓인 것이 인간이기에, 인간이 진화적 존재라고 천부경이 가르치고 있다. 이런 본(本)과 본(本)을 잇는 진화는 도덕경(道德經)에서 말하는 상도(常道)와 도(道)의 관계와도 같다.

본(本)이 우주에서 지구로 다시 지구에서 인간에게 본떠져 자리잡는 과정이 본래(本來)이다. 지구는 태양에 의지하여 변화와 진화가 공존되는 무진본(無盡本)이다. 무진본(無盡本)은 무(無)에 다다른 하나(一)의 고유한 특성이고, 인간이 무종일(無終一)에 다다르면 지속될 수 있는 이유이다. 지구의 무진본으로 만들어진 인간의 본심(本心)은, 우주의 무진본으로 만들어진 태양의 밝음을 우러러(昻明) 진화한다. 이를 통해 인간이 지구의 하늘(天)에 부합함으로써 마음(心)을 지니고, 우주의 하늘(天)에 부합하여 무(無)의 상태에 다다르는 것이 천부(天符)의 의미이다. 인간이 만물과 지구를 연결하는 진화적 존재로서의 무(無)라면, 마음(心)은 우주와 지구의 관계와 같은 무(無) 속의 무(無)가 된다. 지구적 진화로 인간이 생겨나 생칠팔구(生七八九)하는 것과 마음이 생기니 인중천지일(人中天地一)하는 것에도 같은 원리가 적용된다.

천부경(天符經)에서 마음(心)은 인간 안에서 천지인(天地人) 삼재(三才)가 하나가 된 상태이다. 이는 인간이 삼재가 펼쳐진 삼극(三極)의 한 극(極)과 같은 상태가 된 것이다. 다시 그 한 극(極)에 천지(天地)의 속성인 삼극의 두 극(極)이 합쳐지는 것이 인중천지일(人中天地一)이다. 그런 까닭에 지구가 석삼극(析三極)인 상태와 인간의 인중천지일(人中天地一)은 같은 것이 된다. 이 과정이 지구의 본(本)에서 나온 인간이 지구적 본(本)과 같은 상태에 다다르는 반본환원(返本還原)이고, 신(神)이 된 부처와 예수, 노자가 그 증거가 된다. 이를 위해 인간에게 필요한 것이 마음이고, 이들은 각각의 마음(心)을 불성(佛性)·네 안의 하나님·도(道)로 상징하여 가르친다. 자비·사랑·덕(德)으로 도(道)인 마음을 얻는 길을 가르쳐 인간이 부처·예수·신선과 같은 무(無)의 존재가 되길 바라는 것이다. 천부경에는 이 모든 길의 뿌리가 담겨 있기에 신(神)의 길을 걷는 우주 진화의 원리가 될 수 있다. 이와 달리 공자(孔子)는 마음(心)을 지닌 존재인 성인(聖人)이기에 신(神)의 길인 진화에 대해 설명할 수 없다. 그런 까닭에 인의예지(仁義禮知)를 통한 덕(德)을 좇아 생(生)

안에서 군자(君子)가 되는 것을 목표로 보여줄 수 밖에 없다. 도
(道)의 대명사인 마음을 사용하여 이를 위한 밝음을 말할 수 밖에
없는 이유이다. 이로 인하여 공자(孔子) 역시 천명(天命)에서 벗어나
거나 자유로워질 수 없었다.

천부경(天符經)의 원리는 지구적 무(無)인 마음(心)으로 우주적
무(無)인 마침(終)에 다다르는 것이다. 그런 까닭에 마음을 만드는
과정을 다루는 역경(易經)과 마음의 마침을 다루는 도덕경(道德經)
이 천부경을 하늘(天)로 삼아 쓰인 경전이라 할 수 있는 것이다. 이
세 경전을 따르면 인간은 독립된 하나의 존재로 살 수 있게 된다.
세상의 경계에 갇힌 인간의 의식수준은 천부경만으로 마음(心)을
만드는 과정과 방법, 기준을 받아들이지 못한다. 그런 까닭에 하
늘에 부합되는 방법을 명확한 형태로 드러낸 도가도명가명(道可道
名可名)을 필요로 한다. 이에 부합되는 경전이 역경(易經)과 도덕경
이고, 본심(本心)을 고리로 삼아 하나로 다루는 것이 필요하다. 이
를 통하여 삶의 짝이 앎이나 성공이 아닌 자기 자신임을 자각한다
면, 신(神)의 길을 걷는 자유인(自由人)의 삶을 누구나 선택할 수 있
게 된다.

천부경(天符經)의 지구적 시공(時空)에는 삼극(三極)과 천지인(天
地人) 삼재(三才)가 있다. 삼극 중 한 극(極)인 공간에 삼극의 세가

지 속성이 천지인(天地人)으로 자리잡고, 그것이 지구적 시공의 세 가지 근본이자 바탕이 되기에 삼재(三才)라 부른다. 마음(心)은 이 천지인 삼재가 하나가 된 것이고, 인간이 본심(本心)을 지닌다는 것은 이 삼재(三才)에서 자유로워지는 것이다. 일시무시일(一始無始一)의 무시일(無始一)과 인간이 인중천지일(人中天地一)한 무종일(無終一)이 다른 것은, 인간이 진화과정을 거쳐 지구가 우주에 생겨난 때의 상태로 돌아간 것이기 때문이다. 우주적 진화는 없던 것으로 변해가는 것이 아니다. 자기를 진화시키는 것의 처음으로 계속해서 거슬러 돌아가는 것이고, 이는 절대무(絶代無)가 우주와 지구를 통해 인간을 자기와 같은 존재로 만들어 가는 것이다. 그런 까닭에 지구에서 진화된 인간의 수(數)와 무(無)는 지구와 같아지고, 신(神)으로 우주에서 진화하면 우주와 같은 수(數)와 무(無)를 지니게 된다. 인간은 이 진화의 길을 위해 수많은 생(生)을 만왕만래(萬往萬來)하는 것이다. 인간에게 생(生)이란 우주진화의 원리로 만들어진 신(神)의 길이자 무(無)의 길이다.

인간은 자신이 부합되고자 하는 것에 따라 살 수 있다. 세상을 하늘(天)로 삼아 한 생(生)을 위해 살 수도 있고, 지구나 우주를 하늘로 삼아 신(神)을 향하여 생(生)을 잇는 길을 걸을 수도 있다. 인간은 멈추거나 벗어날 수 없는 우주진화의 길 위에 놓여 있다. 그리고 이 길은 인간이 무(無)로 신(神)이 될 때까지 멈추거나 벗어날 수 없다. 그런 까닭에 몸(身)에 기반한 나(我)에서 마음(心)을 얻어 무(無)에 기반한 나(我)로 살고자 해야 한다. 이것이 본래의 자연스러운 인간의 생(生)이다. 천부경(天符經)에서 인간이 이를 위한 자립을 완성한 것의 상징이 본심(本心)이다. 천부경의 이해를 본심(本心)에서 출발하는 까닭이다. 우주와 지구, 인간은 모두 무(無)에서 무(無)로 이어지는 진화를 위해 생겨났다. 고로 인간은 억제됨이 없으면 우주에 생겨난 목적을 좇고자 한다. 이를 위하여 우주는 지구를 태양의 밝음에 의지하여 존재하도록 했고, 인간에게는 무(無)를 채울 수 있는 마음(心)을 요구한다. 천부경은 인간이 이 사실을 잊지 않도록 마음의 현묘함이 특별한 것이 아닌 누구에게나 필요한 것임을 가르친다. 본심(本心)과 태양앙명(太陽昻明)으로 인간의 길을 보여주고, 인중천지일(人中天地一)과 무종일(無終一)로 신(神)의 길을 보여주는 이유이다.

정신(精神)은 본(本)안의 변화에 의지하여 생겨난 것이다. 적응의 결과인 정신은 인간의 본래 목적을 설명할 수 없다. 그럼에도 인간은 아직도 정신이라는 한결같이 지속됨이 없는 밝음(明)을 좇고 있다. 마음(心)은 본(本)이기에 변하지 않음(不變)에 의지하여 만들어진다. 한결같이 지속됨을 따르는 길(道)이니 도(道)가 되고, 인간을 생겨난 목적에 부합되도록 되돌리는 부동본(不動本)이니 덕(德)이 된다. 이것이 마음(心)의 모습이다. 정신(精神)은 마음(心)에서 기반한 것이고, 일이관지(一以貫之)의 하나(一)와 윤궐집중(允闕執中)의 중(中)은 정신과 마음이 하나에 지극히 가까운 상태에서 사용되었다. 시간이 흘러 인간이 본심(本心)을 만들지 못하게 되면서, 정신은 천지자연(天地自然)의 경계 안에서 변화에 따라 달라지는 것이 되었다. 그 과정에서도 한결같게 지속되는 마음(心)은 몇몇 고대전통에 의해 지켜져 왔다. 그런 까닭에 인간의 정신과 마음은 인간이 존재적 역할을 자각하는 순간 하나로 합쳐질 수 있다.

정신(精神)의 본(本)은 언제나 마음(心)이다. 고로 정신을 통해 마음에 다다를 수 있는 길은 존재한다. 고대의 전통일수록 마음과 더 가깝다. 그러나 정신으로 마음을 만들 수는 없다. 변화의 과정에서 만들어진 마음을 좇아서도 본심(本心)을 만들 수 없다. 인간이 변화에 순응해야 하는 존재가 아니라 우주적 진화를 위한 존재임을 자각해야 마음을 만들어 가는 것이 가능해진다. 인간은 정신문명에 갇힌 무상인(無常人)에서, 심명(心明)에 기반한 한결같은 인간(常人)이 되어야 한다. 이것이 천부경의 본심(本心)이 말하고자 하는 바이고, 지구적 인과와 순리를 넘어 신(神)을 향한 길을 걷는 자유인(自由人)의 모습을 보여주는 이유이다. 천부경의 본심은 인간이 본(本)과 본(本)을 도(道)와 상도(常道)로 이어 진화하는 원리가 마음(心)에 있음을 보여준다. 지구가 만물에서 인간을 진화시킨 것과 같은 진화를, 인간의 생(生) 속에서 스스로 행하는 것이 하늘에 부합되는 길임을 가르친다. 이를 위해서 인간에게 마음이 필요한 것이다. 인간은 생(生)에서 생(生)으로 이어지는 일묘연(一妙衍)의 과정 속 존재이고, 이를 위해 본(本)으로 마음이 필요한 것임을 자각하여 나(我)의 본심(本心)으로 삼아야 한다.

본편
(本篇)

제 2 장

천부경(天符經)의 구조적 원리와 해석체계

당당하고 단단하며 담담하게 자유인으로

天符經

一始無始一析三極無
盡本天一一地一二人
一三一積十鉅無櫃化
三天二三地二三人二
三大三合六生七八九
運三四成環五七一妙
衍萬往萬來用變不動
本本心本太陽昂明人
中天地一一終無終一

제 2 장

천부경(天符經) 구조적 원리와 해석체계

천부경(天符經)은 전체가 81자에 불과한 짧은 경전(經典)이다. 그럼에도 이름을 통해서 하늘(天)에 부합되는(符) 원리를 담고 있음을 보여준다. 천부경에서 하늘(天)은 존재를 생겨나게 하는 무(無)와 본(本)으로 설명되고, 부합됨(符)의 주체는 무(無)에서 생겨난 존재들이다. 이를 바탕으로 하늘은 무(無)에 따라 우주와 지구로 구분되고, 이에 부합해야 하는 각각의 존재는 지구와 인간이 된다. 인간의 하늘(天)은 지구의 무(無)이고, 지구의 하늘은 우주의 무(無)이며, 우주의 하늘은 절대무(絶代無)이다. 이것을 따라가는 것이 하늘에 부합됨인 천부(天符)이다. 간단명료한 천부경이 어려운 것은 인간이 존재성에 대한 인식을 잃어 무(無)와 본(本)을 해석하기 어렵기 때문이다. 이로 인하여 천부경을 읽기 위해서는 적절한 기준을 설정할 필요가 있다. 여러 방식들 중 가장 적절하다고 여겨지는 것은 하늘에 부합되는 원리대로 배열된 순서를 따라가는 것이다.

천부경(天符經)은 경전(經典)의 이름인 천부(天符)와 81자의 경문으로 전하고자 하는 내용을 모두 담고 있다. 그런 까닭에 하늘(天)의 목적에 부합되는 배열순서와 구조는 해석체계에 중요한 도구가 된다. 하늘의 기준은 무(無)이다. 지구가 하늘에 부합되는 역할을 통하여 인간을 만들고, 인간은 우주의 목적에 부합되는 생칠팔구(生七八九)의 길을 걸어야 한다. 천부경의 하늘(天)은 천지인(天地人)의 천(天)이 아니다. 지구적 시공(時空)인 천지인(天地人)이 부합되어야 하는 우주원리로서의 하늘(天)이다. 이를 통해 인간에게 하늘을 거슬러 올라가야 하는 존재적 의무가 있음을 가르치고자 한다. 그 과정이 천지인(天地人)과 삼극(三極)을 거슬러 태양을 좇는 것이기에 진화가 된다.

천부경(天符經)은 삼극과 천지인을 명확히 구분하여 사용한다. 천지인은 본(本)인 삼극이 천부(天符)의 목적을 위해 삼극적 속성으로 만들어낸 지구적 시공(時空)이자 존재이다. 천지인은 삼극을 본떠 만들어진 지구운행의 재료이자 바탕이기에 삼재(三才)가 된다. 그런 까닭에 경문이 지구가 무시일(無始一)로 일시(一始)하여 그 무시일인 지구에 본(本)인 삼극이 생겨나고, 그 뒤에 천지인이 자리 잡아 만물에서 인간이 선택되어 무종일(無終一)로 일종(一終)하는 순서를 지니는 것이다. 이러한 천부경의 내용은 아홉 개의 마디(節)로 구분할 수 있다. 이 아홉 개의 마디는 하나의 운행원리로 이어져 거듭되고, 그 안에서 독립된 의미로 해석이 가능하다.

천부경(天符經)의 운행원리는 운삼(運三)과 사성(四成)이다. 천부경은 정중앙에 위치한 육(六)을 기준으로, 지구가 생겨나 천지인(天地人)의 구조적 운행의 결과로 인간이 선택되는 과정과 인간이 일묘연(一妙衍)하여 무종일(無終一)이 되는 과정으로 구성되어 있다. 운삼사성의 원리는 이 모든 운행에 적용되어 인간의 진화가 하늘의 목적에 의한 것임을 설명한다. 천부경은 하늘과 무(無)의 존재적 특성을 통해 인간이 신(神)의 길을 걷는 우주진화의 원리에 대해 설명하는 것이다. 그런 까닭에 인간의 입장에서 천부경은 무(無)에서 무(無)로 비롯된 지구가 삼극으로 천지(天地)와 만물을 만들고, 그중에서 인간을 하늘에 부합되는 존재로 선택하여 운행과 순환을 거듭하여 마치도록 하는 구조이다. 천부경의 일시(一始)하여 무종일(無終一)하는 원리는 우주부터 인간까지 동일한 원리와 존재성으로 이어져 있음을 일깨워준다.

1절
一始無始一, 析三極, 無盡本.

천부경(天符經)은 무(無)에서 비롯되는(始) 것으로 시작한다. 비롯됨(始)은 시작됨이고, 없던 것이 처음으로 생겨난 것이다. 그리고 이 비롯됨(始)에 의지하여 생겨남(生)이 일어난다. 이어서 시작된 것이 본(本)을 지니는 과정과 그 본(本)의 특성에 대해 설명한다. 일시(一始)는 독립된 하나가 비롯됨이고, 그것은 목적을 지니고 존재함을 의미한다. 그런 까닭에 무시일(無始一)에는 '하나(一)가 비롯되는 곳으로서의 무(無)'와 '무(無)인 상태로 비롯된 하나' 그리고 '무(無)에 비롯됨(始)과 생겨남(生)이 시작된다'는 의미가 함축적으로 담겨 있다.

천부경(天符經)에서 일시무시일(一始無始一)이 상징하는 하나(一)는 지구(地球)다. 무시일(無始一)은 아직 역할대로 운행되지 않는 상태이고, 그 자체로는 어떤 일이나 방향성이 생기지 않는다. 무시일(無始一)은 존재하게 된 것의 상태가 무(無)이고, 시일(始一)한 것은 새로이 비롯됨을 만들 수 있는 무(無)를 지닌다는 의미이다. 이러한 비롯된 것(一始)이 지닌 무(無)에 변화가 일어남과 그 방식을 상징하는 것이 석삼극(析三極)이다. 무시일(無始一)의 상태에 변화가 있다는 것은 운행의 방향이 생겼음이다. 이는 지구를 일시(一始)하게 한 우주가 그 목적에 맞도록 무시일(無始一)의 지구를 운행시키는 것이다. 석삼극(析三極)은 하나(一)가 셋의 속성으로 뒤서이는 과정이고, 이 과정이 의미 있는 것은 비로소 우주에서 독립된 존재성을 지니게 되기 때문이다. 고로 석삼극(析三極)의 상태는 일시(一始)한 존재인 지구의 본(本)이 되고, 그 본(本)에 부합되는 존재가 생겨나 진화가 지속되는 것이다.

무(無)에서 비롯된 하나(一)가 석삼극(析三極)의 본(本)을 갖추면, 우주와 독립된 시공(時空)의 상태에서 우주적 운동을 시작한다. 인간이 지구적 시공에서 살아가는 것과 지구가 우주와 연결된 상태로 독립된 역할을 수행하는 것이 다르지 않다. 그런 까닭에 인간 역시 인중천지일(人中天地一)로 석삼극의 상태가 되면, 지구적인 존재가 아닌 우주적 존재로의 운행을 시작할 수 있는 것이다. 무시일(無始一)의 지구는 석삼극의 과정을 거쳐 무(無)의 상태에서 삼극(三極)을 지닌 살아있는 본(本)이 자리를 잡는다. 본(本)인 삼극(三極)은 지구가 우주에 의해 존재하지만 독립된 변화와 진화를 운행하는 주체임을 상징한다. 인간이 본(本)으로 마음(心)을 지니면 독립되는 것에도 이 원리가 적용된다. 지구의 본(本)이 우주적 존재인 태양을 생존의 본(本)으로 삼는 것은 이 독립된 운행과정이 우주의 목적에서 벗어나지 않도록 하기 위함이다. 우주가 지구에 부여한 역할을 담당할 준비가 갖추어진 본(本)의 특성이 무진본(無盡本)이다. 달라지거나 다함이 없는 본(本)이 존재하기에 천지인(天地人)의 지구적 구조를 갖추고, 지구의 운행을 한결같게 지속할 수 있는 것이다.

무진본(無盡本)의 해석에는 운행적 측면과 존재적 측면을 고려해야 한다. 본(本)인 삼극(三極)의 운행에는 다함이 없다. 그런 까닭에 지구가 무(無)에서 일적십거(一積十鉅)의 구조로 무궤화삼(無櫃化三)의 순환을 한결같게 거듭할 수 있는 것이다. 본(本)에 한결같이 지속되는(常) 우주적 존재성이 담겨 있다. 우주가 지구를 만든 목적이 달라지지 않는다는 의미이다. 그런 까닭에 일묘연(一妙衍)으로 만왕만래(萬往萬來)하여 쓰임이 달라져도(用變) 목적에서 벗어나지 않는 부동본(不動本)이 가능하고, 그것을 인간이 자각하면 본(本)으로 마음(心)을 지니게 된다. 이를 위하여 지구는 본(本)의 목적에 부합하는 시공(時空)과 존재를 필요로 하고, 삼극(三極)의 속성을 본떠서 천지인(天地人) 삼재(三才)를 만들어 내게 된다. 그 과정과 순서, 구조를 설명하는 것이 천부경(天符經)의 2절인 '천일일 지일이 인일삼(天一一 地一二 人一三)'이다.

2절
天一一, 地一二, 人一三.

  삼극(三極)과 천지인(天地人)은 다르다. 삼극의 세 가지 속성을 본떠 지구적 시공(時空)으로 생겨난 것이 천지인(天地人)이다. 그 목적은 우주가 지구를 만든 무(無)인 삼극에 부합되는 존재를 만들기 위함이다. 이를 위해 지구에 삼극이 생긴 원리대로 삼극의 시공에 세 가지의 바탕(三才)으로 천지인을 만들어낸 것이다. 그러므로 삼극과 삼재는 구분되어 존재하고, 역할 또한 다르다. 삼극은 지구에 존재하는 우주적 시공(時空)이다. 반면에 삼재(三才)는 삼극이 우주의 목적에 부합하고자 만들어낸 지구적 시공이다. 즉, 삼재는 삼극의 목적대로 운행되는 것이다. 이러한 과정을 설명하고 있는 것이 천일일 지일이 인일삼(天一一, 地一二, 人一三)이다.

  천일일 지일이 인일삼(天一一, 地一二, 人一三)은 지구에 우주와 다른 별개의 시간이 생겨남을 의미한다. 그리고 우주의 목적에 부합되는 존재를 선택하여 운행시킬 터전이 된다. 이것이 운삼(運三) 중 1운(1運)이다. 이 과정을 거치는 것이 중요한 것은 우주적 시공(時空)과 지구적 시공이 천부(天符)의 운행을 위하여 지구에서 하나의 상태로 합쳐지기 때문이다. 고로 천일일 지일이 인일삼(天

一一, 地一二, 人一三)의 과정에서는 삼극(三極)과 삼재(三才)가 혼재된다. 이런 상태를 거쳐 우주의 다층적 시간과 공간이 일직선의 시간과 공간으로 지구에 자리잡게 된다. 삼극(三極)의 공간에 천지인(天地人)이 생겨나는 것과 천지인에서 인간이 선택되어 생겨나 만물이 대삼합육(大三合六)하는 원리는 같은 것이다. 이를 위한 천지인이 생겨나는 순서는 천일 지이 인삼(天一, 地二, 人三)이고, 삼극에 없던 것이자 천지(天地)를 만든 목적인 만물이 가장 늦게 생겨난다.

삼극(三極)과 혼재된 1운(1運)의 천지인(天地人) 삼재(三才)는 인간과 만물의 본(本)이다. 그런 까닭에 무궤(無櫃)하면 1운의 삼(三)으로 돌아가는(化) 것이다. 2운(2運)부터는 이 천지인에서 만물이 생겨나고 소멸되며 진화한다. 천부경(天符經)은 삼극과 삼재의 차이와 그 생겨남의 과정을 통하여 지구가 우주에 부합하는 역할을 하고 있는 것임을 명확히 한다. 이것을 위해 완성된 천지인의 구조와 지구의 크기, 그 안에서 일어나는 생겨남과 그침의 원리에 대해 설명하는 것이 천부경의 3절인 '일적십거 무궤화삼(一積十鉅 無櫃化三)'이다.

3절
一積十鉅, 無櫃化三.

 일적십거(一積十鉅)는 삼극(三極)이 삼재(三才)의 공간을 목적에 부합되는 조건과 존재들로 가득 채우는 과정이다. 그것은 지구적 본(本)과 같은 크기가 될 때까지 확장된다. 이러한 확장성은 우주적 존재의 기본적인 속성이다. 그 과정이 지구에서 일어나는 것이 일적(一積)이고, 보이는 것과 보이지 않는 것을 포함하여 완성된 것이 십거(十鉅)이다. 이를 통하여 지구는 한결같게 지속되는(常) 상태를 지니게 되고, 2운(2運)을 통하여 스스로 틀림없이(自然) 목적대로 운행될 수 있게 된다. 일적십거는 무한의 확장이 일어나는 우주와 달리 지구는 십(十)이라는 한정된 크기를 지님을 보여준다. 지구의 역할을 이 십(十)으로 설명하고, 각각의 본(本)과 연결하여 지구 안의 무(無)와 독립한 무(無)를 구분하는 기준으로 삼고 있다. 일적십거는 육(六)이 된 인간이 생칠팔구(生七八九)의 과정을 거쳐 신(神)에 다다른 무종일(無終一)의 크기와 같다.

 일적십거(一積十鉅)의 공간에서 존재하는 것들이 순환하는 방식이 무궤화삼(無櫃化三)이다. 무궤화삼의 삼(三)은 형체가 없어져 돌아가는 삼극(三極)이자 삼재(三才)인 1운(1運)의 삼(三)과 만물을 상징하는 삼(三)을 의미한다. 이것은 지구적 존재가 1운에 기반하여 운행됨을 규정한다. 무궤화삼은 일적십거 속에서 불필요해진 형체가 없어지면 그것이 무(無)로 화(化)함을 의미한다. 드러난 존재(櫃)로서 얻었던 기회를 통한 변화가 마무리된 것이다. 천지인의 구조와 크기 그리고 운행방식인 일적십거와 무궤화삼은 대삼합육(大三合六)을 위한 1차적 과정이고, 2운(2運)천지인(天地人)의 삼(三)을 유기적인 하나로 변하게 한다. 이 안정된 상태로 운행되는 유기적 천지인의 운행에 대해 설명하는 것이 천부경의 4절인 '천이삼 지이삼 인이삼(天二三 地二三 人二三)'이다.

4절
天二三, 地二三, 人二三.

무궤화삼(無櫃化三)의 거듭됨으로 천지인(天地人)이 하나의 목적에 부합되는 상태가 된 것이 천이삼 지이삼 인이삼(天二三 地二三 人二三)이다. 천부경(天符經)에서 말하는 2운(2運)의 과정이고, 각각 별개였던 천지인이 하나인 상태로 완성된 것이다. 지구적 진화를 위해 시공(時空)과 대상들이 운행되는 상태이고, 천지인이 삼극(三極)의 속성을 지닌 상태이기에 삼(三)인 천이삼 지이삼 인이삼(天二三 地二三 人二三)이다. 이는 삼극의 목적을 천지인 삼재(三才)가 공유하고, 그것에 부합되도록 운행하여 진화의 대표로 인간(人)을 선택하는 것이다.

천이삼 지이삼 인이삼(天二三 地二三 人二三)의 삼(三)은 천지인(天地人)이 각각 세 가지의 속성을 모두 지닌 것과 2운에서 운행되는 대상인 만물을 상징하는 수(數)이다. 천이삼 지이삼 인이삼(天二三 地二三 人二三)의 이(二)는 삼(三)인 만물이 두 번째의 진화과정에 놓였음을 의미한다. 이는 지구적 진화가 본래부터 인간을 위한 것이 아니라, 지구적 선택의 과정을 거쳐 당당한 자격을 지니게 되었음을 의미한다. 이 두 번째의 운행으로 일어난 만물의 진화적 결과인 육(六)과 그 육(六)인 인간이 세 번째의 진화과정을 운행하는 것이 천부경(天符經)의 5절인 '대삼합육 생칠팔구(大三合六 生七八九)'이다

5절
大三合六, 生七八九.

　대삼합육(大三合六)은 삼(三)이 거친 2운(2運)의 결과이다. 대삼합육은 천지인(天地人)이 2운의 과정을 거치면서 커지고(大) 합쳐져(合) 만물 중에서 진화의 대상인 육(六)을 만들어 내는 과정이다. 합육(合六)은 만물에 천지인이 합쳐진 것이고, 천지(天地)가 만물을 최대로 키워낸 것이다. 그런 까닭에 합육(合六)된 이후에는 그 진화의 대상에 달라짐이 없다. 이를 통하여 1운(1運)과 2운의 대상이 되었던 것이 삼(三)이라면, 운삼(運三) 중 3운(3運)의 대상이 되는 것은 육(六)임을 알 수 있다. 천부경(天符經)은 육(六)이 인간(人)임을 알려준다. 1운과 2운에서 만물의 상징을 인(人)으로 표기하는 것과 인중천지일(人中天地一)이라는 운행의 최종 목적을 통해서도 알 수 있다. 그런 까닭에 커져서 합쳐진 육(六)의 독립된 운행이기에 3운(3運)이 천삼칠 지삼팔 인삼구(天三七 地三八 人三九)의 방식이 아닌 생칠팔구(生七八九)가 사용되고 있는 것이다.

　3운(3運)인 생칠팔구(生七八九)는 육(六)인 상태의 천지인(天地人)에 새로운 하나로 인간이 더해지는 것이다. 합육(合六)으로 독립된 존재인 인간이 생겨나고 자립해 가는 과정이 생칠팔구가 된다. 대삼합육(大三合六)의 뒤에 생칠팔구가 오는 것으로 지구적 진화의 대표가 생겨났음을 명확히 알 수 있다. 대삼합육으로 삼극(三極)이 만든 삼(三)인 만물을 천지인(天地人)이 키우고(大), 합쳐진(合) 육(六)이 인간으로 생(生)하는 것이다. 그런 까닭에 생칠팔구는 인간으로 독립된 인간적 진화과정을 거치는 것이 된다. 대삼합육으로 삼극(三極)이 1운(1運)과 2운(2運)의 과정을 거친 목적이 마무리되었다. 그리고 그 결과인 인간은, 무(無)인 상태로 반본환원(返本還原)하는 생칠팔구와 인중천지일(人中天地一)의 과정을 걸어가야 하는 의무가 생겼다. 이 존재를 상징하는 육(六)을 81자의 정중앙에 오도록 함으로써 그 분기점을 명확히 보여준다. 이러한 지구적 진화의 과정과 인간진화의 운행방식에 대해 설명하는 것이 천부경(天符經)의 6절인 '운삼 사성 환오칠(運三 四成 環五七)'이다.

6절
運三, 四成, 環五七.

 지구의 입장에서 운삼(運三)은 삼극(三極)이 지구적 천지(天地)와 만물(萬物)을 만드는 1운(1運), 천지(天地)와 만물이 합심하여 하나의 존재를 만드는 과정인 2운(2運), 그렇게 만들어진 존재가 생칠팔구(生七八九)하는 3운(3運)으로 이루어진다. 이 과정에서 사성(四成)은 일종(一終)이 되고, 이를 위한 과정이 거듭되는 순환이 환오칠(環五七)이다. 인간은 환오칠(環五七)의 방식으로 생칠팔구(生七八九)를 거듭하여 마침(終)을 향한 우주적 사성(四成)의 기회를 갖게 된다. 운삼과 사성은 시(始)와 생(生)에 모두 적용되는 기본원리이다. 지구에 존재하는 것은 운삼의 과정을 거쳐 그침(死=己)과 마침(終)의 사성으로 마무리된다. 그리고 새로운 생겨남의 순환을 통해 기회가 거듭된다. 인간에게 이 과정은 환오칠을 통하여 멈춤 없이 한 방향으로 지속된다. 그런 까닭에 운삼의 결과인 사성(四成)의 뒤에 환오칠이 오는 것이다.

 삼극(三極)의 입장에서 인간을 포함한 만물은 삼(三)으로 동일하다. 운삼(運三)은 토대인 천지인(天地人)과 그 대상인 삼(三)이 운행되는 지구적 진화과정이다. 운삼과 사성(四成)이 짝을 이루는 것은 운삼의 과정에서 일어나는 각각의 결과가 하나로 합쳐지기 때문이다. 환오칠(環五七)을 통하여 칠(七)이 상징하는 인간에게도 이 운삼과 사성이 적용됨을 보여준다. 그 운행의 세 과정이 일묘연(一妙衍)이고, 그 사성은 인중천지일(人中天地一)이 된다. 이를 위해 우주는 무시일(無始一)의 지구에 석삼극(析三極)의 본(本)을 만들어 천일일 지일이 인일삼(天―― 地―二 人―三)과 천이삼 지이삼 인이삼(天二三 地二三 人二三)의 운삼을 거쳐 사성(四成)으로 인간을 선택한 것이다. 지구적 운삼(運三)으로 천지인(天地人) 삼재(三才)가 안정되어 고정되고, 인간이 사성으로 완전하게 자리잡았다. 이는 지구가 우주적 목적에 맞도록 진화한 것이다. 이 진화를 끝낸 지구는 환오칠(環五七)과 생칠팔구(生七八九)의 터전으로서 인간의 진화에 영향을 미칠 뿐이고, 인간은 지구가 전해주는 우주적 밝음으로 스스로 진화해야 한다. 지구적 운삼(運三)과 사성(四成)의 방식이 인간에게도 적용됨으로써, 3운(3運)인 인간의 생칠팔구가 별도의 운삼과정으로 자리잡게 된 것이다. 그런 까닭에 운삼사성(運三四成)을 생칠팔구 다음에 오게 한 것이다. 마찬가지로 환오칠(環五七)을 운삼사성의 뒤에 오게 함으로써 인간은 우주적 진화를 지속할 수 밖에 없음을 알려준다.

환오칠(環五七)은 인간(六)이 2운(2運)의 완성된 천지인(天地人) 속에서 생칠팔구(生七八九)로 운행된다는 사실을 보여준다. 이를 통하여 칠(七)로 생겨난 것도 팔(八)이 되지 못하면 다시 만물로 돌아갈 수 있음을 또한 알려준다. 오(五)와 칠(七)은 육(六)으로 연결되고, 칠(七)로 생(生)하시 못하는 육(六)은 만물 속이 인간이다 이것은 만물과 인간이 칠(七)의 인간으로 생겨남을 공유하고 있음을 깨닫게 한다. 만물에게 동일한 기회가 주어지기에 대삼합육(大三合六)이 가능했던 것이다. 환오칠(環五七)은 일묘연(一妙衍)의 용변부동본(用變不動本)과 연결되어 팔(八)과 구(九)가 되면 인간으로서의 순환을 거듭한다는 의미를 담고 있다. 만물 중에서 인간으로 생(生)하는 환칠(環七)의 고리인 만왕만래(萬往萬來)를 끊을 수 있어야 비로소 인간을 본(本)으로 삼아 팔(八)과 구(九)로 순환할 수 있게 된다는 의미이다. 만물이 육(六)으로 하나의 존재적 대표를 만들어 칠(七)·팔(八)·구(九)로의 진화과정을 거듭하는 생칠팔구(生七八九)와 환오칠(環五七)의 원리에 대해 설명하는 것이 천부경(天符經)의 7절인 '일묘연 만왕만래 용변부동본(一妙衍 萬往萬來 用變不動本)'이 된다.

7절
一妙衍, 萬往萬來, 用變不動本.

　　일묘연(一妙衍)은 하나(一)가 흘러감을 한결같이 지속함이다. 비롯된 하나(始一)인 지구가 비롯된 목적과 달라짐 없이 마침(終)을 위해 흘러감을 지속하고, 그 마침(終)을 위한 대상인 인간 역시 흘러감을 거듭하는 것이다. 천부경(天符經)은 이러한 일묘연(一妙衍)의 목적이 운삼(運三)의 과정을 거쳐 사성(四成) 중 순환(環)이 아닌 마침(終)에 다다르는 것이라 가르쳐준다. 인간이 일묘연(一妙衍)하는 것에도 그대로 적용된다. 인간의 일묘연은 합육(合六)으로 진화의 대상이 된 만물 전체의 과정이다. 환칠(環七)의 만왕만래(萬往萬來)를 넘어 팔(八)인 용변부동본(用變不動本)에 다다라야 독립된 인간으로서의 일묘연이 시작된다. 이를 통해 인간으로 독립함으로써 구(九)의 본심(本心)에 다다라 나(我)로 순환하여, 마침(終)에 다다라 나(我)로 자립한 신(神)이 되는 것이다.

　　마침(終)을 위하여 끊임없이 순환하는 전체 과정을 표현하는 것이 만왕만래(萬往萬來)이다. 인간으로서 일묘연(一妙衍)하는 만왕만래는 만물(萬)로 돌아가서(往) 만물(萬)에서 오는(來) 것이니 칠(七)을 상징하게 된다. 만왕만래의 거듭됨을 통하여 마침(終)에 점점 가깝게 태어나는 것이 생칠팔구(生七八九)의 진화적 의미이다. 이를 위해 먼저 인간으로서의 본(本)이 달라지지 않는 상태가 되는 것이 필요하다. 민왕만래 하는 인산은 온진힌 부동본(不動本)이 상태가 아니고, 이 과정을 거침으로써 인간으로서의 본(本)이 달라지지 않는 용변부동본(用變不動本)의 존재적 진화가 일어난다. 이처럼 만왕만래, 용변부동본, 본심(本心)은 인간이 칠(七)·팔(八)·구(九)로 흘러가는 일묘연의 과정에서 각각의 단계와 그 상태적 특성이 된다.

 인간으로 거듭되기 위한 과정인 만왕만래(萬往萬來)와 인간으로 마침(終)의 길을 걷는 용변부동본(用變不動本)의 원리는 생칠팔구(生七八九)의 모든 과정에 적용된다. 만왕만래의 과정에만 머무르면 달라지는 것이 없다. 만왕만래를 통하여 만물에서 독립하고, 용변부동본(用變不動本)의 인간으로 자립하여 일묘연(一妙衍)해야 한다. 그럼으로써 만물로부터 독립한 인간에서, 다시 나(我)로 독립하는 본심(本心)의 과정을 거쳐 나(我)로 자립하는 인중천지일(人中天地一)이 가능해진다. 천부경(天符經)은 인간이 이러한 과정을 걸어가야 함을 자각하기를 바라는 홍익인간(弘益人間)의 마음(心)이다. 이 과정을 거친 인간은 마침에 도전할 수 있다. 마침의 자격을 지닌 인간의 상태와 마침을 위한 방법 그리고 마침에 다다른 상태에 대해 설명하는 것이 천부경의 8절인 '본심 본태양앙명 인중천지일(本心 本太陽昻明 人中天地一)'이다.

8절
本心, 本太陽昻明, 人中天地 一.

    본심(本心)의 본(本)은 지구의 본(本)인 삼극(三極)이고, 심(心)은 인간이 생칠팔구(生七八九)의 과정을 거쳐 지구적 본(本)이 만든 천지인(天地人)을 하나인 상태로 합친 것이다. 고로 본심은 삼극의 한 극(極)에 다다른 인간의 상태이다. 본심을 지님으로써 인간은 삼극의 지구처럼 태양을 본(本)으로 삼아 새롭게 시작할 수 있다. 본(本)은 진화를 위한 각각의 하늘(天)을 상징한다. 태양의 밝음을 인간진화의 본(本)으로 삼게 되는 것이다. 지구의 본(本)이 인간 안에서 담겨 마음(心)이 되었기에, 인간은 그때부터 본(本)을 지닌 존재로 우주와 직접 연결될 수 있다. 태양의 밝음을 따라 진화하여 우주의 마음(心)인 태양을 만나게 된 것이다. 고로 본심(本心)은 지구적 순리에서 자유로운 인간을 상징한다. 이는 생칠팔구(生七八九)에서 구(九)인 상태이다. 이를 위하여 지구의 보호아래 만물에서 인간으로 독립하여 다시 나(我)로 독립하는 과정을 거쳐온 것이다.

    인간이 본심(本心)을 지녀도 지구적 본(本) 안의 존재이기에 아직은 지구처럼 직접 태양을 접할 수 없다. 태양의 밝음을 우러러 지구와 같은 완전한 하나(一)인 상태에 이르러야 하는 이유이다. 천부경(天符經)은 완전한 하나가 된 인간을 지구와 같은 석삼극(析三極)의 존재, 즉 인중천지일(人中天地一)로 상정하고 있다. 지구의 역할은 인간을 만들어 내고, 우주의 신화원리를 따러 인간을 지구와 같은 존재로 진화시키는 것이다. 인중천지일(人中天地一)은 역설적이게도 지구 안에서 진화된 인간이 지구의 출발점과 같은 상태로 반본환원(返本還原)하는 과정이다. 이는 지구적 시공(時空)을 거슬러 올라가 지구에 우주적 시간만이 존재하던 석삼극(析三極)의 상태와 같아지는 것이다. 인간이 본심(本心)을 지닐 수 있도록 지구적 진화가 운행되고, 그런 연후에 태양앙명(太陽昻明)하여 본심(本心) 안에 삼극(三極)의 남은 두 극(極)을 담아가게 된다. 이를 통하여 석삼극(析三極)의 상태와 같음을 인간이 얻게 되고, 이 상태가 인중천지일(人中天地一)이 된다.

인간은 인중천지일(人中天地一)로 지구가 우주에서 일시(一始)한 순간의 무시일(無始一)과 같은 존재적 상태가 된다. 그것이 무종일(無終一)이고, 신(神)이라 불리는 인간의 존재성인 무(無)이다. 인중천지일(人中天地一)로의 진화가 가능한 것은 삼극(三極)이 천지인(天地人)을 만들어 인간을 선택한 과정을 거슬러 올라갈 수 있는 뿌리인 마음자리를 지녔기 때문이다. 이 마음자리는 천지(天地)와 만물로 나뉘었던 삼(三)이 하나로 합쳐졌기에 생겨난 것이다. 대삼합육(大三合六)은 마음자리를 지닌 인간을 만드는 과정이었고, 생칠팔구

(生七八九)의 과정을 거치면서 마음자리에 마음을 만든다. 마음(心)은 우주가 진화적 존재인 인간에게 심어놓은 본(本)이다. 그런 까닭에 태양의 밝음을 우러를 수 있게 되면 마음(心)은 바로 만들어진다. 마음에 삼극의 두 극(極)을 담는 것으로 지구에서의 인간의 진화가 끝난다. 이렇게 인간이 마음(心)으로 인중천지일(人中天地一)한 상태에 대해 설명하는 것이 천부경(天符經)의 마지막 절인 '일종무종일(一終無終一)'이다.

9절
一終無終一.

  인간이 지구적 진화를 마치고, 우주진화의 과정에 놓이는 것이 일종무종일(一終無終一)이다. 천부경(天符經)은 인간으로서의 삶이 진화의 목표가 아니고, 인간이 우주적 진화의 과정에 놓여 있음을 명확히 한다. 이를 위해 지구는 인간을 키우고(大) 합쳐(合) 진화가 가능한 존재로 만들었다. 지구적 진화를 통하여 인간을 우주적 진화가 가능한 무(無)의 상태로 만들어 우주로 돌려보내는 것이다. 지구는 우주의 목적에 따라 인간을 위한 우주의 온실 역할을 스스로 틀림없이(自然) 행한다. 우주는 인간의 유희를 위해 지구를 만들어낸 것이 아니다. 천부경(天符經)이 지구가 일시무시일(一始無始一)하는 것으로 시작하여 인간이 일종무종일(一終無終一)하여 끝나는 것으로, 우주적 목적에 부합되는 무종일(無終一)의 존재를 만드는 것이 지구의 역할임을 보여주고 있다. 그런 까닭에 일종(一終)은 비롯된 하나(一始)인 지구가 성공적인 진화의 터전이 되었음을 의미하고, 무종일(無終一)은 비롯된 때의 지구와 같이 무(無)인 상태로 새로운 시작을 하는 것이다.

  무시일(無始一)과 무종일(無終一)은 그 시공이 다를 뿐 같은 크기의 무(無)이다. 우주가 머금은 무시일(無始一)인 지구와 우주가 머금은 무종일(無終一)인 인간은 우주의 입장에서 동일한 크기가 된다. 지구는 아무것도 없던 무시일(無始一)의 상태에서 천지와 만물을 만들고, 인간을 생겨나게 하여 진화시켰다. 이 모든 것은 무(無)로 비롯된 것이 무(無)를 운행하여 무(無)로 진화하는 하나의 과정이 마치는 것이기에 무종일(無終一)이다. 이 과정은 무(無)를 만들어낸 무(無)로 돌아가는 우주적 진화방식이다. 이것은 인간이 아이를 낳고, 그 아이를 어른으로 만들어 아이를 낳을 수 있는 어른이 되도록 만드는 것과 같은 방식이다. 지구적 순환을 거듭하는 것을 마치면 어머니(母)인 지구를 벗어나 어머니의 어머니인 우주와 만나게 되는 구조이다. 천부경(天符經)은 이런 방식으로 우주와 지구의 시공(時空)을 인간으로 연결하고, 그 안에서의 진화를 위한 인간의 존재가치와 의무를 가르친다.

인간에게 지구는 우주진화를 위한 자궁(子宮)이 된다. 일종무종일(一終無終一)로 지구와 같은 무(無)의 상태로 우주에서 출산(出産)되면, 다른 인간들에게 지구와 같은 역할을 수행하는 것이 가능해진다. 천부경(天符經)은 이러한 상태를 '무(無)로 마쳐진(終) 하나(一)'라고 하고, 인간은 이를 일컬어 신(神)이라고 부른다. 지구가 만물에게 신(神)의 역할을 할 수 있는 것은 태양의 밝음을 직접 받을 수 있기 때문이고, 무종일(無終一)한 인간 역시 직접 받을 수 있기에 그것이 가능하다. 천부경이 인간에게 신(神)이 되는 길을 보여주고 있다고 할 수 있는 이유이다. 우주가 삼극(三極)을 통하여 인간에게 심어준 마음(心)이 자라 열매를 맺은 셋이나. 일종무종일(一終無終一)에 다다른 인간은 일시무시일(一始無始一)의 지구와 같은 상태의 새로운 비롯됨을 시작할 수 있다.

 일시무시일(一始無始一)로 시작되는 천부경(天符經)이 일종무종일(一終無終一)로 마침으로써, 인간이 스스로 비롯된 존재로 살 수 있음을 보여준다. 이처럼 천부경은 순환이 아니라 진화를 인간에게 가르치고자 쓰여졌다. 마침(終)은 지구적 하늘을 벗어나 우주적 하늘을 좇는 것이다. 이것이 신(神)이 하늘과 같은 존재가 된 이유이다. 고로 천부경의 진화는 인간이 곧 하늘이라는 인내천(人乃天), 본심(本心)을 지니거나 무종일(無終一)하여 다른 사람들이 마음(心)을 지닐 수 있도록 돕는 홍익인간(弘益人間), 마음(心)을 지닌 사람들로 채워지는 이화세계(理化世界)라는 인간의식의 뿌리이다. 천부경은 이를 위해 인간에게 스스로 신(神)의 길을 걷는 삶을 가르치기 위해 쓰여진 경전이다.

 지구와 태양은 한 자리에서 멈춘 상태로 운행하는 것이 아니다. 우주적 진화의 방향으로 계속해서 움직이고 있다. 지구 역시 같은 자리에 머물러 있지 않다. 인간에게 주어진 시간은 지구의 시간보다 훨씬 짧다. 이를 극복할 수 있는 방법을 천부경(天符經)은 인간이 신(神)이 되는 것이라 경문을 통해 가르친다. 그리고 인간이 신(神)의 길로 움직일 것을 요구하고 있다. 이를 위해 인간이 하늘에 부합되는 길을 걷는 것을 위해서, 진화의 원리를 순서적이고 명료하게 배열하여 좇기 수월한 형태로 보여준다. 천부경을 경문의 순서적 구조와 배열원리에 따라 해석하는 것이 적절한 이유이다. 인간으로서의 나(我)는 신성(神性)을 지닌 증거이다. 인간이 사용하는 마음(心)과 나(我)는 성인(聖人)이나 신(神)의 길에 다다른 사람들을 상징하는 단어이다. 천부경을 통해 진화적 존재인 인간으로서의 나(我)를 자각한 삶을 살 수 있다. 이것이 천부경이 쓰인 이유이다. 이 모든 것을 81자로 담아냄으로써 인간에게 이 천부(天符)의 길이 어렵지 않음을 강조한다.

제 3 장

천부경(天符經) 원문해설(原文解說)

당당하고 단단하며 담담하게 자유인으로

제3장

天 符 經

一始無始一, 析三極, 無盡本.
天一一, 地一二, 人一三.
一積十鉅, 無櫃化三.
天二三, 地二三, 人二三.
大三合六, 生七八九.
運三, 四成, 環五七.
一妙衍, 萬往萬來, 用變不動本.
本心, 本太陽昻明, 人中天地一.
一終無終一.

하나(一)가 비롯되니 무(無)로 비롯된 하나(一)이고, 세 (개의) 극(極)으로 나뉘어, 다함이 없는 본(本)이다. 하늘은 첫 번째(一運)에서는 일(一)이고, 땅은 첫 번째(一運)에서는 이(二)이며, 인간은 첫 번째(一運)에서는 삼(三)이다. 하나(一)씩 쌓여 열(十)로 커지고, 상자(담김)는 없어지면 셋으로 화(化)한다. 하늘도 두 번째(二運)에서는 삼(三)이고, 땅도 두 번째(二運)에서는 삼(三)이며, 인간도 두 번째(二運)에서는 삼(三)이다. 삼(三)이 커져서 합쳐진 육(六)이, 생겨남이 칠(七)·팔(八)·구(九)이다. 운행은 셋(三)으로 하며, 넷(四)에서 이루어지고, 오(五)와 칠(七)로 순환한다. 하나(一)가 흘러감은 신묘하여, 만 번 가고 만 번 오니, 변하여 쓰여도 본(本)은 움직이지 않는다. 본(本)은 마음(心)이고, 본(本)인 태양의 밝음을 우러르면, 사람 속에서 하늘과 땅이 하나가 된다. 하나(一)가 마치니 무(無)로 마친 하나이다.

天 하늘 천/ 符 부합하다, 부호 부/ 一 하나 일/ 始 비롯되다 시/ 無 없다 무/ 析 나누어지다 석/ 三 세 번째, 석(셋) 삼/ 極 극 극/ 盡 다하다 진/ 本 근본 본/ 二 두(둘) 이/ 地 땅 지/ 人 사람 인/ 積 쌓다 적/ 十 열 십/ 鉅 크 거/ 櫃(匱) 상자 궤/ 化 화하다 화/ 大 크다 대/ 合 합하다 합/ 六 여섯 육/ 生 날 생/ 七 일곱 칠/ 八 여덟 팔/ 九 아홉 구/ 運 돌다, 운행하다 운/ 四 넉 사/ 成 이루어지다 성/ 環 돌다, 고리 환/ 五 다섯 오/ 妙 신묘하다 묘/ 衍 흐르다, 넘치다 연/ 萬 일만 만/ 往 가다

왕/ 來 오다 래/ 用 쓰다 용/ 變 변하다 변/ 不 아니다 부/ 動 움직이다 동/ 心 마음 심/ 太陽 태양 / 昻 우러르다 앙/ 明 밝다 명/ 中 속 중/ 終 마치다 종

제 1 절

一始無始一(일시무시일), 析三極(석삼극),
無盡本(무진본).

하나(一)가 비롯되니 무(無)로 비롯된 하나(一)이고,
세 (개의) 극(極)으로 나뉘어,
다함이 없는 본(本)이다.

一始無始一,

하나(一)가 비롯되니 무(無)로 비롯된 하나(一)이고,

 하나가 비롯됨(一始)이란 '어떤 존재'가 처음으로 나타남이다. 존재하지 않아 없던 것이 새롭게 존재하게 된 것이다. 그 존재가 '없던 시공(時空)'에 '없던 존재'가 생겨나는 것이기에, 하나가 비롯된 곳을 무(無)라고 한다. 이것은 무(無)인 상태에 우주라는 '어떤 존재'가 생겨나고, 그 우주의 무(無)인 공간에 지구라는 '없던 존재가 없던 곳'에 생겨나 자리잡는 과정이다. 만물 역시 같은 원리로 생겨나고, 이것이 비롯됨(始)과 생겨남(生)이 연결되는 원리이다. 천부경(天符經)은 무시일(無始一)을 통하여 '어떤 존재'의 비롯됨(始)이 무(無)에 의지한다는 사실과 그 비롯된 것의 상태는 무(無)인 것임을 동시에 규정하는 것으로 시작한다. 일시무시일(一始無始一)은 우주가 지구로, 지구가 다시 인간으로 이어짐을 통해 무(無)가 펼쳐지고 압축되는 원리를 보여준다. 이를 통하여 인간이 우주적 무(無)의 상태로 돌아가야 함과 그 돌아가는 방법을 보여준다.

 무(無)에서 비롯된 것은 우주와 지구, 만물이 모두 해당된다. 우주가 절대무(絶代無)에서 생겨난 이후 지구와 만물이 순차적으로 생겨났다. 우주와 지구, 만물은 자기 무(無)의 근본인 상위 무(無)

에 의지하여 생겨나고 존재하게 된다. 일시무시일(一始無始一)의 무(無)는 '일시(一始)하여 비롯되는 장소와 시점'을 동시에 내포하고 있다. 즉, 일시(一始)가 무(無)에서 생겨나는 것과 일시(一始)가 시일(始一)했을 때의 상태가 무(無)라는 의미를 담고 있다. 무(無)에서 나와 일시무시일 하는 것임을 통하여 무종일(無終一)의 무(無)와 일시(一始)하게 되는 무(無)가 의미적으로 연결된다. 이처럼 우주와 지구, 만물이 무(無)로 이어진 무(無)이기에 목적에 따른 순환과 마침이 가능한 것이다. 천부경(天符經)은 무(無)에서 시작한 존재가 무(無)로 마치는 과정을 보여주고자 한다. 이 과정은 하나의 재료를 하나의 목적에 부합하는 원리로 펼치고 압축하는 것이고, 이에 따라 선택과 집중을 거듭하여 흘러가는 것이기에 진화가 된다.

우주의 시공(時空)과 그 안의 존재를 만든 것은 절대무(絶代無)이다. 이것이 가능한 이유는 절대무(絶代無)가 시공과 존재로 하나인 상태이기 때문이고, 이 모습이 신(神)의 상징이다. 그리고 이러한 절대무의 존재성은 일종무종일(一終無終一)의 무종일과 크기가 다를 뿐 같은 것이다. 이것은 천부경(天符經)의 이해에서 중요한 의미를 지닌다. 왜냐하면 일시무시일(一始無始一)은 절대무(絶代無)가 지구라는 자궁(子宮)을 만드는 것이 되고, 인간은 그 안에서 생겨난 절대무의 태아(胎兒)가 되기 때문이다. 그 태아가 진화의 과정을 거쳐 일종무종일(一終無終一)로 절대무와 같은 상태로 출산되어,

신(神)으로 우주에서의 삶을 통하여 절대무(絶代無)가 되는 과정이 인간진화의 본래 목적이다. 그런 까닭에 인간이 하느님을 닮았다 하고, 인간이 곧 하늘이며(人乃天), 인내천(人乃天)에 기반히는 우리가 천손민족(天孫民族)이라 할 수 있는 것이다. 그래서 인간의 진화는 마음(心)을 만들고, 그 마음 안으로 무(無)를 얻어 우주로 넘어가는 것으로 진행된다. 그것을 상징하고자 천부경 81자의 중앙에 인간을 상징하는 육(六)을 놓았다. 진화가 아닌 세상에서의 삶을 목적으로 하는 인간이 절대로 자유로울 수 없는 이유이다.

 절대무(絶代無)가 단계적 터전과 존재를 필요로 하는 것은 진화를 위한 것이다. 무(無) 자체로는 진화할 수 없다. 고로 무(無)의 단계적 압축을 통하여 진화에 부합할 수 있는 존재를 만드는 것이 필요하다. 그 터전으로는 우주와 지구가, 진화를 위한 존재로는 인간(人)이 선택된 것이라고 천부경(天符經)은 알려주고자 한다. 이를 위해 첫 문장인 일시무시일(一始無始一)로 무(無)의 시공(時空)과 독립의 상태를 보여주고, 마지막 문장인 일종무종일(一終無終一)로는 무(無)의 마침(終)과 자립의 상태를 보여준다. 일시무시일과 일종무종일에서 무(無)가, '시공으로서의 존재'에서 '시공과 존재가 하나'인 상태의 존재로 의미가 달라지는 이유이다. 천부경은 이를 통하여 무(無)가 일시(一始)하여 일종(一終)하는 것에 목적이 있음을 보여준다. 그리고 그 목적에 부합되는 존재로 인간이 선택되는 과정과 역할을 생(生)의 원리로 가르치는 지침서이다. 일시무시일과 일종무종일의 큰 고리는 인간의 하늘(天)이 지구의 무(無)와 지구의 하늘인 우주의 무(無)를 인간의 순차적 목적인 하늘(天)로 연결하여, 우주운행의 원리와 목적이 진화에 있음을 설명한다. 생(生)과 환(環)의 작은 고리는 우주에서 독립된 무(無)가 지닌 존재성을 통하여, 진화과정 속에서 일어나는 변화와 존재방식을 보여준다. 무(無)에서 무(無)인 상태로 비롯되었음을 의미하는 일시무시일은 이를 위한 기본전제가 된다.

무(無)에 기반하던 존재가 그 무(無)와 같은 상태가 되는 무(無)의 진화가, 우주가 존재하는 이유임을 천부경(天符經)은 보여준다. 우주의 원리는 없던 것이 비롯되고 생겨나는 과정을 통하여 존재와 무(無)를 연결한다. 그런 까닭에 마침(終)이나 그침(死=己)을 통한 결과 역시 무(無)일 수 밖에 없다. 하나의 비롯됨(一始)은 무(無)의 순리(順理)에 기반한 우주적 인과(因果)의 시작이다. 지구 역시 우주의 목적에 부합되도록 지구적 무(無)의 순리와 인과를 만들어 운행한다. 일시무시일(一始無始一)은 '무(無)에서 하나가 비롯되었다는 것'과 그것이 '무(無)로 비롯된다'는 것으로 각각의 시공(時空)들 사이의 법칙을 담아낸다. 무시일(無始一)을 통하여 일시(一始)한다는 것이 무(無)에서 독립된 새로운 무(無)가 생겨나는 것임을 보여준다. 일시무시일은 우주가 처음 생겨나 펼쳐지기 전의 상태와 같다. 이런 과정을 거치기에 우주의 무(無)와 존재들이 같은 형질과 목적, 운행원리를 공유할 수 있는 것이다. 천부경은 하나의 비롯됨(始)이 무(無)에서 무(無)로 비롯되는 우주의 생성원리이고, 지구와 만물에도 그 원리가 적용되어 인간이 생겨난 것임을 보여준다. 그런 까닭에 일시무시일은 하나(一)가 무(無)로 독립하는 것이고, 무(無)로 시작한 것이 자립하기 위해서는 그에 부합되는 과정이 필요함을 보여준다. 이러한 독립과 자립의 방식이 우주적 진화의 뿌리가 된다.

우주는 목적을 지니고 별(星)인 지구를 비롯되게 하였다. 지구는 우주의 목적에 부합하기 위하여 만물을 비롯되게 하였고, 그중에서 인간을 적합한 존재로 선택했다. 우주적 분화의 끝에서 진화의 대상이 된 인간은, 하늘(天)인 지구와 우주의 무(無)로 단계적으로 돌아가는 원시반본(原始返本)의 길을 걷게 된다. 이 과정을 거친 인간은 시공(時空)의 존재인 지구와 달리, 무(無)의 본래 모습인 '시공(時空)과 존재가 하나'인 상태로 진화된다. 이것은 우주와 지구가 지닌 차이이자 절대무(絶代無)의 본래 모습이고, 이처럼 우주진화의 기본방식이 인간의 번식원리와 다르지 않음을 알 수 있다. 인간이 존재성을 지닌 무(無)가 되어 지구적 무(無)와 우주적 무(無)로 거슬러 올라가는 것은, 이처럼 우주가 생성된 목적이 진화에 있기 때문이다. 이러한 원리와 목적을 일시무시일(一始無始一)과 일종무종일(一終無終一)로 보여주는 것이 천부경(天符經)이다. 이 과정을 통하여 인간은 신(神)의 형태로 진화하고, 무종일(無終一)의 상태로 존재하게 된다. 무(無)에서 비롯된 우주와 지구, 인간이 마치는 원리는 동일하다. 그리고 인간은 그 속에서 존재적 연결고리가 되는 것이다. 인간의 입장에서 일시무시일은 우주의 목적에 의한 진화의 시작이다. 인간은 하나의 시공 속에서 운행되고, 이루어지며 순환하는 과정 속에서 무(無)로의 마침을 좇도록 만들어진 존재이다. 이 과정은 만물에서 인간 그리고 지구에서 우주로 지속되기에 천부(天符), 즉 하늘(天)인 우주에 부합되는 원리로써의 진화(進化)인 것이다.

일시무시일(一始無始一)은 진화의 시작이고, 일종무종일(一終無終一)은 진화의 과정을 마치고 새로운 존재가 생겨난 것을 상징한다. 그것이 일시무시일의 무(無)와 일종무종일의 무(無)가 지닌 차이를 만든다. 인간은 천부경(天符經)의 가르침대로 인간의 생(生)이 아닌 인간으로서의 마침(終)을 위해 살아야 한다. 이를 위해 무(無)에 대한 입장을 정립하는 것이 필요하다. 절대무(絶代無)가 우주와 지구, 인간을 비롯되게 한 목적과 각각의 존재이유를 수용해야 하는 것이다. 이것이 인내천(人乃天) 사상의 뼈대이다. 일시무시일을 통하여 우주와 지구, 인간까지 모든 하나(一)가 무(無)에서 생겨난 같은 뿌리를 지니고 있음을 알 수 있다. 인간은 그 뿌리로 열매를 맺을 수 있는 우주진화의 존재로 선택되었다. 일시(一始)한 것이 무시일(無始一)로 무(無)의 상태라는 것은 완전히 독립되었음을 의미하고, 이는 하나의 목적을 지닌 존재성을 의미하는 것이다. 일시무시일은 우주와 지구의 모든 존재가 같은 목적에 의한 통일성을 지니고 있음을 의미하고, 일종무종일과 연결되어 그 목적이 진화의 길임을 명확히 한다. 하나의 길과 하나의 목적을 지니고 있고, 하나의 존재성으로 독립하여 자립하는 원리이다. 지구가 만물 중 하나의 존재를 선택하여 진화하는 이유와 인간이 그 대상으로 선택된 이유를 자각해야 한다. 이를 통해 인간이 그에 부합되는 길을 걸어야 함을 일시무시일은 내포하고 있다.

析三極,

세 (개의) 극으로 나뉘어,

새로이 생겨난 하나(一)는 전체가 덩어리진 무(無)의 상태이다. 석삼극(析三極)은 지구가 무시일(無始一)에서 우주의 목적에 부합되는 시공(時空)으로의 변화가 시작된 상태이다. 석삼극으로 지구는 무(無)인 상태에서 세 가지의 속성으로 나누어지게 되고, 이 상태가 지구의 본(本)인 삼극(三極)이다. 이를 통하여 지구의 존재성이 시공임을 알 수 있다. 무(無)의 시공뿐인 지구가 존재를 지니고자 삼극으로 천지인(天地人)을 만드는 것이다. 무(無)이자 본(本)인 삼극이 시공으로써 천지인을 운행하는 것이기에 무진본(無盡本)인 것이고, 더불어 지구에서 변화와 진화의 기준이 되는 이유이다. 하나의 존재는 이 본(本)이 유지되는 동안 존재성이 지속된다. 부동본(不動本)이 되면 인간으로서의 본(本)이 지속되는 것도 같은 원리이다. 이처럼 석삼극은 하나의 무(無)가 세 가지의 속성을 지니는 상태이다. 우주 역시 무(無)에서 비롯된 순간에는 석삼극처럼 덩어리진 과정을 거쳐 펼쳐졌다. 그런 까닭에 이 거대한 우주가 목적에 부합하는 본(本)과 원리대로 운행될 수 있는 것이다. 이와 같이 무시일과 석삼극은 무(無)인 상태의 지구이자 본(本)이고, 천지인과 인간은 그 위에 존재가 있는 상태의 지구이자 운행(運)이다. 이는 석삼극으로 지구가 하나인 상태의 고정성(固定性)과 세 개의 극(極)으로 생겨나는 운동성(運動性)을 지니게 되었기에 가능한 것이다.

지구는 석삼극(析三極)으로 세 가지의 속성을 지니게 됨으로써, 비로소 우주와 구분된 별도의 시공(時空)이 된다. 석삼극으로 나뉘어진 세 개의 속성은, 지구 안 모든 것의 본(本)으로 작용하기에 삼극(三極)이라고 부른다. 삼극으로 우주의 무(無)와 구분되는 지구적 무(無)의 터전이 갖추어진 것이다. 삼극이 그 무(無)로 우주의 목적에 부합하는 운행을 위해 만든 바탕이 천지인(天地人)이고, 삼극과 구분 지어 삼재(三才)라 부른다. 삼재를 만들고 운행하는 운삼(運三)의 과정을 통하여 존재를 중심으로 지구적 진화가 진행된다. 우주는 시작점에서 목표점으로 팽창되는 공간이라는 세 개의 극(極)과 별(星)들을 위한 다중적인 시간을 지녔다. 반면에 지구는 한정된 공간과 일률적인 시간을 지녔다는 점이 다르다. 그러나 우주와 지구는 무(無)인 상태의 세 극(極)인 삼극으로 별과 인간이라는 각각의 존재를 지닌 시공을 운행한다는 공통점이 있다. 이와 같은 우주와 지구의 존재방식과 역할의 차이가 삼극과 삼재의 개념적 차이가 된다. 삼극은 우주적 속성인 무(無)이자 대폭발이 일어나기 전의 뭉쳐진 상태와 같고, 삼재는 대폭발로 팽창이 일어나 우주에 별들이 생겨나 운행되는 것과 같다.

삼극(三極)은 삼재(三才)를 운행하여 우주의 목적에 부합되는 역할을 수행한다. 석삼극(析三極)은 존재가 없다는 점에서 무시일(無始一)의 상태와 다르지 않다. 우주적 속성을 그대로 지닌 무(無)의 시공(時空)으로 독립되었을 뿐이다. 삼극은 그 상태에서 천지인(天地人) 삼재를 만들고, 천지인으로 운행되는 지구적 시공의 본(本)이 된다. 이처럼 석삼극은 우주의 물질인 무(無)를 머금고 독립한 지구가, 우주의 목적에 부합하는 진화를 시작한 것이다. 석삼극의 과정으로 지구의 무(無)가 셋으로 나뉘었기에 가능한 일이다. 지구를 독립된 시공으로 만드는 경계로서의 무(無)와 우주적 물질로서의 무(無), 움직이는 공간으로서의 무(無)가 그것이다. 고로 삼극은 아직 무(無)인 상태이고, 이 과정은 우주가 생겨나는 원리와 같다. 이러한 삼극의 속성은 운삼(運三)의 과정을 통하여 천지인으로 변화된다. 지구를 독립시킨 경계로서의 무(無)는 하늘이 되고, 분리된 우주적 물질로서의 무(無)는 땅과 만물이 되어, 움직이는 공간으로서의 무(無)인 사이(間)에 자리잡는다. 삼극의 한 극(極)인 사이(間)에서 천지인이 생겨나 운행되는 것이다. 지구의 무(無)가 무(無)인 상태로 나뉘어졌기에 천지인을 만들 수 있는 것이다. 석삼극을 통하여 지구가 우주의 목적에 부합하는 역할을 담당하는 별(星)로 변화된 것이다.

석삼극(析三極)은 지구가 우주의 목적에 부합하는 진화과정을 운행하는 출발점이다. 그리고 운행을 위한 터전과 만물을 존재하게 한 본(本)이다. 본(本)으로 자리잡은 삼극(三極)은 운삼(運三)으로 천지인(天地人) 삼재(三才)를 만들어 각각의 역할을 부여한다. 석삼극의 과정이 있었기에 천지인으로 운행되는 시공간(時空間)이 지구에 생길 수 있는 것이다. 삼극은 무(無)인 우주적 시공간의 상징이고, 삼재는 존재 중심의 지구적 시공간이다. 석삼극으로 우주의 시간과 무(無)가 지구에 적합한 형태로 접목되고, 지구적 시공(時空)은 우주의 목적대로 운행하게 된다. 삼극은 우주에 별(星)이 없던 상태의 무(無)와 같고, 무(無)로 별(星)을 만들어 운행하는 우주적 속성으로 삼재를 만들어 운행한다. 무시일(無始一)의 지구는 석삼극으로 본(本)이 비롯되이(始) 그 본(本)인 삼극에서 삼재가 생거나며(生), 그 속에서 만물이 순환함으로써(環) 인간은 우주의 목적에 부합하는 이루어짐(成)을 만든다.

　천부경(天符經)은 무(無)인 삼극(三極)과 시공(時空)이자 존재인 천지인(天地人)을 구분한다. 그런 까닭에 삼극을 위한 석삼극(析三極)과 천지인을 위한 운삼(運三)의 과정을 명확히 구분하는 것이 필요하다. 석삼극은 지구가 우주에서 독립된 본(本)을 지니는 과정이다. 반면에 운삼은 그 본(本)으로 천지인의 구조를 만들어 지구적 진화를 운행하는 과정이다. 운삼(運三) 중 1운(1運)은 지구의 독립된 시공과 존재인 천지인의 생겨남(生)이고, 2운(2運)은 천지인이 하나인 상태로 연동되어 순환하는(環) 것이고, 3운(3運)은 마침(終)을 위해 지구가 선택한 존재인 인간의 진화에 집중하는 이루어짐(成)의 과정이다. 우주는 이를 통해 인간이 천지인과 삼극이 하나로 합쳐진 존재로서의 무(無)로 진화하길 바라고 있다.

　우주는 동일한 무(無)와 다중적이고 복합적인 시간을 지니고 있다. 이 상태로는 절대무(絶代無)에서 일시(一始)한 목적을 달성할 수 없다. 그런 까닭에 시간을 독립적으로 운행시켜 동일한 우주의 무

(無)에 각각의 역할을 부여한다. 그것이 지구가 만들어진 이유이고, 석삼극(析三極)은 지구가 그 무(無)에 주어진 역할을 위한 독립적 운행을 시작하는 것을 상징한다. 이를 통하여 우주에 지구적 시공(時空)이 생겨나고, 독립된 상태로 우주와 연결되어 운행된다. 고로 석삼극은 우주적 목적에 적절한 구조와 시간이 지구에 자리 잡는 과정이다. 시간의 독립은 지구적 변화를 만들고, 이는 우주의 시간과 연결되어 진화가 된다. 이를 위해 지구는 부여된 역할에 맞도록 석삼극과 운삼(運三)으로 스스로 변화하여, 우주의 진화과정에 놓인 작은 우주로서 운행되는 것이다. 이처럼 지구적 진화를 주관하는 삼극(三極)과 이를 위한 시공(時空)이자 존재로 운행되는 천지인(天地人) 삼재(三才)는 명확히 다르다.

석삼극(析三極)은 삼극(三極)이 하나(一)의 상태인 원시(原始)의 지구이다. 그런 까닭에 삼극의 속성으로 만들어진 천지인(天地人)이 연동되어 운행됨이 가능한 것이다. 이 점이 천부경이 지니고 있는 삼극사상(三極思想)이다. 시간이 흐르면서 삼극과 천지인을 같은 것으로 혼용하면서, 인간의 사유가 운삼(運三)이 일어나는 천지인 삼재(三才)에 갇히게 되었다. 이로 인하여 태극과 음양 등의 변화적 개념을 중심으로 존재하는 원리를 좇을 뿐, 지구와 인간이 존재하게 된 이유와 그 목적인 존재적 진화에 대해서는 잊어버렸다. 그런 까닭에 천지인인 시간(時間)·공간(空間)·인간(人間)이 모두 삼극의 사이(間)인 공간에서 일어나는 이유를 이해할 수 없게 되었다. 그리고 결국에는 인간의 존재적 목적과 역할 역시 잊어버리게 된 것이다. 석삼극(析三極)에서 분(分)이 아닌 석(析)을 사용한 것은 의미적 차이를 보여주기 위함이다. 분(分)이 완전히 분리된 별개인 상태의 나뉨이라면, 석(析)은 분리된 것이 아니라 붙은 상태로 쪼개어진 것을 상징한다. 하나인 상태로 나뉘어진 것임을 보여주기 위해 석(析)을 사용한 것이다. 천지인은 분(分)인 상태로 연동되는 하나이고, 삼극은 석(析)인 상태로 하나가 된다. 분리된 천지인이 삼극으로 연결되어 있기에 변화와 진화가 가능한 것이다.

無盡本.

다함이 없는 본(本)이다.

본(本)은 존재가 없는 석삼극(析三極)인 상태의 지구로 무(無)의 상태이다. 지구에 비롯됨(始)과 생겨남(生)이 가능한 것은 석삼극으로 우주와 독립된 본(本)을 지니게 되었기 때문이다. 그 본(本)에 다함이 없어야 생존이 가능하고, 변함이 없어야 목적대로의 운행이 가능하다. 고로 무진본(無盡本)은 변함과 다함이 없는 본(本)의 특성을 지구가 지니게 되었음을 의미한다. 그런 까닭에 생겨남(生)과 거듭됨(環)이 일어나는 천지인(天地人)의 운행이 한결같게 지속되는 것이 가능하다. 무진본은 우주적 목적대로 운행되는 본(本)의 특성이고, 그 목적은 천지인을 통한 존재적 진화가 된다. 지구의 본(本)이 무(無)의 상태이기에 천지인의 일적십거(一積十鉅)가 지구의 크기와 같게 되는 것이다. 또한 천지인으로의 구조적 변화는 지구적 본(本)이 지닌 무(無)의 변화이기에 본(本)에 영향을 미치지 않는다. 우주적 목적에 부합하는 운행에 적합하도록 본(本) 위에서 구조적 변화를 거치는 것뿐이다.

지구는 본(本)을 지니게 되는 과정에서 무(無)가 세 개의 극(極)으로 자리잡았고, 그 중 한 극(極)에 천지인(天地人)의 구조를 만드는 과정을 거친다. 무진본(無盡本)은 그 과정에서 본(本)의 형질이 한결같고, 운행되는 구조와 목적은 지속됨을 의미한다. 이는 부동본(不動本)과 본심(本心), 본태양앙명(本太陽昻明)의 진화단계적 특징과 연결된다. 이는 각각의 진화단계에서 지니는 본(本)이 달라지거나 다하여 멈추지 않는 것임을 보여준다. 이처럼 칠(七)인 만물으로서의 본(本)과 팔(八)인 인간으로서의 부동본(不動本), 구(九)인 나(我)로서의 본심(本心)이 각각의 단계에서 무진본으로 작용한다. 이를 통해 진화에 필요한 상위단계의 본(本)을 제시해준다. 그것이 가능한 것은 본(本)이 우주의 무(無)로 시일(始一)한 것이기 때문이다. 지구적 변화는 '보이는 것'과 '보이지 않는 것'으로 채워진 지구가 내부적 진화를 운행하기 위한 것이다. 본(本)이 천지인 삼재(三才)를 통히어 궤(樻)와 화(化)를 거듭하여 진화시키는 것이 그것이다. 그런 까닭에 본(本)은 지구의 시대적 상황, 존재의 수(數)와 상관이 없어야 한다. 이러한 지구적 진화가 우주적 시공과 연결되어 있기에, 다함 없이 지속되는 것임을 무진본(無盡本)으로 설명한다. 무진본은 지구의 질량과 크기에 변화가 없을 것임을 의미하고, 본(本)이 생겨난 뿌리인 시간이 멈춤 없이 지속될 것임을 알려준다.

 지구적 시간이 비롯됨으로써 본(本)이 만들어지고, 그 본(本)이 천지인(天地人)의 운행구조를 만드는 과정에서 일적십거(一積十鉅)의 형질적 변화가 생겨난다. 진화적 존재인 인간 역시 일적십거의 구성물이다. 그 안에서 용변(用變)하는 형태나 내용, 진화단계가 달라지게 된다. 그럼에도 우주에서 본(本)을 지닌 하나(一)의 근본 값은 한결같고, 그 목적 역시 달라지지 않는 것이 무진본이다. 이를 통해 지구와 인간의 존재목적에 따른 역할이 지속될 것임을 알 수 있다. 지구와 우주를 움직이는 섭리는 다르지 않은 것이고, 각각의 존재적 목적과 역할에 부합되는 운행이 한결같이 지속된다. 이러한 원리에 따른 존재적 진화로 인간이 본심(本心)을 지니게 되면, 인간 역시 나(我)로 순환되는 무진본(無盡本)의 상태가 된다. 이를 통해 만물과 인간을 나(我)로 순환될 수 있도록 진화시키는 것이 지구적 본(本)의 역할이다. 그리고 일종무종일(一終無終一)을 통하여 이러한 무진본이 우주의 목적인 진화를 위한 것임을 알 수 있다. 이를 위해 지구는 본(本)으로 천지인을 만들고, 인간이 마음을 본(本)으로 갖출 수 있도록 한결같이 지속해 준다. 천부경(天符經)은 무진본으로 인간의 진화가 마칠 때까지 본(本)이 같은 과정을 지속할 것임을 보여준다. 인간이 선택의 여지가 없는 진화에 길에 놓여 있음을 일깨우고자 하기 때문이다.

제 2 절

天――, 地―二, 人―三(천일일 지일이 인일삼).

하늘은 첫 번째(一運)에서는 일(一)이고,
땅은 첫 번째(一運)에서는 이(二)이며,
인간은 첫 번째(一運)에서는 삼(三)이다.

天――, 地―二, 人―三.

하늘은 첫 번째(一運)에서는 일(一)이고, 땅은 첫 번째(一運)에서는 이(二)이며, 인간은 첫 번째(一運)에서는 삼(三)이다.

천일일 지일이 인일삼(天―― 地―二 人―三)은 운삼(運三) 중 1운(1運)에 관한 설명이다. 1운은 지구적 시간에 의해 본(本)인 삼극(三極)이 천지인(天地人) 삼재(三才)를 만들고, 삼극적 속성을 천지인으로 바꾸는 과정이다. 1운은 이를 위해 삼극이 상징하는 우주적 시간과 삼재가 상징하는 지구적 시간이 혼재되어 있는 상태이다. 이 과정을 통하여 지구는 작은 우주로서의 구조를 지니게 되고, 2운에서 커지고 합쳐져 그 역할을 수행할 수 있게 된다. 천지인은 삼극의 한 극(極)에 운행의 터전과 대상이 생겨난 것이다. 지구적 시간이 삼극의 속성으로 천지인이라는 독립된 시공(時空)을 만든 것이다. 본심(本心)에서 일어나는 인중천지일(人中天地一)의 천지(天地)가, 천지인의 천지(天地) 아닌 삼극의 다른 두 극(極)이 되는 이유이다. 이는 우주가 지구에서 삼극으로 무종일(無終一)의 존재를 만드는 것이 목적이기 때문이다. 시간이 지닌 방향성과 순환성 역시 우주의 목적이 진화에 있음을 보여준다. 1운은 이에 부합되는 지구적 시간이 방향성을 지니는 과정이다.

삼극(三極)과 삼재(三才)가 동시에 존재하게 된 것은 지구가 우주적 목적을 위한 별로 선택되었기 때문이다. 삼극의 상태에서는 진화가 일어날 수 없다. 진화를 수행할 존재가 없기 때문이다. 그런 까닭에 지구는 1운(1運)으로 진화에 적합한 시공(時空)의 토대와 존재를 갖추는 것이다. 운삼(運三)은 천지인(天地人)을 이에 적합한 상태로 만들고, 존재적 대상을 선택하여 진화시키는 과정이다. 1운에서 지구적 시공과 만물을 만들고, 2운(2運)에서 안정된 시공으로 만물 중 인간을 존재적 진화의 대상으로 선택하며, 3운(3運)에서 인간의 자체적 진화과정을 거치게 한다. 운삼으로 천지인이 운행되는 목적은 무종일(無終一)의 사성(四成)에 있고, 인간이 마치기 전까지의 운행방식은 환오칠(環五七)이다. 이처럼 1운에서 삼극을 기반으로 우주의 목적에 부합되는 지구적 시공(時空)과 존재들이 만들어진다. 이를 통하여 진화의 운행주체가 우주에서 지구로 전환된다.

 1운(1運)은 천지인(天地人)이 삼극(三極)과 삼재(三才)의 양쪽 속성을 지니고 있는 상태이다. 삼극이면서 삼재인 것이고, 우주와 지구가 하나의 원리와 목적으로 이어지는 과정이다. 우주에 연결되지 않은 변화란 존재하지 않는다. 지구가 1운의 과정으로 우주와의 연결과정을 거침으로써, 지구라는 독립된 시공(時空)의 운행이 우주의 목적에 부합되게 된다. 우주의 모든 과정과 존재들은 하나의 무

(無)로 연결되었고, 지구의 무(無) 역시 본래 우주의 무(無)이기 때문이다. 고로 1운은 지구가 석삼극(析三極) 상태에서 천지인(天地人)으로 운행구조가 전환되는 과정이다. 그런 까닭에 천지인이 삼극의 속성을 지니게 되고, 지구적 본(本)의 목적에 맞게 운행되는 것이다. 이처럼 우주와 지구의 시공이 이어져 연동됨으로써 지구에서 우주의 시간에 따른 진화가 시작된다. 1운으로 운행주체인 본(本)이 무(無)로 운행의 구조와 대상인 천지인을 만들었기에 가능한 것이다.

천일일 지일이 인일삼(天一一 地一二 人一三)에서 중간의 일(一)은 운삼(運三)의 첫 번째 과정임을 의미한다. 1운(1運)에서 지구적 진화를 위한 시간(時)이 생기고, 그 시간에 따라 천지인(天地人)의 순서와 역할의 기준이 설정된다. 시간이 가장 먼저 생기는 것은, 시간이 없이는 어떤 변화나 진화도 일어날 수 없기 때문이다. 시간은 변화를 만들고, 그 시간의 흐름을 따라감으로 진화가 진행된다. 이때의 시간이란 우주의 복합적이고 다양한 시간들에서 독립적인 것이어야 한다. 그런 까닭에 우주는 각각의 별(星)에 독립된 시공(時空)과 존재를 만드는 역할을 부여함으로써, 우주의 목적에 부합되는 각각의 진화를 행하게 하는 것이다. 이에 따라 지구에도 그 목적에 부합되는 시간이 생겨나 우주에서 독립된 상태의 운행이 일어난다. 그런 까닭에 천부경(天符經)은 1운에서 일(一), 이(二), 삼(三)

의 순서적 배열로 시간과 그 방향성에 대해 말하고 있다. 지구의 시간은 우주와 맞닿은 지구적 하늘에서 시작되어 지구적 존재까지 다다른다.

시간은 삼극(三極)의 각각 다른 우주적 성질을 천지인(天地人)이라는 지구적인 형태로 자리잡도록 만든다. 지구가 우주의 시공(時空)에 존재하는 별인 것처럼, 천지인 삼재(三才)는 삼극의 시공에 생긴 별과 같은 것이다. 삼극과 천지인의 가장 큰 차이는 존재에 있다. 순서적으로 우주와 구분 짓는 하늘이 첫 번째로 생기고, 그 안에서 물질이 엉켜 땅(地)이 두 번째로 생기며, 만물은 그 사이(間)에서 세 번째로 생겨난다. 이러한 시간의 방향성은 천지인이 생긴 목적이 존재인 만물에 있음을 보여준다. 1운(1運)은 진화의 터전과 다양한 존재들이 우주적 목적에 의해 생겨남에 의미가 있다. 1운에서 2운(2運)과 구분 없이 인(人)을 사용하는 것은 만물에서 인간이 나왔음을 상징한다. 이렇게 운행된 지구적 진화의 결과가 인간(人)이고, 천지인 삼재적 진화의 결실이 인간의 마음(心)이며, 그 천지인을 만든 삼극(三極)의 남은 두 극(極)이 담기는 것이 인중천지일(人中天地一)이 되는 것이다.

지구는 1운(1運)을 통하여 우주의 목적에 부합되도록 천지자연(天地自然)의 기능적 구조를 갖추었다. 이때의 천지인(天地人)은 각각이 개별적으로 존재하는 구조적 완성일 뿐이다. 우주의 목적에 부합되기 위한 변화의 과정일 뿐, 진화저 운행이 일어나는 것은 아니다. 1운에서 터전과 대상인 만물을 만들고, 2운(2運)에서 그 목적대로 운행되어 만물이 커지고 인간으로 합쳐지게 된다. 고로 1운이 일어나 갖춘 수(數)는 개별적 천지인이기에 삼(三)이 되고, 이를 통해서도 1운의 목적이 삼(三)인 만물에 있음을 알 수 있다. 유동적인 우주의 시공(時空) 속 존재인 별(星)은 진화가 불가능하다. 이와 달리 지구의 천지(天地)는 고정되어 있고, 그 안의 존재인 만물은 존재적 역할이 고정되어 있기에 진화가 가능하다. 이렇게 고정된 시공과 존재를 지니게 됨으로써 생기는 안정성이 진화를 가능하게 하는 것이다.

제 3 절

一積十鉅(일적십거), 無櫃化三(무궤화삼).

하나(一)씩 쌓여 열(十)로 커지고,
상자(담김)는 없어지면 셋으로 화(化)한다.

一積十鉅,
하나씩 쌓여 열로 커지고,

　일적십거(一積十鉅)는 삼극(三極)이 천지인(天地人)을 구축하는 과정과 확장 가능한 지구의 크기를 보여준다. 일적십거의 확장이 무(無)인 상태에서 일어나는 것이기에 지구 전체와 같게 될 때까지 지속되기 때문이다. 이를 통하여 지구의 크기가 십(十)임을 알 수 있다. 그런 까닭에 일적십거는 지구의 진화과정의 기준이 된다. 지구가 십(十)이기에 운삼(運三)으로 진화되는 존재의 크기가 구(九)인 것이다. 일적(一積)은 만물이 독립된 각각의 존재로 역할을 지님을 의미한다. 십거(十鉅)는 그것들이 어우러져 있는 상태의 표현이다. 그런 까닭에 일적십거는 만물이 평등한 존재라는 의미를 포함한다. 2운(2運)보다 일적십거가 먼저 나오는 것은, 우주와 맞닿을 때까지 천지인이 확장되어 구조적으로 완성된 1운(1運)의 결과이기 때문이다. 이처럼 1운은 지구 전체의 질량과 크기를 확정하는 시간의 직선적 흐름이라면, 2운은 시간의 순환이기에 천지인이 커지고 합쳐지는 과정이 가능하다. 구조화된 천지인이 커지고 합쳐지는 과정을 통해서 시간의 직선과 순환이 하나가 되고, 3운(3運)의 운행을 통해 우주를 향해 진화하는 것이 가능해진다.

일적십거(一積十鉅)는 삼극(三極)에서 생겨난 천지인(天地人)의 크기와 지구적 진화의 기준이다. 천부경(天符經)은 지구에 지구수(地球數)인 십(十=10)보다 큰 것은 존재할 수 없다고 가르친다. 운삼(運三)의 과정에서 가장 큰 수(數)가 구(九)인 이유이다. 구(九)를 넘어 지구수인 십(十)과 같아지면, 지구적 한계에서 벗어난 우주적 존재가 된다. 그런 까닭에 일적십거의 십(十)인 지구적 토대수를 기반으로 운삼의 진화수인 일(一)부터 구(九)가 같은 기준으로 쌓여 진화되는 것이다. 일적십거와 운삼으로 삼극의 수(數)는 십(十)이 되는 것이고, 천지인 삼재(三才)의 수(數)는 구(九)임을 알 수 있다. 이로 인하여 천지인이 하나인 상태로 진화된 본심(本心)은 구(九)가 되고, 삼극이 하나인 상태로 진화된 인중천지일(人中天地一)은 십(十) 되는 것이다. 일적십거는 지구가 보이는 무(無)와 보이지 않는 무(無)로 가득 채워진 상태이고, 이는 인간이 무(無)로 가득 채워져 우주와 맞닿은 인중천지일(人中天地一)의 모습과 같다. 삼극과 삼재가 혼재된 1운의 일적십거는 운삼과 더불어 지구가 진화를 위한 시공임의 근거가 된다.

천부경(天符經)에는 영(0)이라는 개념이 없다. 이미 존재하고 있는 것에 대한 채움이기 때문이다. 일적십거(一積十鉅)로 마침이 이루어진 십(十=10))을 다룸으로써, 영(0)이 지닌 완성과 시작이라는 무(無)의 속성을 보여준다. 이를 통하여 지구수(地球數)인 십(十)이 우주에서는 새로운 출발점인 것을 보여줌으로써, 인간이 일종(一終)하면 무종일(無終一)로 새로운 존재가 되는 이유를 설명한다. 천부경(天符經)은 지구가 완전해진 형상을 거(鉅)로 표현하고 있다. 거(鉅)는 쌓아감으로 '일(一)부터 십(十)까지의 전체로 커짐(巨)과 그 형상과 역할이 자리잡아 쇠처럼 변하지 않게 굳어짐(金)'을 의미한다. 일적십거는 본(本)인 삼극(三極)이 1운(1運)의 과정에서 천지인(天地人)적 토대로 변화된 것이다. 이 토대 위에서 만물은 무궤화삼(無櫃化三)의 방식으로 운행된다. 천부경은 일적십거를 통하여 인간이 운삼(運三)으로 구(九)에 다다라 무종일(無終一)하여 하나의 무(無)가 되면 지니게 되는 수(數)로 십(十)을 제시하는 것이다. 지구의 크기와 존재성의 기준을 일적십거로 보여줌으로써, 구(九)에 다다른 인간에게 마침의 기회가 주어지는 이유를 보여주고 있는 것이다.

일적십거(一積十鉅)는 지구적 진화를 위한 과정이다. 이를 통하여 우주가 지구에 부여한 진화의 기준과 우주에서 지구가 지닌 크기와 존재성을 규정한다. 천부경(天符經)은 이처럼 지구적 존재의 한계와 그것을 극복하는 과정을 보여줌으로써 우주적 진화를 전하기 위한 경전임을 명확히 한다. 십(十)은 지구가 우주에서 일어나는 가장 작은 진화 단위이자 진화의 출발점임을 의미한다. 그리고 인간이 십(十)으로 마치는 것이 더 큰 우주진화의 과정에 들어가기 위한 것임을 무종일(無終一)로 보여준다. 그런 까닭에 인간이 일적십 거의 과정을 거쳐 십(十)이 된다면, 그 뒤의 수(數)는 십일(十一)부터 시작될 것이다. 지구에서 십(十)보다 작은 구(九)까지는 그치면 (死=己) 땅인 오(五)로 돌아가 다시 생겨나야 한다. 구(九)까시의 그침은 십(十)의 마침에 다다르지 못함이고, 환(環)은 그 기회가 재생됨을 의미한다. 반면에 인중천지일(人中天地一)의 십(十)으로 마치면 본래의 목적대로 우주의 무(無)로 돌아간다. 일적십거는 이를 위해 자리잡은 지구적 토대인 것이고, 그 토대 위에서 일어나는 운행 방식이 무궤화삼(無櫃化三)이다.

無櫃化三.

상자(담김)는 없어지면 셋으로 화(化)한다.

일적십거(一積十鉅)가 천지인(天地人)의 구조적 확장이라면, 무궤화삼(無櫃化三)은 천지인의 구조적 순환이다. 순환의 기준은 궤(櫃), 즉 보여지는 무(無)로 시간을 담고 있는 몸이다. 무궤화삼은 이 궤(櫃)의 생겨남과 없어져 돌아가는 소멸의 방식이다. 일적(一積)은 궤(櫃)와 무궤(無櫃)로 연결되는 존재적 구분이고, 십거(十鉅)

는 화삼(化三)이 일어나는 터전이다. 무궤는 드러났던 존재적 구분이 없어지는 변(變)에 관한 것이고, 화삼은 형질이 완전히 달라지는 화(化)에 관한 것이다. 궤(匱)는 '만물이 형상을 지니고 있는 상태'를 상징한다. 석삼극(析三極)의 재료(木)인 무(無)로 만든 상자(匱)가 만물임을 말하고 있다. 그런 까닭에 무궤(無匱)의 무(無)는 상자(匱)가 무(無)로 돌아가는 것을 의미한다. 무궤로 존재성이 사라지면 화삼을 통해 본래 왔던 곳으로 돌아간다. 이는 천지인 안에서 무(無)로 궤(匱)가 만들어지고 무(無)로 돌아가는 것이 거듭됨을 의미한다. 그런 까닭에 궤화(匱化)는 지구적 진화과정의 천부경적 표현이 될 수 있다.

화삼(化三)은 만물인 궤(匱)가 천지인(天地人), 즉 일적십거(一積十鉅)의 1운(1運)으로 돌아감을 뜻한다. 우주와 지구가 연결된 상태의 천지인(三)으로 돌아감은 만물이 우주적 목적에 의해서 생겨난 것이기 때문이다. 이 과정을 통하여 만물은 1운에서 새로운 시간을 부여 받아 생겨난다. 화삼은 대삼합육(大三合六)과 환오칠(環五七)로 연결되어 만물과 인간이 같은 삼(三)의 존재임을 설명한다. 만물은 삼(三)으로 돌아감을 거듭하기에 지구적인 동시에 우주적 속성을 지니게 된다. 또한 화삼은 생겨났던 궤(匱)에 담긴 무(無)의 기억과 시간을 1운의 무(無)에 채운다. 지구는 화삼으로 더해진 무(無)의 시간과 기억들을 진화에 활용하고, 진화단계에 따라 무궤화삼과 환오칠을 구분하여 적용한다. 그런 까닭에 만물과 인간은 우주적 진화라는 목적성을 잃지 않게 된다. 무시일(無始一)로 독립한 지구는 삼극(三極)을 본(本)으로 자립하였다. 그리고 천지인(天地人)으로 우주의 목적에 부합하는 마침(終)의 대상으로 인간을 선택한다. 무궤화삼(無櫃化三)은 삼극으로 자립한 지구가 천지인을 통한 진화가 가능하도록 하는 순환의 방식이다.

무궤화삼(無櫃化三)은 지구 안 존재의 순환에 관한 기본원리이다. 그것이 2운(2運)에서는 대삼합육(大三合六)으로 인간을 공급하는 것이 되고, 3운(3運)에서는 인간을 순환시키는 환오칠(環五七)이 된다. 그 과정에서 일종(一終)할 때까지 만물과 인간이 어김없이 1운(運)으로 돌아가 시간을 부여받는 것은 무궤화삼의 원리를 따른다. 이러한 무궤화삼의 순환에서 벗어나는 방법은 마침(終) 뿐이다. 천부경(天符經)이 죽음(死)을 상징하는 단어를 사용하지 않는 것은, 무(無)에 기반하는 우주에는 죽음이 있을 수 없기 때문이다. 상자(櫃)에 담겼던 무(無)가 상자가 사라져 본래의 무(無)가 되는 것뿐이다. 이러한 과정과 상태가 무궤화삼이다. 이 돌아감의 무(無)가 지구적인가 아니면 우주적인가에 따라 순환과 마침의 차이가 있게 된다. 무궤화삼은 그침(死=己)을 통한 순환(環)의 형태를 보여줌으로써 무(無)의 존재성에 대해 가르쳐준다.

천부경(天符經)은 1운(1運)의 무궤화삼(無櫃化三)과 2운(2運)의 대삼합육(大三合六)으로 만물과 인간에게 3운(3運)의 기회가 공평하게 주어짐을 보여준다. 만물(萬物)과 인간이 화(化)하여 삼(三)으로 돌아가 시간을 부여 받고 합육(合六)으로 인간으로 생겨남이 다르지 않기 때문이다. 진화된 인간이 만들어진 이후에도, 만물에게 지구적 진화의 기회가 열려있다는 의미이다. 이때의 진화는 생물학적인 것이 아니라 우주적 진화가 된다. 화삼(化三)에 분별없이 삼(三)으로 돌아감과 인간의 순환인 환오칠(環五七)이 합육(合六)으로 연결되어 있는 이유이다. 이처럼 3운에서 몸(櫃)은 2운의 천지인과 형질적으로 연동된 것이기에 오(五)로 돌아가지만, 몸이 생겨나는 시간은 1운에서 받는 것이기에 그것이 가능하다.

화삼(化三)은 우주와 연동된 시간을 받는 과정이다. 이렇게 부여된 시간이 궤(櫃)로 생(生)한 존재가 지니는 유한한 무(無)이다. 생(生)한 존재를 만든 무(無)는 그것을 담고 있는 상자(櫃)가 없어지면 다시 본래의 무(無)로 돌아간다. 지구의 본(本)은 화삼으로 진화의 지속성을 유지할 수 있다. 만물이 없는 삼극(三極)의 무(無)와 만물이 가득한 삼재(三才)의 무(無)는 이처럼 무궤화삼으로 연결되어 작동된다. 이는 지구와 인간이 우주의 목적에 부합하는 과정에서 벗어날 수 없기 때문이다. 그런 까닭에 무궤(無櫃)가 되면 2운(2運)의 땅인 오(五)로 돌아가고, 화(化)하여 1운(1運)의 삼(三)으로

흩어졌다가, 다시 3운(3運)에서 육(六)과 합쳐져 칠(七)로 생겨나는 운삼(運三)으로 인간의 진화가 작동되는 것이다. 천부경(天符經)이 무궤와 화삼을 순서적으로 배치한 까닭이다.

제 4 절

天二三, 地二三, 人二三(천이삼 지이삼 인이삼).

하늘도 두 번째(二運)에서는 삼(三)이고,
땅도 두 번째(二運)에서는 삼(三)이며,
사람도 두 번째(二運)에서는 삼(三)이다.

天二三, 地二三, 人二三.

하늘도 두 번째(二運)에서는 삼(三)이고, 땅도 두 번째(二運)에서는 삼(三)이며, 사람도 두 번째(二運)에서 삼(三)이다.

운삼(運三)의 두 번째 운행인 2운(2運)에 관한 설명이다. 1운(1運)이 천지인(天地人)으로의 확장을 통한 구조화의 과정이라면, 2운은 천지인이 본(本)의 목적에 부합되는 운행을 하도록 통합되는 과정이다. 천이삼 지이삼 인이삼(天二三 地二三 人二三)의 이(二)는 두 번째 변화인 2운을 의미하고, 삼(三)은 1운(1運)의 천지인과 만물을 의미한다. 그리고 대삼합육(大三合六)을 통하여 2운의 각각 커진 천지(二)가 만물인 삼(三)에서 합쳐진 것이 육(六)이 됨을 보여준다. 2운은 개개의 천지인을 구성하는 1운의 과정이 끝난 후, 교류와 순환을 통하여 하나인 상태로 합치는 구조화의 과정이다. 2운의 과정을 통하여 진화적 목적에 부합하는 운행이 가능해진 것이다. 이를 통하여 만물이 지구적 진화를 위해 하나의 존재로 압축된다. 이렇게 압축된 존재인 인간은 시간의 방향성으로 인한 커짐(大)과 시간의 순환성을 인한 합쳐짐(合)의 성질을 지니게 된다. 진화를 위한 고정된 터전과 대상, 운행원리가 2운에서 완성되는 것이다. 이후로는 천지인(天地人)의 구조와 역할에 변화가 생기지 않는다. 시공(時空)에 우주의 목적에 부합되는 방향성과 흘러감이 안정되었기 때문이다.

1운(1運)이 시간을 통한 나뉘어짐의 과정이라면, 2운은 공간을 통한 지구적 통합의 과정이다. 1운에서 시간의 흐름을 통하여 각각의 천지인(天地人)이 자리잡았고, 2운(2運)에서 시간의 순환을 거친 천지인은 하나인 상태로 작동된다. 1운에서 셋으로 분화된 상태였던 본(本)이 다시 하나(一)인 상태로 합쳐진 것이다. 본(本)인 삼극(三極)에 부합되어 흘러가는 천지인의 순리와 그 안의 순환인 인과가 스스로 틀림없이(自然) 행해지게 되는 과정이다. 이러한 과정으로 지구는 한결같게 지속되어 만물이 살아가는 소우주로 완성되었다. 이것이 지구적 운영체계인 천지자연(天地自然)이고, 지구의 독립된 시공(時空)이 생명을 길러낼 수 있는 어른이 되었음을 의미한다. 그 결과로 삼극의 시공에서 삼재가 생겨나 독립한 것처럼, 삼재(三才)의 시공에서는 인간이 독립하였다.

일시무시일(一始無始一)로 우주에서 지구가 독립하여 석삼극(析三極)으로 자립한다. 그리고 삼극(三極)은 1운(1運)과 2운(2運)을 거쳐 천지인(天地人)에서 인간을 독립시켜 자립하도록 만든다. 이것이 지구적 진화의 방식이다. 지구가 1운과 2운에서 독립과 자립의 분화와 통합의 과정을 거쳤기에, 천지인의 운행이 하나의 방향으로 지속될 수 있다. 1운의 시간적 직선(直線)이 2운에서 시간적 원(圓)

이 되어, 3운(3運)에서 하나의 선택된 존재가 직선과 원으로 이루어진 진화의 방향성을 지니게 된 것이다. 이러한 과정이 운행의 주체에 달라짐을 만든다. 1운의 주체는 삼극이고, 2운의 주체는 천시인이며, 3운의 주체는 인간으로 계속 달라지는 이유이다. 하나(一)가 비롯되고, 비롯된 하나(一)가 셋(三)이 되며, 셋(三)이 다시 하나(一)가 되어 무(無)로 마치는 것이 천부경(天符經)의 운행원리이다. 이 과정에서 무(無)로 마칠 수 있는 지구의 유일한 존재가 인간이 된 것이다. 2운은 지구적 진화가 지속되고 드러나는 항구적 시공간을 만들었다. 이를 통하여 시간을 머금은 공간이 지구적 진화의 시공으로 자리 잡았다. 그런 까닭에 환오칠(環五七)에서 공간적 결실이자 순환을 상징하는 몸은 2운으로 돌아가고, 1운에서 시간을 부여 받아 돌아오는 것이다.

석삼극(析三極)으로 나뉘어진 지구는 2운(2運)에서 통합된 시공(時空)으로 천지인(天地人)을 완성한다. 2운에서 비로소 천지인이 하나로 연동된 터전이 된 것이다. 이렇게 형성된 천지인에는 천일 지이 인삼(天一 地二 人三)의 1운(1運)의 순서와 2운의 순환을 따라 사(四)·오(五)·육(六)의 수(數)가 배정된다. 2운의 인이삼(人二三)이 상징하는 것은 인간(人)이다. 이 과정을 통하여 만물이 진화적 의미를 갖게 되고, 인간이 만물 중에서 진화의 주체로 자리잡는다. 그 근거는 대삼합육(大三合六)에서 찾을 수 있다. 이는 2운의 삼(三)인 만물에 천지(天地)가 합쳐진 것을 상징한다. 이 원리는 본심(本心)과 인중천지일(人中天地一)에서도 같은 원리로 석용된다.

2운(2運)이 1운(1運)의 순서적인 배열에 따라 천이사 지이오 인이육(天二四 地二五 人二六)이 아닌 천이삼 지이삼 인이삼(天二三 地二三 人二三)이 된 이유를 살펴보아야 한다. 그것은 1운이 삼극(三極)에서 천지인(天地人) 생겨나는 과정이고, 2운은 이미 존재하는 천지인의 통합과정이기 때문이다. 생겨남과 생겨난 것의 구조화라는 과정적 차이를 보여주는 것이다. 그 통합의 주체는 천지인 삼재(三才)의 삼(三)이고, 그 통합의 대상은 인일삼(人一三)의 만물인 삼(三)이다. 그런 까닭에 순차적인 1운과 달리 2운은 천이삼 지이삼 인이삼으로 표기하여, 천지인이 각각 본(本)인 삼극의 속성을 지니게 됨을 보여준다. 더불어 일(一)과 이(二)인 천지(天地)가 그 사이의 공간에 존재하는 만물인 삼(三)을 키워 합쳐지는 것임을 보여준다. 지구는 우주적 목적인 진화를 위해 생겨난 것이고, 그 진화의 대상은 천지(天地)가 아니라 만물(三)이기 때문이다. 고로 천이삼 지이삼 인이삼으로 삼(三)이 커지고(大) 합쳐진(合) 터전으로서의 육(六)이, 삼(三)인 만물을 키우고(大) 합쳐(合) 존재로서의 육(六)인 인간으로 존재적 진화를 행하는 것이 된다.

제 5 절

大三合六(대삼합육), 生七八九(생칠팔구).

삼(三)이 커져서 합쳐진 육(六)이,
생겨남이 칠(七)·팔(八)·구(九)이다.

大三合六,

삼(三)이 커져서 합쳐진 육(六)이,

　대삼(大三)의 삼(三)은 터전인 천지인(天地人)과 그 대상인 만물을 가리키고, 대(大)는 그 천지인이 커지는 것과 만물을 키우는 것을 의미한다. 합육(合六)은 그것의 결과로써, 커져서 합쳐진 상태의 천지인과 만물을 키워서 합친 존재로서의 인간을 상징한다. 대삼(大三)이란 삼극(三極)이 1운(1運)과 2운(2運)의 과정을 거쳐 하나의 목적을 지닌 천지인으로 커진 것이다. 각각의 천지인 삼재(三才)가 다른 두 개를 품어 삼(三)으로 커지게 된다. 커진다는 것은 천지인이 온전한 하나의 상태로 겹쳐진 것이고, 지구가 하나의 목적으로 운행됨을 의미한다. 이 하나의 목적은 우주 진화과정에 부합하는 존재적 진화이다. 이를 위해 천지인의 터전이 커지고(大) 합쳐지는(合) 것과 진화의 대상을 키우고(大) 합치는(合) 것이 대삼합육(大三合六)의 의미이다. 그런 까닭에 대삼(大三)은 합육(合六)과 이어져 존재적 진화에 대해 설명하고, 그 대상이 천지인 중 유일한 진화의 존재인 삼(三)의 만물임을 가리킨다. 그 만물이 천지(天地)를 머금어 커지고 합쳐져 진화적으로 독립한 것이기에 육(六)이 된다. 또한 2운의 대삼합육(大三合六)은 천지인이 만물을 지속적으로 육(六)인 존재로 합치는 것을 거듭할 것임을 보여준다.

시간을 통해 삼극(三極)이 천지인(天地人)을 만든 것이 진화를 위한 것임을 알 수 있다. 이를 설명하는 과정이 운삼(運三)이다. 1운(1運)과 일적십거(一積十鉅)로 시간의 직선적 특성인 쌓임을, 2운(2運)과 대삼합육(大三合六)으로 시간의 순환적 특성인 키움(大)과 합쳐짐(合)을 보여준다. 그 결과인 3운(3運)의 생칠팔구(生七八九)에서 시간의 직선과 순환성이 하나로 작용되어, 인간의 존재적 진화가 운행되는 것이다. 이것이 1운의 독립된 천지인이 2운에서 육(六)으로 커지고 합쳐지는 이유이다. 천지인이 만들어지는 과정인 1운의 수(數)는 삼(三)이고, 그 천지인이 합쳐진 2운의 수(數)는 육(六)이 된다. 이에 따라 천지인을 만든 삼극의 상징수는 삼(三)이 되고, 완성된 천지인 삼재(三才)의 상징수는 육(六)이 된다. 이와 같은 원리로 육(六)은 만물인 삼(三)의 진화 결과이고, 구(九)는 육(六)인 인간이 진화된 결과가 된다. 지구가 생겨난 것이 우주의 목적에 부합하는 존재로의 진화를 위한 것이고, 삼(三)인 만물이 커져서 합쳐진 육(六)이 인간을 상징하는 수(數)이기 때문이다. 그런 까닭에 합육(合六)인 천지인 위에서 합육(合六)의 존재로 생겨나는 것이 인간임을 알 수 있다. 삼극은 2운에서 천지인 셋(三)을 하나의 상태인 육(六)으로, 천지인은 삼(三)인 만물 중 인간을 육(六)인 진화의 대표로 만들었다.

1운(1運)의 천일 지이 인삼(天一 地二 人三)의 순서에 따라 2운

(2運) 상태에서 천(天)은 사(四), 지(地)은 오(五), 인(人)은 육(六)이 된다. 본(本)인 삼극(三極)은 대삼합육(大三合六)으로 만물 중 단 하나의 진화대상을 인간으로 결정했다. 인간이 만물과 달리 천지(天地)를 자기 안에서 합치는 것이 가능한 이유이다. 그 합쳐짐의 터전이 합육(合六)으로 만들어진 마음자리이고, 과정적 합쳐짐의 상태가 본심(本心)이며, 마침으로 합쳐진 것이 인중천지일(人中天地一)이다. 합육(合六)은 지구에 마침(終)의 터전과 그 대상이 육(六)으로 갖추어진 상태이고, 고로 육(六)인 천지인은 마침을 위해 하나(一)의 상태로 운행된다. 이 과정에서 육(六)의 인간이 일묘연(一妙衍)하여 천지인(天地人)을 합쳐내면 마음(心)을 지닌 구(九)가 된다. 대삼합육으로 인간이 생겨난 원리를 따라, 인간이 삼변(三變)하는 대육합구(大六合九)로 본심(本心)이 만들어지는 것이다.

천지인(天地人)은 대삼합육(大三合六)으로 하나의 목적을 공유하게 되었다. 일(一)인 천(天)과 이(二)인 지(地)가 커져서 삼(三)인 만물에 합쳐져 육(六)이 되는 것이기도 하기 때문이다. 대삼합육으로 우주의 목적에 부합되는 진화를 위한 터전으로서의 육(六)과 그 대상으로서의 육(六)을 갖추는 것이 마무리되었다. 이것이 삼(三)이 커지고 합쳐져 육(六)이 되는 의미이다. 1운(1運)에서 개별적 존재였던 만물은 2운(2運)에서 천지(天地)를 머금어 인간을 독립시켰다. 이와 같은 방식으로 독립된 인간이 자립하는 것이 구(九)이다.

이처럼 천부경(天符經)은 삼(三)인 만물과 육(六)인 인간을 진화적으로 구분한다. 그런 까닭에 천부경은 우주의 목적에 부합하는 지구적 진화가, 일적십거(一積十鉅)로 커짐과 분화된 것이 합쳐짐을 거듭하여 본(本)으로 돌아가는 과정이라 설명한다. 천부경이 커짐과 합쳐짐을 상징하는 터전이자 존재인 육(六, 6)을 81자 중앙에 놓은 이유이다.

 삼(三, 3)에서 육(六, 6)으로, 육(六, 6)에서 다시 구(九, 9)로의 존재적 진화는 우주의 목적에 부합하는 지구적 진화과정이다. 지구가 일적십거(一積十鉅)로 천지만물(天地萬物)을 만들고, 대삼합육(大三合六)으로 만물 중 인간을 선택하는 과정을 거치는 이유이다. 고로 삼(三)이 진화의 대상으로 선택되기 전의 인간을 포함하는 만물이라면, 육(六)은 궤화(櫃化)의 과정을 거쳐 본(本)인 마음을 위한 자리를 지닌 인간을 상징하는 것이 된다. 그러나 커지고 합쳐진 상태인 육(六)은 만물이 모두 마침에 도전할 수 있는 상태에 놓인 것이다. 그것이 합육(合六)의 인간과 생칠(生七)의 인간이 지니는 의미적 차이이다. 생칠(生七)한 인간만이 진화를 위해 천지(天地)를 활용할 수 있게 된다. 합육(合六)한 이후에는 십(十)에 다다르는 여정만이 남는다. 만물이 인간을 상징하는 수인 육(六)으로 합쳐졌고, 생칠(生七)로 상징되는 인간으로 태어나면 그 기회를 얻게 되는 것이라고 천부경(天符經)은 말한다. 이처럼 육(六)의 상태를 공유하는 인간과 만물은 다르지 않다. 만물은 인간의 진화과정에서 어머니(母)와 같고, 인간은 부동본(不動本)을 지니지 못하면 그 만물로 돌아가야 한다.

生七八九.

생겨남이 칠(七)·팔(八)·구(九)이다.

생칠팔구(生七八九)가 운삼(運三) 중 마지막 3운(3運)이다. 3운은 지구적 진화의 터전과 대상인 인간이 하나인 상태로 우주적 목적에 부합하고자 마침에 도전하는 과정이다. 칠(七)·팔(八)·구(九)는 생(生)한 인간의 존재적 진화과정을 상징하고, 일묘연(一妙衍)의 과정적 특징과 연결하여 그 기준을 살필 수 있다. 2운(2運)의 과정을 통하여 천지인(天地人)이 완성되어 진화의 터전과 대상의 운행방식이 결정되었다. 생칠팔구는 인간으로서 생(生)을 살아가는 과정이고, 생(生)의 순환이 거듭됨을 의미한다. 즉, 2운의 천지인 위에서 마침(終)에 도전하는 인간의 진화과정인 것이다. 고로 천부경(天符經)에서 생칠팔구는 만물이 인간으로 운행되는 마지막 진화과정이다. 삼(三)인 천지인에서 일어났던 대삼합육(大三合六)의 과정이 육

(六)인 인간 안에서 일어나는 과정이다. 생칠팔구는 인간이 지구의 순리를 따라가 칠(七)과 팔(八)의 과정을 거쳐 구(九)까지 커져야 한다는 의미이다. 합쳐진 육(六)에서 생겨난 유일한 신화서 존새이고, 십(十)인 지구에서 인간으로서 커질 수 있는 최대의 수(數)가 구(九)이기 때문이다.

일묘연(一妙衍)의 과정에서 십(十)인 인중천지일(人中天地一)을 위한 과정은 지구적 진화가 아닌 우주적 진화과정이다. 이를 위해 한 생(生)에서 칠팔구(七八九)를 모두 연결할 수도 있고, 생칠(生七)·생팔(生八)·생구(生九)하는 각각의 윤회적 단계를 밟아야 할 수도 있다. 만물은 삼극(三極)에서 나온 것이기에 십거(十鉅)의 십(十)보다 커질 수 없다. 진화의 목적은 그 한계를 극복하는 것이고, 이것이 가능한 유일한 존재가 인간이다. 십(十)에 다다라 무(無)로 마친다는 것은 십(十)인 지구적 경계를 넘어 우주의 무(無)인 상태가 되는 것이다. 인간의 생칠팔구(生七八九)는 십(十)으로 마치지 못하면 다시 순환의 고리(環)로 돌아가야 한다. 그 순환의 고리에서 과정적 결실에 따라 생겨남의 기회에 차이가 생기게 된다는 것이 칠(七)·팔(八)·구(九)의 의미이다. 이 과정에서 칠(七)은 하늘의 시간에 의한 운행에 따른 존재에 불과하고, 그 과정을 거쳐 땅 위에 뿌리내리면 팔(八)이 되어 인간으로서 순환할 수 있으며, 존재적으로 본(本)을 자각하면 마음을 지닌 구(九)가 되어 나(我)로 순환한다는 차이가 생기는 것이다.

천부경(天符經)은 우주와 지구, 만물과 인간에게 공히 적용되는 하나의 원칙을 가르치고자 한다. 그것은 만물 전체에 적용되는 생존과 진화의 기본법칙이고, 만물과 인간이 멈추지 않고 진화해야 하는 이유를 설명한다. 이를 위해 지구는 터전과 대상을 순차적으로 진화시키는 과정을 거치는 것이다. 마찬가지로 인간에게도 칠(七)·팔(八)·구(九)의 진화적 구분이 생긴다. 이처럼 생칠팔구(生七八九)는 생(生)을 진화를 위해 사용함으로써, 칠(七)·팔(八)·구(九)의 진화적 단계를 밟아가야 함을 보여준다. 이 단계를 밟아감에 칠(七)은 만물의 본능을 활용하고, 팔(八)은 인간의 감정을 활용하며, 구(九)는 나(我)의 마음을 활용하는 것이 일묘연(一妙衍)의 진화이다. 이미 비롯된(始) 것 안에서 생겨난 존재는 마침(終)이라는 의무이자 권리인 생(生)의 이어짐에서 벗어날 수 없다.

일시(一始)의 입장에서 생칠팔구(生七八九)는 2운(2運)까지의 과정과 구분되는 생겨남(生)이다. 합육(合六)이 일시(一始)의 입장에 부합하는 존재를 만드는 것이라면, 생칠팔구는 그 존재가 생(生)으로 진화의 목적에 부합해 가는 것이다. 합육의 인간이 인간으로서의 첫 진화단계에 놓이는 것이 칠(七)이다. 이는 환오칠(環五七)로도 알 수 있다. 칠(七)은 만물의 자리에서 순환하기에 육(六)의 상태를 공유한다. 고로 다시 인간으로 생(生)하는 것이 보장되지 않는다. 이러한 과정을 거듭하여 인간은 칠(七)의 과정을 거쳐 팔(八)과 구(九)로 진화되고, 점점 십(十)에 가까운 상태로 태어나세 된다. 그런 까닭에 생칠팔구(生七八九)는 인간의 존재적 진화과정의 운삼(運三)이다. 인간은 구(九)의 상태로 태어나야 십(十)에 다다르기 수월하다. 그런 까닭에 인간의 진화 단계적 차이로 쓰이는 칠팔구(七八九)는 인간의 근기(根機)적 차이를 드러낸다. 이러한 생칠팔구(生七八九)의 진화여정은 그 특성을 따라 인간의 존재적 상태로 구분하여 설명할 수 있다. 칠(七)은 만물으로서의 인간이고, 팔(八)은 인간으로서의 인간이며, 구(九)는 성인(聖人)으로서의 인간이고, 십(十)인 인중천지일(人中天地一)은 신(神)으로서의 인간이 된다.

　인간은 만물과 달리 환오칠(環五七)이라는 별개의 방식으로 순환한다. 이는 인간이라는 존재가 진화적으로 거듭되어야 하기 때문이다. 그 생겨남을 결정하는 자리가 만물이면 칠(七), 인간이면 팔(八), 나(我)이면 구(九)가 된다. 고로 환오칠과 연결된 생칠팔구(生七八九)는 인간이 환오칠(環五七)에서 벗어나 환오팔(環五八) 또는 환오구(環五九)해야 하는 것임을 제시한다. 칠팔구(七八九)는 삼(三)에서 육(六)이 되는 과정을 인간 안에서 거치는 것이다. 고로 인간으로 태어나면 만물일 때의 경쟁본능을 버리고 인간으로서 진화하는 생(生)을 사는 것이 필요하다. 육(六)은 풀이 구분 없이 우거진

들판이고, 칠(七)은 우거진 풀을 제거하여 터를 닦아가는 것이며, 팔(八)은 그 터에 집을 지어가는 것과 같다. 구(九)는 마음(心)으로 완공된 그 집을 꾸며감으로 완성시키는 과정이다. 이것이 합육(合六)과 생칠팔구로 인간이 마음(心)이라는 천지(天地)를 담을 집을 만들어 가는 과정이다. 인간은 십(十)에 가까운 상태로 생겨나기 위해, 생(生)과 환(環)을 목적이 아닌 기회로 삼아 진화해야 한다. 이는 인간이 본심(本心)을 만드는 과정이고, 불변하는 마음의 특성이다. 그런 까닭에 마침에 다다른 인간인 신(神)을 섬기는 종교가 모두 마음에 대해 말하는 것이다. 부처는 이를 '불성(佛性)'이라고 하고, 예수는 '네 안의 하나님'이라고 하며, 노자는 '도(道)'라고 하였다.

제 6 절

運三(운삼), 四成(사성), 環五七(환오칠).

운행은 셋(三)으로 하며,
넷(四)에서 이루어지고,
오(五)와 칠(七)로 순환한다.

運三,
운행은 셋(三)으로 하며,

운삼(運三)은 '운행되는 삼(三)과 세 번의 운행(三運)'을 의미한다. 운(運)은 지속되는 시간적 흐름이고, 삼(三)은 그것의 대상이다. 삼(三)은 지구적 진화의 관점에서는 천지인(天地人)이고, 존재적 진화의 관점에서는 만물이 된다. 그리고 이 두 가지의 삼(三)이 운행되는 과정에서는 세 번의 단계를 의미한다. 이러한 단계적 과정에서 진화의 터전인 천지인 삼재(三才)의 삼(三)과 진화의 대상인 만물의 삼(三)이 하나인 상태로 운행되는 것이 운삼이다. 천부경(天符經)은 운삼의 단계마다 그 운행에 따른 결과와 짝지어져 있다. 1운(1運)에서 천지인 세 가지가 생겨나 일적십거(一積十鉅)로 확장하여 무궤화삼(無櫃化三)으로 순환하는 구조를 지니게 된다. 2운(2運)에서는 확장된 천지인(三)이 하나로 순환되면서 만물을 키우고 합쳐 그 대표인 인간(六)을 진화의 존재로 만들었다. 3운(3運)은 인간이 우주의 목적에 부합되는 하나의 길을 합육(合六)인 천지인 위에서 생칠팔구(生七八九)로 거치는 과정이다.

천부경(天符經)이 삼운(三運)이 아닌 운삼(運三)을 사용하는 것은 뒤에 오는 사성(四成)과 의미적으로 다른 것임을 보이기 위함이다.

운삼이 지구적 시공(時空)과 대상이 운행되는 과정이라면, 사성(四成)은 운삼을 포함한 네 차례라는 과정과 네 번째에서 이루어지는 절실을 의미한다. 이는 세 번의 운행과 네 번째의 이루어짐으로 이어지지만, 서로 독립된 상태로 작동되는 것이기 때문이다. 운삼으로 거듭되는 과정에 사성으로 매듭을 지어주는 것이고, 이것이 진화과정에 차이와 거듭됨을 만드는 원리이다. 운삼의 터전과 대상의 변화 과정을 통하여 사성의 진화적 이루어짐이 거듭되는 것이다. 운삼의 운행대상인 천지인(天地人)의 터전에서 진화적 존재는 삼(三)·육(六)·구(九)로 세 번 운행된다. 이는 우주의 목적에 부합되도록 지구의 시공(時空)을 갖추어가는 과정이고, 진화적 대상이 그 지구적 시공을 하나씩 품어 진화하는 과정이다.

첫 번째 운행(1運)에서 삼극(三極)의 시간을 지닌 천지(天地)와 만물이 만들어지는 것으로 운삼이 시작된다. 두 번째 운행(2運)에서 천지와 만물이 하나가 되어 대삼(大三)의 유기적 구조를 갖추고, 합육(合六)으로 진화적 대상인 인간을 선택한다. 세 번째 운행(3運)에서 그 인간만을 대상으로 하는 생칠팔구(生七八九)의 진화과정이 일어난다. 즉, 지구에 생겨난 천지(天地)와 인간을 하나로 운행하는 지구적 진화체계를 완성하는 것이 운삼(運三)이다. 운삼은 복잡하고 중첩된 구조와 그 위의 대상을 하나의 원리와 대상으로 정립하는 과정이다. 그 결과 인간은 생칠팔구의 존재적 운삼으로 일묘연(一妙衍)하여 인중천지일(人中天地一)로 사성(四成)하게 된다. 합육(合六) 상태의 천지인(天地人)에서 인간의 사성은 구(九)의 본심(本心)이고, 삼극에서 인간의 사성은 우주적 마침(終)이 된다. 종(終)이나 환(環)이 결정되는 사성과 환오칠(環五七)이 운삼의 뒤에서 일어나는 이유이다.

운삼(運三)은 세 번 변하는 지구적 삼변(三變)의 과정이다. 운삼은 지구수(地球數)인 십(十) 안에서 일어난다. 그 운행의 결과에 따라 인간은 순환(環)하거나 마치게(終) 된다. 만물이 운삼의 과정으로 이어져 있기에 인간으로 마침에 도전할 수 있는 기회를 지니게 되는 것이다. 이처럼 운삼은 지구가 우주에서 독립된 시공을 갖춤으로써 만물에게 우주진화의 대상이 될 수 있는 기회를 주는 과정이다. 그 기회의 유일한 존재적 상징인 인간 역시 칠(七)·팔(八)·구(九)로 존재 내의 운삼과정을 거치게 된다. 이 과정에서 만물과 인간 사이에는 존재적 우위나 정해진 순서가 없고, 마침에 다다르는 것에도 우선순위는 없다. 먼저 인간이 되었어도 마칠 때까지는 그 순서가 바뀔 수 있다는 의미이다. 고로 지구적 진화와 우주적 진화의 경계인 십(十)은 운삼의 목표인 사성(四成)이다.

운삼(運三)의 과정에서 일(一)부터 구(九)까지의 순서와 숫자가 결정된다. 숫자의 배정은 1운(1運)의 생겨남의 순서에 기반하고, 천지인(天地人)에 그 수(數)가 배정된다. 천부경(天符經)에서 순서적 배열은 1운의 천일일 지일이 인일삼(天一一 地一二 人一三)이 유일하기 때문이다. 그 뒤에는 모두 생겨난 천시인 안에서의 변화와 진회가 된다. 이에 따라 천(天)에는 1·4·7의 수가 배정되고, 지(地)에는 2·5·8의 수가 배정되며, 인(人)에는 3·6·9의 수가 배정되게 된다. 이를 통하여 대삼(大三)과 합육(合六), 생칠팔구(生七八九)가 인(人)을 목적으로 하는 숫자임을 확인할 수 있다. 이 순서에 의해 운삼의 세 과정이 지니는 의미를 살필 수 있다. 1운에서 천지인은 생겨남으로 천(天)의 속성인 시간을 지니게 된다. 2운(2運)에서 천지인은 서로 연동되어 순환되는 지(地)의 속성인 터전이 된다. 3운(3運)에서 천지인은 그 시간과 터전으로 존재를 진화시켜 인간(人)의 속성인 마음(心)이 된다. 이런 순환의 고리를 통하여 인중천지일(人中天地一)의 상태인 십(十, 10)에 다다를 수 있게 되는 것이다. 천부경은 운삼의 운행을 통하여 1운은 만물인 삼(三)을, 2운은 인간인 육(六)을, 3운은 본(本)을 지닌 구(九)를 위한 과정임을 명확히 보여준다.

四成,

넷(四)에서 이루어지고,

사성(四成)은 운삼(運三)의 운행에 따른 결과인 매듭에 관한 것이다. 사(四)는 운삼으로 일어난 것이 이루어지는 과정을, 성(成)은 그 결과를 의미한다. 즉, 사성은 운삼의 운행과정에 따른 각각의 결과가 합쳐지는 것임을 말한다. 사계절에 빗대어 보면 봄의 성(成)과 여름의 성(成), 가을의 성(成)이 합쳐져 겨울의 성(成)인 사성(四成)이 결정된다는 의미이다. 그런 까닭에 운삼·사성인 것이다. 이 결과에 따라 인간의 생(生)은 환오칠(環五七)로 순환하거나 종(終)의 마침으로 끝난다. 천부경(天符經)의 사성은 지구적 무(無)를 운삼하여 우주적 무(無)로 사성 하는 것을 목표로 한다. 그런 까닭에 생(生)의 그침인 무궤(無櫃)의 무(無)와 마침에 다다른 무종일(無終一)의 무(無)는 다른 것이다. 이를 통하여 존재의 생(生)과 시(始)가 결정되기 때문이다.

사성(四成)은 지구의 사계절이 연결되어 순환하는 원리와 닮았다. 봄·여름·가을이 운삼(運三)이라면, 겨울은 그 결과인 사성이 된다. 이는 봄·여름·가을이 각각의 특성에 따라 운행되어, 겨울로 봄·여름·가을·겨울이라는 순환의 한 고리가 마무리되는 것이다.

그런 까닭에 겨울은 다른 계절과 달리 변화가 아닌 멈추어 있는 시간이 된다. 지구의 사계절은 태양의 영향으로 구분되고 운행된다. 그 과정에서 만들어지는 인간의 본(本)인 마음(心)이 태양(太陽)을 좇게 되는 이유이다. 이러한 과정을 인간이 생겨남과 그침으로 닮아감으로써 존재적 진화가 이어지는 것이다. 이를 위하여 사성(四成)에는 진화적 목표인 마침(終)과 그 마침에 거듭 도전하는 환오칠(環五七)이라는 두 가지 방식이 존재한다. 즉, 운삼이 마침을 이룬다면 순환이 아닌 마친 상태로 지속되는 것이다. 인간이 지금의 나(我)를 정말로 사랑하고 있다면, 지금의 나(我)인 상태로 마쳐 지속되고자 해야 한다. 그것이 자기가 부여받은 생(生)을 가치 있게 만드는 유일한 길이다. 이 과정을 마칠 때까지 계속되는 것임을 보여주고자 사성의 뒤에 환오칠(環五七)이 온다.

사성(四成)의 순환은 인간이 마침(終)에 도달해야 하는 진화가 선택이 아닌 절대적인 것임을 보여준다. 사성은 이루어짐의 과정이고, 이는 기본적으로 4단계로 이루어진다. 우주적 입장에서의 이루어짐(成) 역시 4단계로 살펴야 한다. 1단계인 비롯된 하나(一)로서의 지구는, 2단계인 석삼극(析三極)에서 셋으로 나뉘어지고, 3단계인 천지인(天地人)이 다시 하나인 상태로 합쳐진 존재로 만들어내어, 4단계에서 진화적 존재인 인간이 진화를 마무리하는 사성의 과정으로 이루어진다. 지구적 입장에서는 본(本)인 삼극(三極)이 천지인(天地人)을 만들고, 그 천지인이 인간을 만들어 내어, 인간이 존재적 진화과정을 거치는 운삼과 인중천지일로 나치는 사성의 과정이 된다. 인간의 삶 역시 이에 따라 운삼(運三)과 사성의 과정을 따른다. 이는 천부경(天符經)에서 인간이 생칠팔구(生七八九)하여 인중천지일(人中天地一)하는 원리이다. 생칠팔구로 인간의 1단계부터 3단계까지의 운삼을 설명하고, 인중천지일(人中天地一)로 4단계를 설명하고 있는 것이다.

마음(心)은 지구의 선택적 진화결과이자 증거이고, 인간만이 만들고 지닐 수 있다. 인간에게 마음이 생겼기에 천지(天地)를 담아 마칠 수 있는 것이다. 천부경(天符經)은 인간이 그 마음을 얻는 것 역시 사성(四成)이고, 육(六)·칠(七)·팔(八)의 순환과정을 거쳐 얻어야만 하는 것임을 본심(本心)으로 말하고 있다. 이를 위하여 합육(合六)의 만물적 인간에서 벗어나 생칠(生七)하는 것이다. 비롯되거나 생겨난 하나(一)는 이처럼 크게 4단계의 과정을 거치게 된다. 그런 까닭에 사성은 운삼(運三)의 운행과정에 따른 결과들로 결정된다. 과정과 다른 결과가 나오지 않는다는 의미이고, 결과와 시작이 서로 연결될 수 있는 이유이다. 그 과정을 천부경(天符經)에서는 두 가지의 형태로 말하고 있다. 첫 번째는, 1운(1運)부터 3운(3運)까지의 변화 과정과 마침(終)의 결과를 합친 전체적인 이루어짐의 단계이다. 여기에는 1(一)부터 9(九)까지의 순환(環)이 지속되는 형태와 완전한 마침(終)이 포함된다. 두 번째는, 시일(始一)한 것이 생(生)으로 지속되는 부분적인 이루어짐에 대해 말한다. 나뉘고(析)·커져서(大)·합쳐져(合)·그치는(死=己) 셋으로, 한자례의 생(生)을 순환의 고리 안에서 마무리 짓는 형태이다.

環五七.
오(五)와 칠(七)로 순환한다.

환오칠(環五七)은 사성(四成) 중 그침(死=己)으로 인한 순환에 관한 것이다. 인간의 생칠팔구(生七八九)에 적용되어 생(生)의 기회가 거듭됨을 의미한다. 환오칠의 순환과정이 있기에 인간이 생(生)을 통하여 진화를 거듭할 수 있다. 천부경(天符經)은 칠(七)로 순환하는 것을 통하여 만물과 인간의 존재성을 명확히 구분하고 있다. 거의 모든 인간은 마침(終)에 도달하지 못하고 그침(死=己)으로 무궤화삼(無櫃化三)하게 된다. 또한 거의 모든 인간은 육(六)과 칠(七)의 단계에 놓여져 있다. 왜냐하면, 진화의 길에서 만물의 본능인 생존(生存)에서 벗어나 독립하지 못하기 때문이다. 부처나 예수, 노자가 보여준 마침(終)의 길을 받아들이지 못하는 원인이다. 인간의 경쟁은 인간이 각각의 독립된 존재로 마음을 얻기 위한 생(生)과 생(生)을 잇는 과정에 있는 것임을 자각하지 못하게 한다. 그런 까닭에 환오칠의 고리를 벗어나 팔(八)로 넘어가는 것은 수월하지 않다. 고로 사성(四成) 뒤에 환오칠이 위치하여 부여하는 기회를 오용하지 않아야 한다. 환오칠은 천지인(天地人) 속에서 거듭하는 순환의 과정이고, 인간으로서의 부동본(不動本)을 향한 의지 없이는 벗어날 수 없는 굴레로 작용한다.

생겨난 것에는 그침이 있게 되고, 마침에 다다르도록 다시 재생(再生)되는 것은 스스로 틀림없이(自然) 일어나는 과정이다. 그러나 인간의 진화는 스스로 틀림없이 일어나지 않는다. 인간이 자연(自然)을 좇아 닮고자 하는 이유가 여기에 있다. 환오칠(環五七)은 천지인(天地人)의 지(地)로 돌아가 새로운 시간(七)을 받아 다시 생겨나는 고리이다. 이는 3운(3運)인 생칠팔구(生七八九)가 운행되는 2운(2運)의 천지인에서 땅의 수(數)가 오(五)이고, 인간이 2운에서 만들어진 터전에서 운행되고 있기 때문이다. 그리고 합육(合六)인 인간이 1운(1運)에서 새로운 생명의 시간이 더해짐을 칠(六+一=七)로 상징한다. 이런 방식으로 운삼의 세 운행이 하나로 지속되는 것이다. 이에 따라 칠(七)은 천지인(天地人)의 구분으로는 시간인 하늘을, 진화적 구분으로는 새로운 인간을 상징하는 수(數)가 된다. 그럼으로써 십(十)에 다다르기 위한 팔(八)과 구(九)의 과정에 도전하는 기회를 계속 부여받는다. 이것은 모든 만물에게 공평하게 일어난다. 환오칠(環五七)은 도덕경(道德經)의 본떠짐(母)과 같은 것이고, 이렇게 생칠(生七)하는 것은 인간이 '천지에 뿌리를 내리는(天地根)'것이 된다.

천부경(天符經)에서 일묘연(一妙衍)으로 흘러가게 되는 대상의 시작은 칠(七)이다. 이를 위한 환오칠(環五七)에서 운삼(運三)과 사성(四成)은 다른 의미를 지닌다. 운삼은 그친 것을 다시 생(生)하게 하여 끊임없이 운행시키는 하늘의 역할을 한다. 그런 까닭에 천부경에서 시간의 흐름인 운삼은 하늘의 특성이 된다. 이와 달리 사성(四成)은 생(生)한 것이 이루어져 그 결실이 드러나는 것이고, 이루어짐의 결과는 땅 위에서 드러나기에 사성은 땅(地)의 특성이 된다. 하늘의 시간은 생겨난 칠(七)이 팔(八)로 넘어가면 땅의 속성에 의지하게 된다. 팔(八)은 하늘이 시간을 부여하는 칠(七)과 달리 인간으로 순환할 자격이 얻어낸 것이다. 그런 까닭에 칠(七)인 상태의 인간은 하늘을 우러르고, 팔(八)인 상태의 인간은 주어진 시간으로 자연을 따르고자 하며, 구(九)인 상태의 인간은 우주에 부합하고자 자기의 본(本)이자 무(無)인 마음(心)을 따른다. 이를 위해 환오칠로 만물과 인간을 연결하고, 환오팔(環五八)로 인간과 인간을 연결하며, 환오구(環五九)로 인간과 나(我)를 연결하여 지속되는 순환의 진화방식을 보여준다. 이것이 윤회(輪廻)의 모습이고, 이 중에서 환오구(環五九)의 순환이 진정한 윤회가 된다.

환오칠(環五七)의 순환은 생겨났던 것이 돌아가는 그침(死=己)인 환오(環五)와 다시 생겨나는 환칠(環七)로 반복을 설명한다. 천지인(天地人)의 운삼(運三)과 그 단계별 각각의 결과들(四成)을 합쳐도 칠(七)이 된다. 이처럼 칠(七)은 동일한 진화적 존재인 인간으로서의 생(生)이다. 그런 까닭에 환(環)은 순환을 통하여 진화의 방향인 팔(八)과 구(九)로 나아가기 위한 운행의 도구이다. 칠(七)·팔(八)·구(九)는 순환의 과정을 다시 겪어야 하는 지구적 존재의 상징이다. 천부경(天符經)에서 육(六)과 칠(七)을 연결하는 환오칠(環五七)은 중요한 구분을 내포하고 있다. 팔(八)부터의 인간은 만물로 돌아가지 않고, 인간으로서의 생(生)을 거듭하는 단계에 놓이게 된다는 것이다. 이것을 일묘연(一妙衍)의 특징인 만왕만래(萬往萬來)와 용변부동본(用變不動本)을 통해 설명한다. 자연에 비교하면 칠(七)은 일년생의 풀이고, 팔(八)은 꽃이 피는 다년생으로, 구(九)는 열매를 맺어 새로운 나무를 키울 수 있는 거목과 같다.

칠(七)·팔(八)·구(九)의 진화는 마음(心)의 존재 유무와 크기, 그것이 한결같이 지속되어 불변하는 정도에 따라 결정된다. 이런 까닭에 천부경(天符經)은 대삼합육(大三合六)까지는 터전과 진화대상에 관한 내용이고, 운삼(運三)·사성(四成)·환오칠(環五七)은 운행의 원리이며, 반면에 일묘연(一妙衍)부터는 그 터전과 대상이 운(運)·성(成)·환(環)으로 흘러가는 진화방법과 기준에 대해 설명한다. 고로 일묘연의 과정과 생질발기(生七八九)의 과정을 분건한 설명이 가능하다. 만왕만래(萬往萬來)는 분별없는 칠(七)의 과정이자 기준이고, 용변부동본(用變不動本)은 인간으로서의 본(本)이 변하지 않는 팔(八)의 과정이자 기준이며, 본심(本心)은 본(本)으로 마음을 지녀 본태양앙명(本太陽昂明)하는 인간인 구(九)의 과정이자 기준이 된다. 그런 까닭에 부동본(不動本)의 존재적 본(本)과 본심(本心)의 지구적 본(本)을 지니지 못한 칠(七)은 만물의 순환고리에서 벗어나지 못하는 것이다. 천부경은 그침(死=己)과 마침(終)을 정확하게 구분하여 사용한다. 진화가 운행되는 과정에서 그침(死=己)과 마침(終)의 연결고리로 운삼과 사성, 환오칠을 사용하고 있는 것이다

제 7 절

一妙衍(일묘연), 萬往萬來(만왕만래),
用變不動本(용변부동본).

하나(一)가 흘러감은 신묘하여,
만 번 가고 만 번 오니,
변하여 쓰여도 본(本)은 움직이지 않는다.

一妙衍,
하나(一)가 흘러감은 신묘하여.

일묘연(一妙衍)의 하나(一)는 우주와 지구 그리고 만물이 되고, 흘러감(衍)은 끊임없이 연결됨이며, 신묘함(妙)은 그것이 스스로 틀림없이(自然) 한결같이 지속되는(常) 모습이다. 일묘연은 진화의 과정이 지속되는 것이고, 그 흘러감에는 멈춤이 없다. 비롯된 것이 멈춘다는 것은 지구가 죽은 것이고, 하나가 흘러감을 멈춘다는 것은 인간과 만물이 소멸되는 것이다. 그런 까닭에 하나가 흘러가는 것은 한결같이 지속된다. 그럼에도 달라짐이나 어긋남 없이 지구적 본(本)을 따른다. 천부경(天符經)에서 일묘연은 지구적 진화과정 전체이자 독립한 인간의 진화과정을 상징한다. 일묘연을 인간의 생(生)과 운삼(運三)·사성(四成)·환오칠(環五七)의 뒤에 배치함으로써 생칠팔구(生七八九)의 과정을 설명할 수 있음을 보여준다. 그런 까닭에 일묘연의 과정인 만왕만래(萬往萬來)·용변부동본(用變不動本)·본심(本心)은 그 과정의 구분이자 기준이 된다. 만왕만래는 인간이 마칠 때까지의 전체 과정에 지속되는 것이고, 용변부동본은 팔(八)과 구(九)에서만 운행되며, 본심(本心)은 구(九)에서만 운행된다. 이를 통하여 칠팔구(七八九)의 단계적 특징과 넘어가는 방법을 알 수 있다.

일묘연(一妙衍)의 과정 속에서 인간은 멈추면 돌아간다. 칠팔구(七八九)의 진화 단계에 맞춰 생(生)과 환(環)은 틀림없도록 흘러간다. 그것을 인간이 명확히 알기 어렵기에 신묘하다 표현하는 것이다. 흘러감의 대상인 인간이 각각의 진화단계에 맞도록 지속됨이 신묘하고, 진화의 과정이 한결같이 운행되어 진화의 단계를 밟아가도록 만드는 원리 또한 신묘하다. 이러한 신묘함은 미묘함을 품고 있기에 보여도 확연하게 알기 어렵다. 인간은 하나인 상태로 일묘연의 순환고리 안에 있고, 그 흘러감의 주체이기에 진화할 수 있는 것이다. 이 흘러감의 결과로 인간이 지구와 같은 우주적 존재로 진화된다면, 일묘연의 원리와 흘러가는 모습을 명확히 알 수 있게 된다. 이런 존재가 된 인간을 무종일(無終一) 또는 신(神)이라고 구분 지어 부른다.

하나(一)는 일시무시일(一始無始一)로 비롯된 출발점이다. 크게는 지구 자체이고, 작게는 그 안에서 생겨난 각각의 만물을 의미한다. 본래의 일묘연(一妙衍)은 지구 자체의 운행방식이자 기준이다. 그런 까닭에 하나인 지구의 하나뿐인 대표가 우주의 목적에 부합되기 위해 흘러가는 것 역시 일묘연이 된다. 지구 안의 모든 존재가 동일한 본(本)과 운행방식을 공유하고 있기에, 각각의 단계에 부합되는 방식으로 한 방향으로 진화해 갈 수 있는 것이다. 이처럼 하나로 흘러감은 존재들의 생(生)과 그것을 운영하는 본(本)이 하나의 원리로 연동되어 있음을 의미한다. 항상 한치의 어긋남 없이 흘러갈 수 있는 이유이다. 그럼에도 인중천지일(人中天地一)하여 지구와 같아지기 전에 그것을 명확하게 알기 어렵다. 왜냐하면 인간이 생(生)과 환(環)의 어느 한 점에 머물러 있을 수 없고, 이 모든 과정을 거쳐야만 비로소 흘러감의 처음과 끝이 보이기 때문이다.

천부경(天符經)은 일묘연(一妙衍)으로 인간이 다른 존재로 대체되지 않는 하나(一)임을 명확히 한다. 비롯되거나 생겨난(始生) 하나(一)는 운(運), 성(成), 환(環)의 과정을 통하여 진화를 거듭하고, 종(終)에 다다를 때까지 그 단계에 맞춰 계속 흘러간다. 일묘연(一妙衍) 속에서 개별적 존재로서의 그침은 있어도, 비롯된(始) 하나(一)의 진화가 멈추는 일은 없다. 이 과정은 공평무사하고 틀림없으며, 한결같게 지속된다. 지구가 마침(終)이라는 우주적 목적에 부합되고자 인간을 운행하고 있기에, 인간은 이 흘러감에서 벗어날 수 없다. 벗어날 수 있는 방법은 오직 마침(終)에 다다르는 것뿐이다. 하나(一)의 흘러감은 지구 그 자체의 모습이고, 신묘함은 그 운행되는 모습이 지극히 복잡함에도 틀림없이 일어나는 자연(自然)으로 설명된다. 인간은 그것을 그대로 따라가야 마음(心)을 얻을 수 있게 된다.

천부경(天符經)의 하나(一)는 우주적 생명체인 존재적 지구이고,

다시 지구적 생명체인 만물을 의미한다. 진화적 존재의 일묘연(一妙衍) 과정에서는 인간이 그 하나가 된다. 이러한 상위와 하위의 하나(一)를 연결하여 연동하는 것이 본(本)이다. 그런 까닭에 존재적 본(本)이 없는 상태인 만왕만래(萬往萬來)에서 인간의 본(本)을 지닌 부동본(不動本)으로 흘러간다. 부동본의 인간에서 독립된 하나인 나(我)로서 본심(本心)을 지니게 되는 집중화의 과정이 일묘연이다. 지구는 목적에 의해 우주에서 본떠진(母) 것이고, 인간은 그 목적을 위해 다시 본떠진 것이기에 우주의 변화와 진화 원리에서 벗어나지 않는다. 쓰임의 변화에 따라 결과가 달라지는 것처럼 보일 뿐이다. 인간은 진화를 위해 선택되었지만, 본심(本心)에 다다르기 전까지의 인간에 대한 배려는 없다. 마찬가지로 지구와 인간은 우주의 목적에 부합되는 동안에만 존재할 수 있다.

萬往萬來,

만 번 가고 만 번 오니,

만왕만래(萬往萬來)는 일묘연(一妙衍)이 시간적으로 이어진 순환의 과정이다. 그래서 생칠팔구(生七八九)의 진화과정에서 시간에 의해 생겨나는 존재인 칠(七)과 연결하여 이해하는 것이 가능하다. 즉, 시간에 따라 오고 갈 뿐이지 어떤 변화를 만들지 못한다는 의미이다. 인간으로 생(生)하지만 인간으로서의 부동본(不動本)을 지니지 못한 상태이다. 더불어 만왕만래는 마침(終)에 도달하기까지 계속 순환하는 무궤화삼(無櫃化三)의 운행적 특징이다. 만왕만래의 과정에서 만물의 본능(本能)에서 벗어나 인간으로서 본(本)을 지니게 되면 팔(八)이 될 수 있다. 만왕만래 할 수 있기에 생(生)의 그침(死=己)과 비롯됨(始)의 마침(終)도 가능한 것이다.

　만왕만래(萬往萬來)는 구분 없이 흘러 넘치는 것이다. 본(本)을 지녀야 본(本)을 지닌 채 쓰임만이 변하는 만왕만래가 가능해진다. 그런 까닭에 용변부동본(用變不動本)이 만왕만래의 다음에 오는 것이다. 지구는 만왕만래 하는 존재적 생(生)에 관여하지 않는다. 생(生)의 결과 값에 맞춰 칠(七)·팔(八)·구(九)로 진화시키고, 그 단계를 유지해줄 뿐이다. 이는 지구가 우주적 진화를 목적으로 하는 것이기 때문이다. 우주적 목적에 부합되는 자격인 본심(本心)을 지니면 하나의 상태인 나(我)로 만왕만래 할 수 있다. 만왕만래는 다양한 만물이 끊임없이 오고 가는 지구적 측면과 인간이 마칠 때까지 생(生)을 반복하는 인간적 측면이 존재한다. 천지인(天地人)의 시공간(時空間)에 인간이 생겨남과 돌아감을 하나의 고리(環)로 거듭하는 것이다.

만왕만래(萬往萬來)는 일묘연(一妙衍) 속에서 끊임없이 흘러가는 시간과 존재적 반복을 보여준다. 만왕만래는 순환이고, 이는 지구의 일묘연이 2운(2運) 위에서 일어나기 때문이다. 본(本)인 삼극(三極)은 이를 위한 시공(時空)인 천지인(天地人)을 목적을 이룰 때까지 지속시키고자 만왕만래로 마침(終)의 기회를 계속 부여한다. 우주가 별들을 만들고 소멸시킴은 우주적 만왕만래의 방식이고, 지구 역시 이 방식을 따른다. 우주 속에서 지구는 인간을 만왕만래 시키는 것을 지속하고, 다른 별들 역시 우주가 부여한 목적을 위해서 각각 만왕만래 한다. 이러한 과정을 통하여 진화의 목적에 맞는 별(星)들이 우주에 생겨나고, 다시 거기에서 지구처럼 실제로 진화가 일어나는 별이 생겨난다. 그 과정이 인간에게 적용된 것이 만왕만래이다. 고로 용변부동본(用變不動本)이 되어야 온전한 인간으로 진화되는 것이고, 인간은 마음(心)을 만드는 지구의 본(本)에 부합되는 생(生)을 살게 된다. 이처럼 만왕만래는 인간이 생(生)에서 생(生)으로 이어지는 진화적 자발성을 갖추는 기회이다.

用變不動本.
변하여 쓰이어도 본(本)은 움직이지 않는다.

　만왕만래(萬往萬來)의 과정에서는 역할과 쓰임이 모두 달라진다. 반면에 용변부동본(用變不動本)에서는 쓰임에 따라 그 본(本)은 달라지지 않는다. 본(本)은 독립의 상징이고, 독립된 것은 그 목적이 달라지지 않는다. 그것이 언제나 한결같은 무진본(無盡本)의 의미이다. 쓰임은 달라져도 진화를 위한 목적을 지킬 수 있게 되기에 진화가 지속되는 것이다. 진화과정에서 부동본(不動本)을 지니게 되면, 그 때부터는 각각의 생(生)에 따라 쓰임만이 달라질 뿐이다. 용변부동본이 변(變)을 사용하여 화삼(化三)처럼 완전히 새로워지는 것이 아니라, 인간으로서의 본(本)을 지닌 상태로 달라지는 것임을 설명한다. 이 과정을 통하여 진화에 필요한 경험을 쌓아가고, 진화단계를 높여간다. 그런 까닭에 용변부동본의 본(本)은 기본적으로 지구의 본(本)을 의미한다. 이때의 본(本)은 하나(一)가 마침을 목적으로 하여 흘러가게 하는 본(本)이다.

　부동본(不動本)은 인간의 본(本)일 뿐, 그 중의 개인인 내(我)가 본(本)을 지닌 것과는 다르다. 부동본은 인간이라는 존재적 형질에서 생겨남과 그침이 벗어나지 않는 무리적 순환이다. 인간으로서의 존재적 불확실성만이 사라진 것이다. 이처럼 일묘연(一妙衍) 속에서 인간이 인간으로서의 부동본으로 지니는 것이 필(八)의 단계이다. 칠(七)과 달리 팔(八)은 인간으로서 거듭되며 마침을 향해 나아갈 수 있게 된다. 천부경(天符經)은 용변부동본으로 진화적 존재인 인간이 만물에서 독립되어, 인간으로 자립하는 과정을 보여준다. 지구의 본(本)이 만물에서 인간으로, 인간에서 독립된 나(我)로 순환할 수 있도록 만드는 것이 진화의 목표이기 때문이다. 이를 위해 존재성이 고정된 상태로 쓰임이 달라지는 존재적 진화가 일어나는 것이 용변부동본(用變不動本)이다.

인간의 존재적 진화는 지구처럼 본(本)을 지녀가는 과정이다. 이를 위해 만왕만래(萬往萬來)를 통하여 기회를 부여하고, 용변부동본(用變不動本)을 통하여 동일한 존재성으로 고정된 진화적 본(本)을 지니게 한다. 그러나 아직 인류(人類)적 존재성은 지녔지만, 하나의 존재로서 본(本)을 지니지는 못한 상태이다. 부동본(不動本)은 또한 현재의 생(生)의 쓰임과 상관없이 본래의 본(本)은 달라지는 것이 아님을 의미한다. 지구가 진화를 위한 모방과 확인을 위하여 진화단계와 다른 쓰임을 주기 때문이다. 용변(用變)은 마음을 지니기 위한 다양화의 과정이고, 왕(王)부터 천민 또는 수행자의 생(生)은 모양이 다른 것일 뿐이다. 고로 인간은 쓰임이나 역할이 아니라 그 존재적 본(本)을 볼 수 있어야 진화단계를 알 수 있다. 이처럼 용변부동본으로 인간으로서의 부동본을 지니게 되는 것은 진화를 위한 선택과 집중이다. 이런 과정을 거쳐 본(本)이 흔들리지 않는 완전한 부동본의 상태, 즉 모든 것이 하나로 떼어지는 상태에 나나르면 본심(本心)을 지니게 되는 것이다.

용변부동본(用變不動本)은 인간이 다양한 생(生)의 과정을 거치는 것이다. 존재성을 규정하는 본(本)이 달라지지 않기에 그 목적과 방향이 일관되게 유지된다. 본래의 부동본(不動本)은 모양이나 형질에 상관 없이 만물의 본(本)이 같은 것임을 의미한다. 그것이 일묘연(一妙衍)의 진화단계에서는 인간으로서의 본(本)이 유지되는 것으로 쓰인다. 그런 까닭에 일묘연 속에서 인간으로 진화하는 것이 불확정적인 만물이나 칠(七)과 달리, 팔(八)인 인간에게는 마침을 위한 본(本)이 지속되는 상태로 용변(用變)하게 된다. 지구의 목적은 한결같고 틀림없기에 존재의 진화적 퇴보는 일어나지 않는다. 고로 일묘연의 쓰임은 인간을 구성하는 많은 것들을 제거하고, 단 하나의 본(本)으로 부동(不動)하는 상태를 만들어가기 위한 것이다. 이러한 과정으로 인간에게 하나만이 본(本)으로 남게 되는 것이 마음(心)이다. 용변부동본은 이를 위해 인간의 흘러감이 생칠팔구(生七八九)의 단계에서 벗어나지 못함을 보여준다. 만물과 공유되던 인간의 존재성이 인간만의 것으로 독립함으로써, 개인으로서의 나(我)로 독립하여 마침으로 지속될 때까지 계속된다. 이것이 일묘연을 통한 자연스러운 집중화의 방식이다. 만왕만래(萬往萬來)에서 용변부동본을 거쳐 본심(本心)으로 진하적 주체를 선별하는 것이다. 이처럼 본심(本心)은 진화의 주체가 만물에서 인간으로 넘어온 것이, 다시 개인인 나(我)로 넘어왔음을 상징한다.

제 8 절

本心(본심), 本太陽昂明(본태양앙명),
人中天地一(인중천지일).

본(本)은 마음(心)이고,
본(本)인 태양의 밝음을 우러르면,
사람 속에서 하늘과 땅이 하나가 된다.

本心.

본(本)은 마음이고.

　본(本)은 우주와 지구 그리고 인간이 지니게 된 각각의 뿌리이고, 그것은 모두 하나의 무(無)에서 순차적으로 지니게 된 것이다. 인간이 부동본(不動本)의 상태가 되면 지구의 본(本)을 좇아 갈 수 있게 된다. 그 본(本)을 좇아가는 과정에서 천지인(天地人)을 하나로 합쳐 지구적 무(無)를 머금게 되는 것이 본심(本心)이다. 본심(本心)은 삼극에서 나온 천지인(天地人)이 하나로 합쳐진 상태이다. 천지인 중 하나만이 삼극(三極)에 남게 된 것이다. 이 상태가 되면 우주와 지구, 인간의 본(本)이 이어져 우주적 진화가 시작된다. 본심은 우주의 무(無)가 지구의 본(本)을 거쳐, 인간에게 자리잡게 된 것이기 때문이다. 천부경(天符經)은 이처럼 같은 것에 대해 우주는 무(無), 지구는 본(本), 인간은 마음(心)으로 나누어 진화단계를 표현한다. 그런 까닭에 인간이 지구적 진화를 거쳐 본심(本心)을 지니게 된 것은, 인간이 우주적 진화를 위한 자격을 지니게 되었음을 의미한다. 나(我)로서 순환을 거듭하는 상태가 된 것이다. 이때부터는 우주의 무(無)로 진화하기 위한 태양의 밝음만을 필요로 한다. 이를 통하여 지구의 본(本)인 석삼극(析三極)의 무(無)인 상태에 인간이 다다를 수 있게 된다.

우주의 마음(心)인 무(無)가 지구의 마음인 본(本)을 거쳐, 인간의 마음에 닿아 무(無)가 되는 것이 일묘연(一妙衍)의 목표이다. 이렇게 우주의 무(無)가 지구적 진화과정을 거쳐 인간의 본(本)으로 담기게 된다. 본심(本心)은 인간의 진화단계인 생칠팔구(生七八九)에서 구(九)의 상징이다. 인간의 진화목표인 십(十)의 인중천지일(人中天地一)을 위하여 본심이 필요한 것이고, 본심은 부동본(不動本)으로 천지인(天地人) 삼재(三才)의 천지(天地)를 담아낸 것이다. 그럼으로써 삼재를 만든 삼극(三極)의 천지적 속성을 담아낼 수 있는 경험을 지니게 된다. 지구의 본(本)인 삼극에서 인간까지 분화되었던 지구적 무(無)를 다시 통합함으로써, 우주적 무(無)로 돌아가는 원시반본(原始返本)의 과정이다. 본(本)은 우주와 지구, 인간이 공통적으로 지니는 독립된 하나(一)로서의 상징이다. 인간은 본심을 지님으로써 우주적 진화과정에 놓이게 된다. 이때부터는 지구가 태양을 중심으로 순환되는 것처럼, 인간 역시 태양을 중심으로 나(我)라는 개별적 존재로 순환된다. 비로소 나(我)라는 존재로 살게 되는 것이다. 나(我)로 살기 위해 인간은 예부터 본(本)으로 마음이 자리잡는 생(生)을 살고자 노력해온 것이다.

우주적 무(無)는 존재하는 모든 것의 근본(根本)이다. 지구가 무(無)에서 생겨나고, 그 지구의 본(本)이 무(無)임을 밝히는 일시무시일(一始無始一)로 천부경(天符經)을 시작하는 까닭이다. 그런 까닭에 인간이 독립된 존재로 본(本)을 지니게 되면, 그 본(本) 역시 무(無)인 상태가 된다. 지구적 본(本)의 이름은 삼극(三極)이고, 인간적 본(本)의 이름은 마음(心)이다. 이처럼 인간이 본심으로 무(無)인 상태가 인중(人中)이고, 인간이 삼극 중 한 극(極)의 상태가 된 것이다. 이때의 무(無)는 삼극이 생겨난 무시일(無始一)의 우주적 무(無)가 아니라, 삼극에서 생겨난 지구적 무(無)이다. 그 상태에서 우주적 본(本)인 태양의 밝음으로 얻게 되는 것이 인중천지일(人中天地一)이다. 본심(本心)은 인간을 우주와 본(本)으로 연결하는 것이고, 지구처럼 태양앙명(太陽昻明)하게 되는 것으로 그것을 알 수 있다. 그런 까닭에 마음(心) 안에 삼극의 천지(天地)적 속성을 담아 지구와 같은 상태가 될 수 있는 것이다.

인간에게 변함이 없는 것은 마음(心)뿐이다. 만왕만래(萬往萬來)의 상태는 본능(本能)이고, 부동본(不動本)의 상태에서 지니는 것은 마음이 아닌 감정(情)이다. 그 감정(情)을 마음이라 여기기에 마음을 지닐 수 없는 것이다. 인간에게 마음이 생기면 지구의 부동본처럼 스스로 틀림없이 한결같게 지속된다. 태양의 밝음을 지구가 좇는 것과 같은 모습이 된다. 마음은 마음자리를 지니게 된 육(六)의 존재가 칠(七)·팔(八)의 과정을 거쳐 본(本)을 지니게 되는 구(九)에 다다라야 생긴다. 본심은 육(六)·칠(七)·팔(八) 상태의 본능(本能)과 감정(情)이 마음과 다른 것임을 보여준다. 마음자리에 마음

(心)의 집을 짓는 것은 인간의 의무이자 진화의 길이다. 그 길은 인간의 밖이 아닌 안에 있고, 밖에서 마음을 만들 수 있는 방법은 없다. 지구가 태양의 밝음으로 자기 안에 인산을 만드는 것과 같은 원리로 인간 안에서 마음이 생긴다. 마음을 만들어야 지구처럼 밖의 것을 좇을 수 있게 된다. 이것이 지구의 본(本)인 삼극을 좇아 천지인으로 마음을 만드는 것과 우주적 본(本)인 태양을 좇아 삼극으로 인중천지일(人中天地一)이 되는 것의 차이이다. 천부경(天符經)이 독립과 자립으로 무(無)의 진화 방식을 보여주는 이유이다.

천지인(天地人)의 천지(天地)가 지닌 부동본(不動本)을 담아야 불변하는 마음이 생긴다. 이를 통하여 우주의 마음인 태양의 밝음을 인간이 닮으면 무(無)로서 삼극(三極)의 천지(天地)적 속성을 담아내는 것이 가능해진다. 인간의 마음(心)을 통한 존재적 반본환원(返本還原)은 우주의 목적에 부합되는 인간의 역할이다. 이를 위해 인간이 존재적 진화를 마무리하여 지구적 무(無)를 지닌 존재가 됨으로써, 우주적 무(無)로의 진화를 시작할 수 있다. 인간의 중(人中)으로 무(無)인 마음(心)이 자리 잡기 때문이다. 인간에게 마음(心)이 본(本)이 되면 지구처럼 저절로 태양의 밝음을 좇게 된다. 일시무시일(一始無始一)로 지구가 독립된 무(無)를 지니게 된 것에 따른 본성이기 때문이다. 태양의 밝음은 지구에게는 생명의 본(本)이고, 인간이 존재적 한계를 넘을 수 있도록 돕는다. 우주는 본심에 다다른 인간만을 직접 다듬어 줄 수 있다. 인간이 본심을 지니는 것은 그 도움을 받아들이기 위한 것이고, 태양의 밝음을 통해 십(十)의 상태가 되기 위한 전제조건이다. 인간이 지구적 존재라는 관념적 한계를 스스로 극복해야 이 과정을 시작할 수 있다. 인간이면 누구나 신(神)이 될 수 있는 기회를 지니고 있음을 자각하면 그것이 가능해진다.

本太陽昻明,

본(本)인 태양의 밝음을 우러르면,

지구적 진화의 본(本)은 태양(太陽)이다. 지구가 살아 있는 상태로 유지되고, 만물을 진화시킬 수 있는 것은 태양이 존재하기 때문이다. 인간의 경계는 지구처럼 태양을 직접 본(本)으로 삼는 것으로 넘을 수 있고, 이것이 본태양앙명(本太陽昻明)의 의미이다. 본심(本心)을 지니는 순간부터 인간은 지구적 인과에서 벗어나 순리대로 태양의 밝음을 좇게 된다. 지구적 본(本)을 좇아 본심을 지니게 되면 태양앙명(太陽昻明)으로의 전환은 자연스럽게 일어난다. 인간의 진화적 생(生)은 지구를 따라 닮아가는 것이기 때문이다. 그런 까닭에 본심으로 지구적 진화가 마무리되면 본태양앙명의 우주적 진화가 시작되는 것이다. 천부경(天符經)이 본심과 본태양(本太陽)을 붙여 놓은 것은, 인간과 우주가 지구와 상관없이 이어지게 되었음을 보여주기 위함이다. 지구가 아닌 태양을 좇아 인간이 지구와 같은 상태가 되는 방법을 알려주고 있는 것이다. 마음이 없는 상태로 태양을 우러르는 것은, 자기 것이 아닌 지구가 머금은 밝음을 공유하는 것에 불과하다.

태양(太陽)은 우주의 목적에 의해 비롯된 하나이다. 자기 안의 존재에 영향을 미치는 지구와 달리, 태양은 자기 밖의 존재에 영향을 미친다. 이것은 인간과 신(神)의 차이와 같다. 고로 우주적 입장에서 태양은 지구보다 진화된 존재의 상징이다. 태양은 우주적 목적에 부합되는 진화가 완성된 형태의 하나이다. 지구적 원리로는 지구적 무(無)에서 벗어날 수 없다. 그런 까닭에 인간의 좇음의 대상을 지구적 본(本)인 삼극(三極)에서 우주적 본(本)인 태양으로 바꾸는 과정이 필요하다. 지구는 태양의 밝음을 우러를 수 있는 본심(本心)에서 그 진화적 역할이 끝난다. 이를 위해 우주는 태양을 지구와 묶은 것이고, 인간은 지구를 통한 간접적인 태양의 밝음으로 진화된다.

태양이 있기에 지구 안에서 인간이 진화될 수 있다. 본태양(本太

陽)은 우주가 인간이 우주적 존재로 거듭나는 길을 잃지 않도록 만들어준 것임을 보여준다. 지구적 무(無)에 기반한 인간을 우주적 무(無)에 기반한 존재로 진화시키는 것이 우주의 목적이기 때문이다. 우주의 운행이 지구를 위해 인간을 만들어낼 만큼 무의미하지 않다. 이를 우주는 태양을 통해서 보여준다. 태양이 없으면 지구는 생존할 수 없고, 지구 안의 생명 역시 살아갈 수 없다. 이러한 태양의 존재적 절대성이 지구와 지구적 존재의 진화에 대한 방향을 제시한다. 지구의 생존과 운행이 태양에 의해서만 가능하도록 설계된 상태에서 만들어졌기 때문이다. 그런 까닭에 본심(本心)이 되면, 인간은 태양(太陽)을 의지하는 존재로 자연스럽게 바뀐다. 이와 같은 태양을 상징하는 것이 밝음(明)이다.

마음(心)이 본(本)이 되기 전의 인간은 간접적으로 태양을 좇아야 한다. 태양의 밝음을 있는 그대로 좇을 수 없기 때문이다. 신(神)이 된 사람들이 가르침과 경전(經典)으로 남긴 것은 태양의 밝음에 관한 것이고, 그것을 좇아 마음을 만드는 것을 돕기 위한 것이다. 그런 까닭에 천부경(天符經)이나 도덕경(道德經), 역경(易經) 등의 경전들은 본(本)에 의한 존재성을 말할 뿐 상대성을 다루지 않는다. 마음을 지닌 순간부터는 태양의 밝음 외에 다른 것은 필요하지 않다. 태양은 인간이 직접 느낄 수 있는 유일한 우주적 존재이다. 지구가 태양을 생명의 근원으로 삼아 존재하도록 설계된 이유도 여기에 있다. 태양은 우주의 신(神)이고, 앙명(昻明)은 인간에게 지구와 같아지는 법을 알려 주는 신성(神性)이다. 지구가 태양의 ~~밝음과 힘으로 만물을 키우는 것처럼, 인간도 태양의 밝음을 직접~~ 받아 지구와 같은 존재가 될 수 있다.

  인간의 마침(終)에 필요한 것은 오로지 태양(太陽)의 밝음뿐이다. 지구와 인간의 진화 과정에서도 다른 것은 더 이상 필요하지 않다. 그것을 바로 좇는 법을 모르기에 구(九)까지의 진화과정을 거치게 되는 것뿐이다. 마음(心)이 없으면 태양의 밝음을 좇을 수 없음을 부처와 예수, 노자는 명확하게 알려준다. 지구라는 하나(一)와 그 속의 수많은 하나(一)들을 비롯되게 하는 우주는 태양으로 상징된다. 그 존재들이 진화과정을 거쳐 만든 인간의 본심(本心)에 꽃을 피게 하는 것이 태양의 밝음이다. 이를 위해 지구와 만물이 태양을 근원으로 삼도록 설계되었고, 이 우주적 설계를 따라 인간은 지구와 우주의 본(本)을 공유해가는 진화가 가능한 것이다. 그것이 천부경(天符經)에서 인간이 본(本)으로 마음(心)을 지니는 과정은 길게 설명하고, 마치는 과정은 본태양앙명(本太陽昻明)과 인중천지일(人中天地一)로 기준과 존재적 모습만을 보여주는 이유이다. 그런 까닭에 신(神)과 성인(聖人)들은 인간의 마음(心) 밖에서 해답을 찾을 수 없다고 가르쳐 온 것이다. 태양의 밝음을 우러를 수 있다면 어느 순간에나 완전한 하나의 무(無)가 될 수 있다. 인간이 마음

(心)으로 지구를 담을 수 있는 것은 우주적 무(無)에 기반하고 있기 때문이다.

人中天地一.
사람 속에서 하늘과 땅이 하나가 된다.

본(本)인 삼극(三極)이 천지인(天地人) 삼재(三才)로 인간을 품고 있는 하나(一)의 상태가 지구(地球)이다. 반면에 인중천지일(人中天地一)은 인간이 마음(心)으로 삼극의 천지(天地)를 품어 하나(一)가 된 것이다. 인간이 지구로부터 독립하여 자립한 것이고, 그 상태는 시공(時空)과 존재가 하나인 무(無)이다. 이는 인간이 지구와 같은 우주적 존재로 지속되는 것을 상징한다. 지구가 진화를 위하여 삼극과 삼재로 나누어졌던 것을 인간의 속(人中)에서 합일(合一)한 것이다. 인중천지일로 인간은 지구처럼 우주적 무(無)인 십(十)을 본(本)으로 우주에 존재할 수 있게 되었다. 그런 까닭에 지구 안에서의 인간진화는 새로운 길이 아니다. 지구가 나뉘어지기 전인 무시일(無始一) 상태의 본래 모습과 같아지도록 반본환원(返本還原)하는 것이다. 태양의 밝음은, 그 밝음으로 마음(心)을 만들어온 과정을 통하여 마음 안(人中)에 들어있다. 지구와 우주의 경계를 태양의 밝음이 하나로 잇는 것처럼, 그 밝음을 좇아 마음으로 지구와 우주의 경계를 넘어간다. 이런 상태에 노달한 것이 인중천지일(人中天地一)이고, 이것으로 지구에서의 우주적 진화도 마무리된다.

지구적 진화는 모르는 길을 개척해서 갈 수 있는 것이 아니다. 자식이 부모를 따라 부모가 되는 것과 같은 이치이고, 지구가 변화해온 과정을 따라가는 것으로 이루어진다. 그런 까닭에 인간의 진화과정은 존재인 인간에서 삼재(三才)로, 다시 삼재에서 삼극(三極)으로 지구의 변화과정을 거슬러 올라가게 되는 것이다. 이 과정을 통하여 인간은 지구의 무(無)를 본(本)으로 삼아 마음(心)을 만들고, 우주의 무(無)를 본(本)으로 일종무종일(一終無終一)하게 된다. 태양의 밝음은 인간을 지구에서 우주로 이동시키는 문(門)이고, 인중천지일(人中天地一)은 그 문을 통과할 수 있는 자격이다. 지구의 진화는 지구가 일시(一始)했을 때의 무시일(無始一)한 시점에 인간을 데려다 놓는 것이다. 그런 까닭에 인중천지일 역시 지구적 진화의 특징인 운삼사성(運三四成)의 원리로 이루어진다. 우주의 무(無)가 독립한 지구에서 인간이라는 우주적 신성(神性)을 지닌 존재가 태양을 통하여 깨어나는 이유이다.

지구는 자기의 시공간으로 인간을 품어주는 우주의 온실이고,

인간은 그 온실에서 진화하여 스스로 우주로 나가게 된다. 인간의 가치는 만물과 천지(天地)가 온실 밖으로 보내기 위해 합심하여 만든 존재라는 것에 있다. 고로 인간만이 본래의 십(十)으로 무(無)에 다다를 수 있다. 구(九)는 인간이 2운(2運)에서 하늘이 머금은 삼(三)과 땅이 머금은 삼(三), 만물이 머금은 삼(三)을 3운(3運)으로 모두 담아낸 것이다. 이를 통하여 도달한 십(十)은 지구와 같은 크기지만 새로운 형질의 무(無)가 된다. 왜냐하면 지구는 자기 안의 것을 위한 존재이고, 십(十)에 다다른 인간은 태양처럼 자기 밖의 것과 영향을 주고 받기 때문이다. 그런 까닭에 인중천지일(人中天地一)에 다다른 부처·예수·노자는 태양처럼 자기 밖의 존재에게 영향을 미치는 신(神)이 되는 것이다. 지구는 진화의 결과로 인간의 마침(終)을 위한 존재가 되었다. 다만 그것은 인간이 본심(本心)을 지닐 때 가능하다. 인간의 마음은 무(無)이고, 우주는 무(無)이어야 하나가 될 수 있다. 그 무(無)로 우주적 속성을 연결할 수 있기에, 무종일(無終一)이 될 수 있는 것이다.

목적에 따라 만들어진 지구와 스스로 진화한 인간은 그 존재적 특징과 역할이 다르다. 그런 까닭에 지구와 같은 역할을 할 수 있는 인간을 구분 지어 신(神)이라 일컫게 된 것이다. 이처럼 일시(一始)한 것과 존재적 크기는 같아지고, 존재성은 달라진 것을 시일(始一)한 것이 마쳤다(一終)고 한다. 일시(一始)한 곳도 무(無)이고, 시일(始一)한 상태도 무(無)이며, 일종(一終)한 상태도 무(無)가 된다. 지구에서는 인간만이 그것이 가능한 마음(心)을 지니고 있으니, 곧 인내천(人乃天)이다. 삼극(三極)의 공간에서 만들어진 천지인(天地人) 삼재(三才)가 하나됨으로써 인간은 본(本)으로 마음(心)을 지니게 되었다. 인간이 삼재가 자리하게 되었던 삼극 중 한 극(極)과 같아짐으로써, 하나의 극(極)인 인중(人中)이 된다. 인중천지일(人中天地一)의 인중(人中)은 삼극에 삼재가 생겨나기 전의 비어 있는 공간으로서의 무(無)이고, 천지(天地)는 삼극의 두 극이며, 일(一)은 지구와 같은 상태로 삼극을 머금은 존재로서의 인간을 상징한다. 이처럼 본심(本心)은 삼재가 하나(一)가 된 것이고, 인중천지일은 삼극이 하나(一)가 된 것이다. 삼극이 삼재로 본심을 만드는 이 원리를 통해 인간이 지구의 본(本)과 같은 상태인 인중천지일이 되는 것으로 일묘연(一妙衍)이 마무리된다.

제 9 절

一終無終一(일종무종일).

하나(一)가 마치니 무(無)로 마친 하나이다.

一終無終一.
하나( )가 마치니 무(無)로 마친 하나이다.

  일종무종일(一終無終一)의 무(無)는 비롯된 것이 '없어진 것'이 아니라 무(無)의 상태가 된 것이다. 이때의 무(無)는 하나(一)의 마침인 동시에, 하나(一)의 새로운 비롯됨(始)이 시작되는 존재로서의 무(無)이다. 이처럼 지구의 무시일(無始一)인 상태를 일종(一終)으로 인간이 지니게 된 것이 무종일(無終一)이다. 무시일의 시공(時空)에 생겨난 존재가 무종일로 시공을 머금은 존재, 즉 우주적 존재인 신(神)이 된 것이다. 일종(一終)은 무시일에서 시작된 변화와 진화가 마쳐진 것이지, 일시(一始)한 것이 마치는 것이 아니다. 지구적 진화로 인간이 일종(一終)하여 무종일(無終一)하게 되고, 지구는 그대로 운행을 지속한다는 의미이다. 지구가 하나의 인간을 위한 것이 아니기 때문이다. 무종일(無終一)은 무(無)인 상태로 마침이고, 그것은 일시(一始)했던 것과 다른 새로운 하나(一)가 우주에 생겨나는 것이다. 이 '하나의 새로운 무(無)'를 수(數)로 표기하면 지구와 같은 십(十, 10)이 된다. 십(十)은 하나(一, 1)가 무(無, 0)가 된 것이다.

  십(十)인 시공(時空)에서 가능한 진화의 극한(極限)은 십(十)이다.

인간이 십(十)에 다다른 것은, 시공으로만 존재할 수 있는 지구와 달라진 것이다. 시공과 존재가 하나인 상태로 자유로운 존재가 된 것이다. 이처럼 시공과 존재가 하나인 상태이기에 우주에서의 존재성이 시공인 별(星)과 다르게 된다. 지구에서의 진화는 시공이 존재를 만들어 그 존재에게 시공을 담아주는 것에 있다. 반면에 우주에서 진화는 존재와 시공이 하나인 대상에게만 가능하다. 별 자체가 우주에서 진화가 불가능한 이유이다. 우주에서의 진화가 가능한 존재가 신(神)이고, 이때부터는 지구적 진화가 아닌 신(神)으로 우주에서 진화의 길을 걸을 수 있게 된다. 이것이 신(神)이 길을 걸은 우주진화의 원리이다. 무종일(無終一)은 새로운 하나의 존재가 생겨나는 것이 아니라 인중천지일(人中天地一)한 존재가 무(無)로 지속되는 것이다. 구(九)보다 큰 무(無)의 상태를 십(十)이라고 하는 것은, 하나(一, 1)가 마쳐서 다다른 무(無)로 그 자체가 새로운 출발점이 되기 때문이다. 우주에서 십(十)이 우주적 존재로서의 지구를 상징하는 것처럼, 무종일(無終一)의 십(十)은 우주적 존재로서의 인간을 상징한다. 무시일(無始一)과 무종일(無終一)은 모두 비롯됨을 품고 있는 상태이다.

무(無)는 우주와 지구, 만물이 생겨나는 것에 모두 같은 원리로 적용된다. 이것을 천부경(天符經)은 일종무종일(一終無終一)을 통하여 일시무시일(一始無始一)로 생겨난 존재가 지구적 삶에서 우주적 삶으로 진화되는 것으로 표현하고 있다. 인간이 지구라는 시공(時空)과 물질적 한계에서 완전히 벗어난 것이다. 이것이 절대무(絶代無)가 우주와 지구를 만들어 인간을 배태(胚胎)시킨 이유이기 때문이다. 그런 까닭에 천부경이 우주의 목적에 부합(天符)하는 경전, 즉 우주적 진화의 원리를 담고 있는 경전이 될 수 있다. 천부경은 지구가 우주에 존재하게 된 이유가 우주의 진화적 목적을 위한 것임을 설명한다. 우주에서 시공으로써 진화한 지구와 같은 별들은, 인간과 같은 존재들을 진화시켜 우주에 공급하는 공급원으로 만들어진 것이다. 우주에서 일시(一始)하여 일종(一終)시키는 목적을 달성해도 또 다른 일종(一終)을 위하여 운행이 지속되는 것으로 알 수 있다.

 일종무종일(一終無終一)로 지구는 자궁(子宮)안의 인간을 신(神)으로 우주에 출산했다. 이는 절대무(絶代無)가 우주와 지구를 만든 목적에 부합된 결과이고, 이에 따라 우주에 출산된 인간은 무종일(無終一)의 상태로 우주에서 성숙의 길을 걸어 절대무에 다다르게 될 것이다. 일종(一終)한 인간은 지구와 같은 역할을 행할 수 있다. 그것은 무종일(無終一)로 목적을 달성하여 새롭게 비롯된 존재이기 때문이다. 고로 천부경의 일시무시일은 지구라는 시공에 대한 것이고, 일종무종일은 그 시공 안의 존재가 하늘의 목적에 부합된 것에 관한 것이다. 일시무시일과 일종무종일이 하나로 기능하는 것은 시공과 존재가 하나인 인간, 즉 신(神)만이 가능하다. 그 길을 걸었던 인간이, 인간은 누구나 그것이 가능한 것임을 가르치고자 천부경을 전한 것이다. 이처럼 인간은 그 존재 그대로 새로운 영역에서 다시 비롯될 수 있다. 또는 지구에서 기존의 종교적 신(神)과 같은 신(神)이 될 수도 있다. 이는 지구적 시간이나 관념이 아니라 우주적 시간과 관념을 지녀야 이해가 가능해진다.

천부경(天符經)은 무(無)의 진화과정을 인간의 입장에서 담아내고 있다. 그 목적은 시공(時空)과 존재가 하나의 상태인 우주와 같은 존재를 만드는 것이다. 일종무종일(一終無終一)은 그런 존재로 출산된 인간이 우주와 같은 크기의 시공과 존재로의 진화를 시작하는 것이다. 이를 위해 우주는 지구를 일시(一始)시킨 것이다. 인간은 마음(心) 외에는 욕심낼 것이 없는 존재이고, 완전한 마음을 지닌 인간은 밝음 이외의 것에 관심이 없는 이유를 명확히 보여준다. 이를 위해 존재하는 것들과 변화가 사실은 무(無)임을 깨달아야 한다. 본래의 무(無)에는 보이는 것과 보이지 않는 것으로 존재하는 것일 뿐 상대적 관념이 없다. 인간이 그것을 있음과 없음으로 구분 짓고, 우주라는 존재의 복잡성을 나누어 이해하는 것뿐이다. 고로 인간은 상대적 관념으로서의 무(無)에서 벗어나야 부동본(不動本)을 이해할 수 있고, 보여지는 것이나 생(生)의 쓰임에서 자유로워져야 마음을 만들 수 있다. 그래야만 지구가 일시(一始)하여 인간을 일종(一終)하게 하는 이유를 명확히 알게 된다. 그 길을 따라 존재성과 시공에서 자유로운 무종일(無終一)의 인간이 되어 지속하는 존재가 될 수 있다.

천부경(天符經)은 인간이 일종(一終)하여 무종일(無終一)의 상태에 다다르면, 지구적 차원에서 우주적 차원으로 나(我)의 생(生)이 넘어간다고 말한다. 이 길을 부처가 걸었고, 예수와 노자가 걸었다. 천부경은 이 길을 여든한 자만으로 증명함으로써, 그것이 명확한 사실임을 보여준다. 이를 통해 인간의 목적이 신(神)의 길을 걸어가는 것임을 가르치고자 한다. 천부경은 인간이 지구적 인간으로서의 윤회가 아니라 우주적 인간으로 지속되는 삶을 살아가기를 권하고 있다. 천부경으로 신(神)의 길을 가리켜 보여주고, 역경(易經)과 도덕경(道德經)은 그 길에 다리를 놓아주는 마음이다. 일종무종일(一終無終一)은 우주의 목적에 부합하는 새로운 비롯됨을 위한 출발점이다. 인간이 무종일(無終一)에 다다르면, 지구에서 신(神)의 모습으로 다른 인간들의 마침을 도울 수 있다. 또는 우주적 존재로 비롯되는 길을 택하여 우주의 신(神)이 되는 길을 다시 시작할 수도 있다. 신(神)의 길을 걸어와서 신(神)으로 걸어가게 되는 것이다. 일종무종일(一終無終一)이 보여주는 끝남과 지속됨으로 이어지는 무(無)의 모습이다.

우주에서 태양은 지구에게 신(神)이 되고, 지구는 만물에게 신(神)이 된다. 이 두 신(神)이 진화적 고심을 통하여 만들어 낸 것이 인간(人)이다. 여기에서 인간의 인내천(人乃天)적 특별함이 생겨난다. 인간은 우주와 지구라는 두 신(神) 덕분에 스스로 마쳐 신(神)이 될 수 있다. 이것이 절대무(絕代無)가 우주와 지구를 만든 목적이기 때문이다. 이 두 존재의 신성(神性)은 태양에 담겨 있다. 이것은 부모가 자식을 낳고, 그 자식이 새로운 부모가 되어 다시 자식을 낳는 이치와 다르지 않다. 그것이 '인간에서 일어나는가' 또는 '우주나 지구에서 일어나는가'에 따라 달라 보일 뿐이다. 천부경(天符經)은 하늘에서 내려온 사람들이 남긴 것이다. 하늘에서 내려온 환웅(桓雄)과 3,000명의 무리는, 일종무종일(一終無終一)로 우주에서 진화의 길을 걷는 인간들이 존재한다는 것의 상징이다. 또한 하늘에서 내려왔다는 것은 인간에게 그것이 어려운 일이 아님을 알려주고자 함이다. 이를 위한 삶의 모습이 '인간을 널리 이롭게 한다'는 홍익인간(弘益人間)이고, 이 삶을 사는 인간이 '널리 인간을 이롭게 하는 인간'인 홍익인간이다. 고로 홍익인간은 본심(本心)을 지녔거나 인중천지일(人中天地一) 상태의 인간이고, 이들이 살아가는 세상이 이화세계(理化世界)인 것이다. 이것이 하늘에서 내려온 인간들이 자기들의 삶의 모습인 홍익인간과 이화세계로 우주적 밝음의 원리를 보여주고자 천부경을 남긴 이유이다. 천부경은 일시무시일(一始無始一)과 일종무종일(一終無終一)을 활용하여 전하고자 했던, 지구와 인간이 우주에서 살아가는 이야기일 것이다. 일종무종일하여 우주에서 일시무시일의 비롯됨과 연결된다면, 우주와 인간의 새로운 이야기가 나(我)로부터 시작될 것이다. 인간이 곧 하늘이 된 것이다.

후편
(後篇)

세 4 장

천부경론소(天符經論疏),
인간과 신(神), 지구와 우주 그리고 절대무(絶代無)

당당하고 단단하며 담담하게 자유인으로

제 4 장

일시무시일(一始無始一)은
우주와 지구 그리고 만물이 무(無)에서 하나(一)로 비롯되어 생겨남을 상징하고, 그 하나(一)는 무(無)에서 나와 무(無)로 시작되는 것이다.

천부경(天符經)은 우주의 진화원리와 그에 부합하는 지구의 인간 진화원리에 대해 설명하는 경전이다. 우주와 지구, 만물을 관통하고 있는 시종(始終)의 과정을 하나의 원리로 풀어내고 있다. 천부경에서의 천(天)은 '우주의 변화와 진화원리'를 상징하고, 이 원리에 '지구와 만물이 어긋남 없이 부합되어 운행되어야 함'이 부(符)가 된다. 천부경이 우주의 목적에 의한 필요에 따라 지구가 생겨난 비롯됨(始)으로 시작하는 이유이다. 천부경은 그 목적을 독립된 시공(時空)을 만드는 변화과정과 지구적 진화에 적합한 대상을 만들어 진화시키는 과정으로 보여준다. 이를 위해 일시무시일(一始無始一)로 우주와 지구가 무(無)로 연결되어 있음과 지구가 무(無)로 시작되는 것이 우주의 목적에 부합되는 운행을 위한 것임을 명확히 한다. 그런 까닭에 지구에는 우주의 목적에 부합되는 운행이 일어나게 된다. 이처럼 우주와 지구를 연결하고, 진화의 시(始)와 종(終)을 연결하는 하나의 원리가 무(無)이다.

천부경(天符經)은 지구가 삼극(三極)과 천지인(天地人) 삼재(三才)를 통하여 시공(時空)을 갖추고, 우주적 진화에 적합한 대상으로 인간을 선택하여 마칠(終) 때까지의 이야기를 담고 있다. 이 과정은 '하늘에 부합한다(天符)'는 이름대로 우주(天)의 원리를 따르는 지구에서, 지구(天)적 순리를 따라 인간을 통해 이루어진다. 일시무시일(一始無始一)의 지구가 우주의 목적에 부합되는 운행으로 인간을 일종무종일(一終無終一)로 진화시키는 것이 그것이다. 이처럼 지구의 운행은 '비롯된 하나(始一)'가 '마쳐진 하나(終一)'를 만드는 과정이다. 그리고 이 운행은 무시일(無始一)의 무(無)가 석삼극(析三極)으로 다함과 변함이 없는 본(本)을 갖추는 것에서 시작된다. 지구는 일시무시일(一始無始一)을 통하여 만물의 어머니(母)가 되고, 일종무종일(一終無終一)을 통하여 자기의 자식(子)이 무(無)로 우주에 뿌리를 내도록 돕는다. 이 과정을 거쳐 무(無)에 도달한 신(神)이 그 원리와 방법에 대해 남긴 것이 천부경이라 할 수 있다. 천부경이 우주와 지구, 만물이 하나의 원리로 연결되어 있는 것임을 인간에게 명확하게 보여줄 수 있는 이유이다. 천부경은 그 속에서 인간의 존재이유와 역할을 자각할 수 있도록 돕고자 한다. 그럼으로써, 인간이 자발적으로 진화의 길을 걸어갈 수 있도록 도와주는 나침반의 역할을 한다.

천부경(天符經)은 '무(無)에서 비롯(始)되어 무(無)의 상태인 하나가 무(無)로 마치는 방법'과 '그때까지의 과정과 마침의 대상'에 대한 내용을 담고 있다. 이때의 하나(一)가 '비롯되는 무(無)'와 '비롯된 그 상태의 무(無)' 그리고 '마침으로 도달한 무(無)'는 그 의미가 모두 다르다. 천부경은 무(無)의 진화에 관한 내용이라고 할 수 있다. 그런 까닭에 달라지는 무(無)의 기반과 존재성, 그에 따른 대상과 역할의 변화를 따라가며 설명한다. 무시일(無始一)의 무(無)인 상태로 시작한 지구가 운행을 통하여 천지인(天地人)과 인간을 만든다. 그리고 인간이 생(生)과 환(環)의 과정을 통해 무(無)로 마치는 것으로 끝을 맺는다. 지구(地球)는 처음부터 우주에 존재하던 별이 아니다. 지구 역시 없던(無) 것이 무(無)인 상태로 우주에 생겨났고, 지구적 진화과정을 거쳐 만물을 진화시키는 시공(時空)이 된 것이다. 이렇게 생겨나는 지구의 모습과 만물에서 합육(合六)으로 인간이 진화적 존재가 되는 과정은 동일한 원리이다.

합육(合六)으로 생겨난 인간이 칠(七)로 태어나는 순간부터, 지구 역시 인간과 더불어 새로운 진화 과정에 들어선다. 지구의 진화는 독립된 시공(時空)과 대상을 만드는 진화과정, 그 대상을 존재적으로 진화시키는 운행의 과정으로 구성되어 있다. 우주의 수많은 별들 중 지구와 같은 소수의 별만이 우주의 목적에 부합되어 신화될 수 있었다. 지구는 만물(萬物) 중에서 인간을 우주 속 자기와 같은 존재로 선택했다. 그리고 자체적인 진화를 통하여 인간이 마음(心)을 지니도록 운행함으로써 우주의 목적에 부합한다. 인간은 그 과정에서 지구의 하늘인 인과와 순리를 따라 진화하고, 다시 우주의 하늘인 태양의 밝음(明)을 따라 지구에서의 생(生)을 마치게 된다. 진화의 형태와 방식이 다르기에 지구와 인간이 분리된 것으로 보일 뿐 같은 원리이다. 이 모든 것은 일시무시일(一始無始一)로 시작되었다. 지구의 생명체는 지구와 마찬가지로 '없던 상태(無)'에서 비롯된 하나(一)의 존재들이다. 지구와 인간은 크기는 다르지만, 시종(始終)을 지니고 있다. 하나(一)로 비롯되고 변화의 과정을 거치면서 진화해 가야 하는 목표 역시 같다. 지구와 인간은 우주의 무(無)로 만들어지고, 무(無)인 상태에서 하나의 우주적 목적에 의해 운행된다. 지구라는 시공(時空)에서 존재가 지닌 무(無)의 형질이 달라져야 우주의 필요에 부합될 수 있기 때문이다. 이는 절대무(絶代無)에서 생겨난 우주, 우주 안의 지구, 지구 안의 만물에게 순차적으로 적용된다.

우주는 수많은 별들을 운행하고, 지구 역시 같은 원리로 만물과 인간을 운행한다. 이 운행의 목적은 생(生)과 환(環)의 과정적 이루어짐(成)이 아니라, 마침(終)이라는 궁극적 이루어짐(成)에 다다르는 것에 있다. 지구가 우주의 목적에 의해 생겨나 운행되는 것이기 때문이다. 과정적 이루어짐이란, 지구적 무(無)에 기반하여 생겨남(生)과 그침(死=己)을 반복하는 순환을 통한 지구적 진화이다. 이때는 인간이 지구를 천부(天符)의 대상으로 삼는다. 반면에 궁극적 이루어짐이란, 마침(終)으로 우주적 무(無)가 되어 스스로 비롯될(始) 수 있는 우주적 진화이다. 이때는 인간이 우주를 천부(天符)의 대상으로 삼는다. 우주가 생명체 가득한 지구를 비롯되게 한 것은, 우주에서 진화할 수 있는 무(無)의 존재를 만드는 것에 목적이 있다. 이는 일시무시일(一始無始一)과 일종무종일(一終無終一)의 관계로 알 수 있다. 우주는 절대무(絶代無)에서 비롯되고, 절대무(絶代無)의 목적에 부합하는 진화과정을 운행하는 여러 우주 중 하나이다. 무수한 별 중 생명이 존재하는 진화된 별이 지구인 것처럼, 천부경은 만물 중에서 인간에게 지구에서의 진화를 담당하는 역할이 맡겨졌음을 깨닫게 한다. 그런 까닭에 만물 중 인간만이 존재적 진화를 통한 마침이 가능한 존재가 되었고, 지구적인 존재에서 우주적인 존재로 무(無)의 기반이 달라질 수 있다. 이는 인간이 완전히 새로운 존재성을 지니게 되는 것이고, 우주라는 새로운 시공(時空)에서 진화를 시작하는 것이다. 지구에서는 이 상태에 다다른 인간을 신(神)·부처(佛)·신선(神仙) 등의 이름으로 부르고 있다.

일시무시일(一始無始一)의 무(無)가 지닌 본래의 출발점은 우주가 생겨난 절대무(絶代無)의 공간이다. 천부경(天符經)은 절대무에서 생겨난 우주의 무(無)에 기반하고 있다. 그런 까닭에 우주의 생성목적과 존재원리, 운행방식이 지구에 접목되는 것으로 시작하는 것이다. 이처럼 우주와 지구, 인간은 절대무가 부여한 역할에 기반하여 함께 진화의 과정을 각각 밟아가야 한다. 이를 통해 절대무의 자식(子)으로서, 배태(胚胎)된 지구에서 우주라는 세상에 신(神)으로 출산되는 것이 인간이다. 천부경이 전하는 이 원리는 우주부터 인간까지 모두 꿰어지는 하나의 절대법칙이다. 이것이 하느님과 인내천(人乃天), 홍익인간(弘益人間) 사상의 근간이다. 더불어 인간이 지구적 존재에서 우주적 존재로 진화하여 신(神)이 되어야 하는 이유이고, 그것이 가능한 원리이자 근거이다. 이것이 무(無)에서 무(無)로 비롯되는 것이 지니는 진화의 목적이다. 고로 무(無)는 우주적 관점과 지구적 관점 그리고 인간의 관점으로 나누어 이해해야 한다. 이 세 입장은 무(無)에 대한 인식론적 석삼극(析三極)이다. 여기부터 출발해야 우주와 지구, 인간이 지닌 무(無)가 하나로 합쳐져 무종일(無終一)의 무(無)가 될 수 있다. 이 상태가 인간이 우주적 존재가 된 인중천지일(人中天地一)이다. 이를 통하여 인간은 지구에, 지구는 우주에, 우주는 절대무에 의지하는 무진본(無盡本) 의식의 인식근거를 지니게 된다. 무(無)가 우주적·지구적·인간적 관점에 따라 그 의미와 성질이 달라져 쓰이는 것임을 일시무시일은 보여준다.

석삼극(析三極)은
지구의 무(無)에 '셋이 히니'인 **삼극**(三極)이 운행의 본(本)으로 자리잡는 것이고, 변화와 진화가 일어나는 삼재(三才)를 품을 수 있는 터전이 생겨남이다.

천부경(天符經)에서 우주와 지구가 연결된 것임을 알려주는 매개가 석삼극(析三極)이다. 석삼극은 삼극(三極) 상태의 지구이다. 우주의 삼극(三極)은 지구적 삼극과 그 개념적 특성이 다르다. 그 이유는 우주는 지구와 같은 시공(時空)들의 진화를 위한 존재이기 때문이다. 그런 까닭에 우주의 공간과 시간은 한정된 공간에서 순환하는 지구와 달리, 진화를 위해 아직도 직선으로 팽창하고 흘러간다. 우주가 시작된 점(點)은 진화의 출발점인 하나의 극(極)이고, 그 점(點) 상태의 우주가 팽창되는 비어있는 공간이 하나의 극(極)이 되며, 그 팽창의 목표점이자 끝나는 점(點)이 하나의 극(極)이다. 그리고 그 사이에서 별(星)들이 운행되는 우주적 시공이 지구에서의 천지인(天地人)과 같다. 이 모든 일은 무(無)에서 시작되어 무(無)의 공간에서 일어나며, 무(無)로 만들어진다. 이것은 우주 역시 무(無)로 꽉 채워진 곳에 생겨나 존재하는 것임을 말해준다. 천부경에서 석삼극은 지구가 무(無)로 채워진 상태임을 설명하는 개념이다. 우주는 별을 위해 존재하고, 별인 지구는 만물을 위해 존재하며, 만물은 인간을 위해 존재한다. 이를 위해서는 자기 안(中)에 무(無)의 공간을 만들어 낼 수 있어야 힌다. 우주가 폭발의 확장을 통하여 무(無)의 공간을 지구에 제공하고, 지구가 삼극의 공간을 삼재(三才)에 제공하여 인간이 무(無)의 공간인 마음(心)으로 인중(人中)을 만들 수 있게 된다.

　우주는 확장을 통하여 시공(時空)과 별(星)을 만들고, 지구는 한정됨을 통하여 시공인 천지인(天地人)과 인간을 독립시킨다. 인간은 이 한정되어 안정적인 시공에서 마음을 만들고, 태양을 좇아 우주적 특성인 확장성을 지닌 무(無)가 되는 것이다. 이것이 지구와 인간이 진화를 통해 지니게 되는 무(無)의 차이이다. 우주는 지구와 같이 고정된 틀을 지닌 안정된 하나의 차원이 아니다. 다양한 차원과 시간들이 혼재되어 있는 다차원의 시공이다. 무(無)인 상태에서 비롯되었기에, 무(無)의 존재성과 방식 그리고 시간에 따라 각각의 차원으로 나뉘기 때문이다. 다양한 만물과 각각의 진화단계에 놓인 인간을 머금고 있는 지구와 같은 모습이다. 지구 역시 우주처럼 하늘과 땅이 아닌 그 사이(間)의 만물을 위한 공간에 의미가 있다. 알(卵)과 같은 지구의 고정되고 안정된 상태가 인간이 진화하여 신(神)으로 부화되는 것의 불확실성을 최소화한다. 그 덕분에 반복의 과정을 통하여 마침(終)에 다다를 수 있는 것이다. 이처럼 석삼극(析三極)은 천지인이 생기기 이전 지구적 시공의 혼돈(混

沌)보다 앞에 존재하는 우주적 시공의 상태로 이해해야 한다. 그런 까닭에 지구 안의 모든 하나(一)는 석삼극의 원리에서 벗어날 수 없다.

우주는 지구와 달리 틀이 없는 삼극(三極) 개념이 존재하는 시공(時空)이기에 여러 시공이 중첩된 상태로 존재할 수 있다. 천부경(天符經)에서의 석삼극(析三極), 즉 삼극은 지구에 운삼(運三)의 운행이 일어날 수 있도록 완벽한 틀이 갖추어진 무(無)의 상태이다. 더불어 지구가 우주적 시공을 틀 안에 담아낸 것을 상징한다. 이와 달리 천지인 삼재(三才)는 운삼(運三)의 과정에서 생겨난 온전히 지구적인 시공이다. 고로 삼극과 삼재를 분리해서 다루어야 천부경과 본래의 우주원리를 이해할 수 있다. 삼극은 지구가 우주적 존재로서 자리잡고 있는 근원적 본(本)으로, 삼재는 우주에서 자리잡은 지구의 진화를 위한 지구적 시공으로 구분되는 것이다. 삼극을 통하여 지구가 우주의 목적에 부합하는 과업을 수행하도록 연결되어 있고, 이 운행은 우주에 의해 통제되고 있음을 알 수 있다. 천부경은 그것의 상징으로 삼극(三極)과 태양(太陽)을 사용하고 있다.

무시일(無始一)로 일시(一始)하는 것은 일시(一始)하게 만든 것이 있음과 그것에 목적이 있음을 의미한다. 석삼극(析三極)은 일시(一始)한 것과 일시(一始)하게 만든 것이 연결되어 있음과 그 목적에 부합되게 자리잡는 것을 보여주는 중요한 개념이다. 삼극(三極)에서 우주의 목적대로 지구적인 비롯됨(始)이 일어나고, 삼재(三才)에서 그 비롯된 존재가 생(生)과 환(環)을 거듭하는 지구적 진화가 있게 된다. 우주가 본(本)인 절대무(絶代無)의 공간에서 비롯되어 우주라 불리는 별들의 시공(時空)이 된 것처럼, 지구 역시 본(本)인 삼극의 무(無)에서 비롯되어 천지인(天地人)이라 불리는 인간의 시공이 갖추어진다. 이처럼 삼극이 운삼(運三)이 일어나는 천지인(天地人)에 시간과 공간, 존재를 부여한다. 삼재는 삼극을 본떠 삼극의 시공에 존재하여 역할대로 운행될 뿐이다. 그런 까닭에 천지(天地)는 공평무사(公平無私)하고, 자기를 위해 운행하지 않는다고 하는 것이다. 우주의 운영체계인 삼극이 지구에서 사라진다면, 지구는 우주에서의 역할인 본(本)을 잃어 죽게 될 것이다. 본(本)은 비롯된 것의 전체 합(合)이고, 그 수와 형태가 달라져도 달라지거나 변하지 않는다.

무진본(無盡本)은
전체의 달라짐이나 목적의 변함 없이 우주의 목적에 부합하는 삼극(三極)의 특성이고, 지구는 이를 통하여 만물을 만들어 그 목적에 부합되게 진화시킨다.

본(本)은 지구적 터전인 삼재(三才)의 뿌리이고, 지구가 우주에서 부여 받은 하나의 목적이다. 그런 까닭에 우주의 목적에 부합되는 시공(時空)과 만물을 만들어낸다. 인간이 마침(終)을 위한 본심(本心)의 단계에 놓이면, 지구의 본(本)처럼 달라짐 없이 밝음을 좇는 하나의 목적을 지니게 된다. 그런 까닭에 인중천지일(人中天地一)로 석삼극(析三極)이 합쳐지면 무시일(無始一)의 상태가 되는 것이 가능해진다. 지구의 만물은 마침(終)에 이를 때까지 순환(環)을 거듭해야 한다. 그 목적이 달라지지 않기 때문이다. 이를 위한 지구의 본(本)이 우주의 목적에 부합되어 한결같이 지속되기에 무진본(無盡本)인 것이다. 우주는 그 과정에서 지구와 인간이 길을 잃지 않도록 태양(太陽)을 생명의 본(本)으로 묶어 주었다. 태양의 밝음으로 지구의 무진본이 유지되어야, 인간을 우주의 무(無)로 확장시킬 수 있기 때문이다.

무진본(無盡本)은 지구가 목적에 따른 적절한 본(本)을 지니고 있음이고, 달라짐 없이 유지될 것임을 알려준다. 더불어 만물의 진화 과정을 거쳐 자격을 얻으면, 인간에게 마음(心)이라는 본(本)으로 담겨 나(我)로 순환할 수 있게 한다. 천부경에서 본(本)은 무진본(無盡本)과 부동본(不動本), 본심(本心)과 본태양앙명(本太陽昻明)으로 네 차례 쓰이고 있다. 무진본을 통하여 본(本)이 다함이 없고, 부동본으로 흔들림 없으며, 본심으로 인간이 지구와 하나가 되고, 본태양앙명으로 우주와 연결됨을 설명한다. 이처럼 무진본은 각각의 본(本)이 진화단계에 부합하는 무진본의 특성을 지니게 된 방향이 드러난다. 그런 까닭에 인간에게 본(本)이 생기면 지구가 생명의 본(本)으로 삼는 태양의 밝음을 저절로 우러르게 된다. 천부경은 인간의 마음(心)이 태양의 밝음으로 빛나면, 지구가 태양을 의지해 사는 상태와 같게 인간이 진화될 수 있음을 가르친다. 그것을 위해 무(無)인 지구가 본(本)을 만들고, 그 본(本)을 담을 수 있는 존재로 인간을 진화시키는 것이다. 그 과정을 거친 인간은 인중천지일(人中天地一)을 위한 본(本)을 지니게 된다.

지구적 순리에 부합된다는 것은 인간의 삶이 아닌 지구의 본(本)인 무(無)를 따라가는 것이다. 그런 까닭에 생(生)만으로는 '아무것도 남지 않는다'라고 하는 것이다. 인간은 생(生)의 모습이 아니라 생(生)으로 지구의 본(本)을 얻어야 한다. 지구의 본(本)으로 인간이 본능이나 감정과 다른 마음(心)을 지닐 수 있게 된다. 본(本)을 지닌 존재만이 독립한 상태로 무(無)가 될 수 있다. 인간이 진화의 과정에서 얻는 본심(本心)은 나(我)로 독립된 상태의 무(無)이다. 지구에서는 인간만이 그것이 가능하고, 지구에 인간이 생겨나게 한 우주의 마음(心)이다. 이 우주의 마음은 석삼극(析三極) 상태의 지구에 무(無)의 상태로 가득 채워져 있다. 우주의 무(無)에 기반한 본(本)이 무진본(無盡本)의 상태에서 진화시키기에, 그 진화의 결과물인 인간에게 본(本)이 담길 수 있는 것이다. 인간은 지구적 진화과정을 거쳐 마음을 본(本)으로 지님으로써, 마침을 위한 시도를 할 수 있는 자격이 생긴다. 그 자격은 태양의 밝음을 저절로 우러르게 되는 것으로 증명된다.

지구의 운행과정은 지구의 본(本)을 인간의 마음(心)으로 만드는 과정이다. 본(本)은 이를 위해 다함이 없이(無盡) 한결같이 지속된다. 그런 까닭에 지구의 본(本)과 인간의 마음(心)에 구분이 '없어져(無)' 하나의 무(無)가 될 수 있다. 이렇게 인간의 본(本)이 지구적 무(無)에 도달하면, 마침을 통하여 우주적 무(無)로 새로이 비롯될 수 있게 된다. 없던 상태에서 생겨난 인간이 무(無)로 마쳐 영원히 존재하는 신(神)이 될 수 있는 기회를 얻게 된 까닭을 자각해야 한다. 이 무(無)는 지구와 하나가 됨으로 얻을 수 있고, 이를 위해 한결같이 지속되는 본심(本心)이 필요하다. 이에 따라 지구는 지구적 무(無)를 거쳐 우주의 무(無)로 진화될 수 있는 토대와 과정을 인간에게 다함이 없이 제공하고 있다. 이것이 천부경에서 무진본으로 말하고자 하는 바이다.

천일일 지일이 인일삼(天一一 地一二 人一三)은 삼극(三極)에서 본떠진 천지인(天地人) 삼재(三才)가 삼극과 혼재된 상태이며, 운삼(運三)의 시간적 운행으로 지구적 진화과정이 시작되는 것이다.

운삼(運三) 중 1운(1運)의 과정에서 지구적 시간에 의하여 시공(時空)과 만물(萬物)이 생겨난다. 비로소 지구는 우주에서 별개의 시공과 존재를 만들어 운행할 수 있게 되었다. 다만 1운은 석삼극(析三極)의 공간에서 삼극(三極)을 본뜬 천지인(天地人) 삼재(三才)가 자리잡아 가는 과정이다. 이는 무(無)인 상태에서 대폭발이나 여하한의 방식을 통하여 시간이 일어남으로써, 우주가 형성된 한 점(點)이 팽창하여 자리잡는 것과 같은 이치이다. 우주가 시작된 한 점에서 펼쳐짐으로 별(星)과 우주적 시공이 자리잡아 가는 과정과 같은 방식이 적용된다. 이 과정에서 지구는 무(無)였던 상태에서 일적십거(一積十鉅)의 구조적 형태로 변화한다. 이러한 구조적 형태가 갖추어졌기에 두 번째 운행(2運) 과정에서 천지인 삼재(三才)에 서로 교류가 생겨 연동되어 존재할 수 있다. 그래야만 무수한 대상 중 진화의 목적에 부합하는 존재를 키우고(大) 합쳐(合) 만들어 낼 수 있게 된다.

1운(1運)에서는 우주적 시간과 지구적 시간이 공존하게 된다. 이 공존의 과정을 통하여 지구는 우주와 연결되어 있으면서도, 우주와 구분되어 작동하는 별도의 차원을 지니게 되었다. 그럼으로써 우주의 시간에 부합되어 존재하는 동시에 안정적이고 일관적인 지구만의 시간을 지니게 된다. 지구가 우주적 시간을 본뜨는 과정을 통하여 지구의 시간을 만든 것이고, 이는 인간이 다시 우주로 돌아갈 수 있는 우주적 시간의 고리가 된다. 천부경(天符經)에서 삼극(三極)에 대한 이해가 필요한 이유이다. 이처럼 천일일 지일이 인일삼(天一一 地一二 人一三)은 우주와 지구의 양쪽 속성을 지니는 과정을 지구가 거쳤음을 설명하기 위한 것이다. 1운의 삼극이면서 삼재(三才)인 시간이 공존하는 삼(三)을 통하여 만물이 만들어졌다. 그 만물이 인간인 육(六)으로 진화하고, 다시 구(九)인 인간으로서 지구적 진화를 마치게 된다. 지구적 진화의 산물인 인간이 우주적 존재가 될 수 있는 것은 이러한 과정을 지구가 거쳤기 때문이다. 삼극과 삼재의 가장 큰 차이는 진화적 존재에 있다. 삼극은 우주의 목적에 부합되는 지구의 진화적 운행이 목적이고, 삼재는 지구의 목적에 부합하는 인간의 진화를 목적으로 한다. 고로 삼극은 지구가 생긴 목적대로 삼재를 통하여 만물이라는 진화를 위한 존재를 만드는 본(本)이다.

우주에서 연결되지 않은 변화란 존재하지 않는다. 모든 과정과 존재는 우주적으로 연결되어 있다. 그 우주적인 것의 가장 큰 특징이 무(無)이고, 그 무(無)에 변화가 생기는 것에 따라 본(本)에 차이가 생긴다. 그리고 본(本)의 무(無)와 연결된 상태에 따라 진화의 수준이 결정된다. 인간은 진화적 과정의 끝인 구(九)에 이르러야 비로소 지구적으로 완전하게 연결되어 독립된 본(本)을 지니게 된다. 이를 위하여 천지인(天地人)이 만들어진 것이다. 고로 천지인의 인과와 순리에서 자유로워지는 진화의 과정을 거치게 된다. 이러한 존재적 진화가 시작되는 것이 천일일 지일이 인일삼(天一一 地一二 人一三)의 과정이다. 그런 까닭에 본(本)에서 어긋나지 않도록 삼극(三極)과 천지인이 동시에 존재하는 순간을 필요로 한다. 지구에서 천지인이 비롯되는 무(無)의 역할을 담당한 석삼극의 삼극이, 그 천지인이 운행될 수 있도록 뿌리를 내린 대지가 되어주는 것이다. 삼극에서 비롯된 천지인은 운삼(運三)으로 운행되는 과정을 통하여 지구만의 역할을 위한 구조로 완성된다.

일적십거(一積十鉅)는

삼극(三極)이 천지인(天地人)으로 지구를 하나씩 채워가는 구조화의 과정이고, 이를 통하여 우주에서 지구의 수(數)와 크기가 십(十)임을 보여준다.

일적십거(一積十鉅)는 지구가 채워지는 구조화와 적절한 유기적 연동을 위한 각각의 역할들이 만들어지는 과정이다. 이 일적십거의 구조와 역할들에 천지인(天地人) 삼재(三才)라는 이름이 붙여졌다. 천지인은 운삼(運三)의 과정을 통하여 진화에 적합한 형태로 변화하고, 그 역할이 고정되어 쓰이게 된다. 그것의 시작이 천일일 지일이 인일삼(天一一 地一二 人一三)의 과정으로 본(本)인 삼극(三極)에 기반한 천지인(天地人)이 생겨나 자리를 잡는다. 이 과정은 우주에서 독립된 시간이 직선으로 지구적 확장의 한계를 확인하는 것이다. 지구적 시간이 지닌 한정성은 지구의 역할과 크기의 중요한 기준이 된다. 이를 위한 채움과 역할을 만드는 것이 일적십거의 기본적 의미이다. 이처럼 일적십거는 지구의 무(無)가 목적에 적합하도록 시공(時空)을 만드는 것이다. 이는 무(無)의 이루어짐을 위해 시간이 순환할 수 있는 토대가 갖추어짐을 상징한다. 그런 까닭에 일적십거는 지구의 본(本)인 무(無)와 시공이 전체적으로 활용되고 있는 상태인 것이고, 지구의 크기를 상징하는 지구수(地球

數)가 십(十)임을 알 수 있게 한다. 이 지구적 한정성을 상징하는 십(十)은 지구적 진화가 우주적 진화로 전환되는 분기점이 된다.

일적십거(一積十鉅)는 하늘과 땅으로 공간이 생겨나고, 그 공간에 만물이 자리잡는 천부경(天符經)의 구조적 그림이다. 그러나 이것만으로는 지구에 우주적 진화를 위한 어떤 일도 일어나지 않는다. 아직은 우주의 목적인 진화의 주체가 결정되지 않은 전체적인 그림에 불과하다. 천부경의 운행구조와 그 구조화의 속성을 보여줄 뿐이다. 천부경은 지구의 완성수(完成數)인 십(十)과 진화의 대상인 만물의 완성수인 구(九)를 통하여, 순환과 생겨남 그리고 마침(終)의 기준을 명확히 제시한다. 일적십거의 구조 안에서 만물이 진화를 통하여 생겨난 인간은, 지구에서 우주적 진화의 주체로 선택된 존재가 된다. 이 순간부터 일적십거의 천지인은 인간의 진화에 집중된 상태로 마침(終)을 향한 시도를 지속한다. 또한 일적십거는 진화를 위한 하나(一)로 선택된 인간이 무종일(無終一)의 십(十)에 도달할 때까지의 과정을 의미한다.

일적십거(一積十鉅)의 과정으로 지구는 완전한 모습을 갖추었다. 지구에 우주의 목적에 부합하는 생명체가 생겨났고, 자라날 수 있게 된 것이다. 그런 까닭에 지구는 천지인(天地人)의 연동을 통하여 커지고 합쳐진 대상에 집중할 수 있다. 우주가 비롯되게 한 목적에 부합되는 진화적 조건을 갖춘 존재로 지구가 완성된 것이다. 세 번째의 운행과정(3運)에서 일적십거는 만물의 생사(生死)가 반복되는 터전인 천지자연(天地自然)이 된다. 이는 지구가 대다수의 실패한 별들과 달리 우주의 목적에 부합되는 특별한 별로 진화했음을 의미한다. 그런 까닭에 만물 속에서 인간을 생겨나게 하고, 인간을 진화시킬 수 있는 힘을 지닐 수 있게 된 것이다. 고로 일적십거는 지구적 진화가 일어나고 있는 시공과 대상이 진화의 운행과 결과를 쌓아가는 진화의 설계도와 같다.

지구는 고착된 천지간(天地間)으로 변화함으로써, 우주의 설계도에 기반하여 주체적으로 운행할 수 있는 자격을 얻었다. 일적십거(一積十鉅)를 통하여 다함이 없는 본(本)이 한결같이 작용되는 시공(時空)과 대상을 지니게 된 것이다. 만물이 인간으로 진화하고, 그 인간이 마침의 자격을 얻는 것도 같은 방식으로 진행된다. 지구와 인간이 결국 같은 길을 걷고 있다는 의미이다. 천부경(天符經)은 이를 무(無)에서 비롯되어 일(一)부터 십(十)까지 쌓은 과정으로 설명하고자 한다. 일적십거는 진화적 과정을 통하여 완전해져 마칠 수 있음을 의미하고, 그 기준으로 십(十)을 제시하여 인간의 목표를 명확히 해주는 것이다. 일적십거의 자리잡음은 지구적 토대를 갖춤이고, 그 토대 위에서 만물과 인간에게 일어나는 운행의 방식이 무궤화삼(無櫃化三)이다.

무궤화삼(無櫃化三)은
만물이 몸(櫃)을 받아 일적십거(一積十鉅)의 존재로 살다 무(無)
로 돌아가는 방식이고, 궤(櫃)로 지녔던 기억을 본(本)의 무(無)
에 보태어 진화를 위해 변화시킨다.

무궤화삼(無櫃化三)은 만물의 생겨남이 그쳐 돌아가는 이치이다.
지구 역시 그 역할을 마치면 화(化)하여 우주의 무(無)로 돌아갈 것
이다. 무궤화삼은 '만물이 변(變)하고 화(化)하는 원리'이다. 그치
면(死=己) 새로운 마침(終)을 위한 기회를 얻기 위하여 천지인(天地
人)으로 돌아간다. 그침으로 무(無)가 담긴 몸(櫃)을 잃는 것이 무
궤(無櫃)이고, 그 몸(櫃)을 만들었던 1운(1運), 천지인의 삼(三)으로
돌아가는 것이 화삼(化三)이다. 이처럼 무궤화삼은 비롯된(始) 것
과 생겨난(生) 것이 이루어짐을 향해 나아감을 거듭하는 방식이다.
마치지(終) 못한 만물이 돌아감을 두려워할 까닭이 없는 이유이다.
변(變)이 아닌 화(化)를 사용한 것은, 몸(櫃)이 완전히 새롭게 시작
됨을 명확히 하기 위함이다. 용변부동본(用變不動本)에서의 변(變)
은 화(化)하여 새로운 몸(櫃)을 받음을 반복하고 있음이고, 이때는
인간으로서의 본(本)이 달라지지 않기에 화(化)가 아닌 변(變)을 사
용하는 것이다. 무궤화삼의 반복성은 독립된 천지인을 하나인 상
태로 연동시킨다. 존재적 생성과 소멸을 거듭하는 무궤화삼에 의

한 섞임이 있기에 2운(2運)에서 하나로 연동될 수 있는 것이다.

무궤화삼(無櫃化三)은 새로운 기회를 거듭해서 주는 우주적 사랑의 방식이다. 지구적 진화의 과정에서 무(無)에서 나와 무(無)가 되는 것을 경험하게 한다. 천부경(天符經)은 무궤화삼으로 만물은 하나의 상자에 불과한 것이고, 없어져도 다시 만들어진다는 사실을 알려준다. 인간이 거듭되는 과정을 거치는 것에 분명한 이유가 있음을 말하기 위함이다. 천부경은 그 이유에 대해 설명하는 과정에서, 지구의 운행목적과 만물의 기회에 대해 명확히 한다. 만물이 마침(終)으로 무(無)가 되기를 바라는 우주의 한결같은 마음(心)이다. 만물은 없던 상자(櫃)를 만들어 낸 것이고, 궤화(櫃化)의 과정을 거듭하는 과정에서 우주의 목적에 부합되는 지구적 존재를 만들어낸다. 그 존재가 인간인 것이고, 인간은 궤화(櫃化)의 중심이자 완성적 존재의 상징이 된다. 더불어 무궤화삼을 일적십거(一積十鉅)의 뒤에 오도록 함으로써, 십(十)의 범주 안에서 존재하는 것임을 보여준다.

천부경(天符經)에는 죽음(死)이라는 개념이 없다. 무(無)에서 나와 무(無)로 돌아가는 것이기 때문이다. 오로지 순환(環)과 지속을 위한 마침(終)만이 존재하고, 이 두 의미를 포함하는 개념으로 무궤화삼(無櫃化三)을 사용하고 있다. 만물(萬物)과 인간은 화삼(化

三)으로 돌아갈 뿐이기에, 우리가 죽음을 돌아간다고 표현할 수 있는 것이다. 무궤화삼으로 무(無)가 순환하기에 만물이 진화의 대표로 인간을 만들 수 있었다. 그로 인간으로서 수여신 기회를 제대로 활용해야 할 의무가 인간에게는 있다. 지구는 마침에 도달하는 인간이 많아지길 바란다. 그래야만 지구 역시 우주적 형질로 다시 전환될 수 있기 때문이다. 무궤화삼은 지구 안의 모든 존재에 적용되는 것이고, 그 속에서 환오칠(環五七)은 인간으로서의 순환을 설명하기 위해 독립적으로 사용된다.

천부경(天符經)은 인간의 몸을 지니고 있을 때에만 마칠 수 있다고 명확히 말하고 있다. 인간으로서의 기회를 얻기 위해 만물로서의 삶을 사는 것이다. 이를 위해 끊임없이 궤(櫃)로 드러나는 과정을 거친 인간은 지구에서 가장 순정한 존재가 되었다. 그런 까닭에 생칠팔구(生七八九)에 진화적 의미가 담기게 되는 것이다. 칠(七)로 생겨난 인간은 만물과 그 삶이 서로 공유된다. 반면에 칠(七)에서 진화하여 팔(八)과 구(九)의 수준에 다다르면, 인간으로의 삶을 거듭하면서 계속해서 마침(終)에 도전할 수 있게 된다. 이것이 진화에서 칠(七)의 화(化)와 팔(八)·구(九)의 변(變)이 지닌 차이이다. 이 과정에도 운삼(運三)의 운행원리가 그대로 적용된다. 그침(死=己)이 아닌 마침(終)이 되어야 무궤화삼(無櫃化三)의 무(無)가 아니라 일종무종일(一終無終一)의 무(無)가 된다.

천이삼 지이삼 인이삼(天二三 地二三 人二三)은
천지인(天地人)이 연동되어 하나로 운행되는 지구적 시공(時空)
의 완성이고, 그 시공과 만물이 커지고 합쳐져 천지자연(天地自
然)이 만들어진다.

    천이삼 지이삼 인이삼(天二三 地二三 人二三)은 천부경(天符經)이 말하는 운삼(運三) 중 2운(2運)의 과정이다. 2운은 삼재(三才)의 하나의 극(極)이 다른 두 개의 극(極)과 교류하여 셋(三)의 속성을 갖는 과정이다. 각각 독립되어 있던 1운(1運)과 달리 천지인(天地人)이 서로 연동되어 지구적 진화가 일어날 수 있는 하나의 터전이 된 것이다. 이 상태를 인간이 천지자연(天地自然)이라고 부른다. 이 천지자연은 천지(天地)와 만물을 포함하고, 그 운행의 대상인 만물을 위해 기능한다. 이는 지구에서 우주가 부여한 역할을 수행하는 주체가 만물에 있기 때문이다. 그런 까닭에 2운의 천지인은 모두 삼(三)의 속성을 지니게 되고, 천지인은 하나의 목적을 공유하여 운행의 대상으로 육(六)인 인간을 만들어낸다. 이 사실이 중요한 것은 터전과 대상을 선택하기 위한 진화가 마무리되고, 삼재(三才)가 인간의 마침을 위해 기능하게 되는 것을 상징하기 때문이다. 천이삼 지이삼 인이삼은 우주가 목적을 갖고 지구를 만든 것과 같은 원리로, 본(本)인 삼극(三極)이 만들어낸 지구적 시공(時空)이기에 그것이 가능한 것이다.

2운(2運)이 과정을 통하여 만물과 구분되는 존재로서의 인간이 만들어졌다. 이로 인하여 인간이 3운(3運)에서 생칠팔구(生七八九)의 내적 진화를 통하여 본(本)으로 마음(心)을 지닐 수 있게 된다. 2운이 중요한 것은 진화의 터전과 대상이 하나로 합쳐지기 때문이다. 이것은 1운(1運)의 지구적 시간에 순환성이 더해지는 것이다. 그런 까닭에 천(三)·지(三)·인(三)이 나누어 머금은 삼재(三才)의 삼(三)을 인간이 합쳐 낼 수 있는 것이다. 이는 삼극(三極)이 천지인(天地人)의 셋(三)으로 쓰이던 것을, 다시 인간을 통해 하나(一)의 상태로 합칠 준비를 끝낸 것이다. 지구의 본(本)을 담을 수 있는 존재가 생겨났기에, 천지인으로 나뉘어 있던 삼극이 하나로 합쳐질 수 있게 된다. 이것이 지구적 진화의 방식이다. 천지인이 각각의 삼(三)을 머금어 하나로 기능하기에 그것이 가능하게 된다. 고로 분리된 천지인 삼재가 2운에서 각각 삼(三)인 상태로 섞이는 것이 중요한 것이다. 이때부터 지구적 진화로 생긴 삼재가 독립된 시공으로써, 지구적 진화의 주체가 되기 때문이다. 지구의 운행은 그 위에서 대삼합육(大三合六)을 통하여 인간의 진화과정인 3운으로 전환된다.

2운(2運)의 천지인(天地人)이 인간이 살아가며 인지하는 지구적 천지인이다. 이렇게 1운(1運)과 2운의 과정을 거침으로써, 지구적 시공(時空)과 존재인 천지인이 자리잡아 목적대로 순환하게 된다. 시간과 공간, 만물은 서로의 영향을 받으며 변화해 간다. 그 과정을 통하여 커지고(大) 합쳐진(合) 천지인(六)이 만물을 키우고(大) 합쳐(合) 인간(六)을 만들게 된다. 커지고 합쳐짐은 만물이 무궤화삼(無櫃化三)으로 같은 무(無)로 돌아가기에 가능하다. 천지인 삼재(三才)가 커짐으로 서로 다른 두 개의 재(才)를 각각의 천지인이 머금었으니, 커져서 합쳐진 수 역시 육(六)이 된다. 이 모든 것을 머금고 있는 존재가 진화를 위한 인간이다. 그것이 가능한 것은 지구가 우주적 진화의 목적에 따라 천지인을 만들었기 때문이다. 그것을 대삼합육(大三合六)을 통하여 설명한다.

대삼합육(大三合六)은
지구적 시공(時空)과 만물이 연동되어 커지고 합쳐지는 과정이고, 이를 통하여 진화의 터전인 천지인(天地人)과 대표인 인간이 확립된다.

천이삼 지이삼 인이삼(天二三 地二三 人二三)의 2운(2運)은 천(天)과 지(地)가 그 사이의 공간에서 만물로 교류되고 있는 상태를 의미한다. 이때는 모든 만물에게 같은 의미를 지닌다. 그 사이의 만물을 대상으로 천지(天地)가 교류하여 합쳐짐으로써 만물 안에서 진화가 일어난다. 삼(三)인 상태의 만물에 삼재(三才)의 삼(三)이 담겨 커지게 된다. 이렇게 커진 만물이 다시 하나로 합쳐진 것의 상징이 육(六)이다. 대삼합육(大三合六)은 천지가 그 사이의 공간에서 연동됨이 일어나고, 그 영향을 받은 만물이 천지인(天地人)을 머금어 커지게 되며, 그것이 다시 하나의 존재로 합쳐지는 세 번의 과정을 포함하고 있다. 2운은 지구가 우주의 목적에 부합되는 대상과 그 대상의 진화를 행하는 터전을 만들기 위해 서로 연동되는 과정이기 때문이다.

2운의 결실인 육(六)을 천부경(天符經)은 터전으로서의 천지인(六)과 만물로서의 인간(六)이라고 말하고 있다. 칠(七)로 생겨난 인간이 천지인(天地人) 삼재(三才)를 머금은 존재로 구(九)까지 진화할 수 있는 이유이다. 대삼합육(大三合六)은 천지인 삼재의 삼(三)이 커짐으로써 육(六)이 되고, 그 육(六)의 터전 위에서 육(六)인 인간이 생칠팔구(生七八九)로 삼(三)을 머금어 구(九)가 되는 것이다. 삼(三)에서 육(六)으로의 진화와 육(六)에서 구(九)로의 진화는 그 방식이 같다. 다만 삼(三)에서 육(六)이 되는 만물의 진화가 삼재적 존재의 진화라면, 육(六)에서 구(九)가 되는 인간의 내적 진화는 삼극적 본(本)에 의한 진화이다. 그런 까닭에 인간이 구(九)가 되어 앙명(昻明)을 통하여 무시일(無始一)로 반본환원(返本還原)하는 진화가 자연스럽게 이어진다. 대삼합육의 과정을 통하여 천부경은 지구에서는 인간으로 태어나야만 마칠 수 있게 됨을 명확히 한다.

대삼합육(大三合六)은 천지인(天地人) 삼재(三才)가 본래 하나인 지구의 본(本)에 의해 영향을 주고 받기에 진화가 가능하다는 것을 보여준다. 그것이 적용되는 대상과 목적성이 진화과정에 따라 달라질 뿐이다. 대삼합육은 삼(三)이 커져 합쳐지는 것이고, 이는 진화를 위한 목적에 의한 것이다. 천(天)과 지(地)가 커져서 공간에서 합쳐지는 것으로 1차적 대삼합육이 일어난다. 만물이 천지(天地)를 머금어 커짐으로써, 만물이 육(六)의 크기로 커지는 대삼(大三)이 그것이다. 이렇게 커진 천지(天地)와 만물이 하나로 합쳐지는 것을

2차적인 대삼합육으로 이해해야 한다. 그 합쳐진 결과인 합육(合六)이 터전으로서의 천지자연(天地自然)과 인간이다. 고로 대삼합육은 만물과 인간이 동일한 크기와 형질을 지니는 것임을 상징힌다. 그 상태에서 독립된 인간이 생겨난다. 그것을 만물 중 하나이자 형질적 인간인 육(六)에서 생겨난 칠(七)로 인간이 구분된다. 이러한 과정이 생칠팔구(生七八九)의 인간의 진화과정에서 일어나면 대육합구(大六合九)가 된다.

생칠팔구(生七八九)는 커지고 합쳐지는 과정이고, 커지고 합쳐짐은 본(本)이 운행하는 시간이 천지인(天地人)에 작용하는 특성이다. 이를 통해 천지인 사이에 진화적 이루어짐인 대삼합육이 일어날 수 있는 것이고, 생겨남과 순환을 통한 진화가 인간에게서도 일어나는 이유이다. 천부경(天符經)에서 무궤화삼이 천지인과 만물의 운행방식이라면, 대삼합육은 천지인과 만물의 진화방식으로 사용되고 있다. 그 과정에서 커지고(大) 합쳐진(合) 천지인이 키우고 합치는 것이 삼(三)인 만물(萬物)이다. 이 과정을 거쳤기에 생칠팔구로 육(六)인 인간이 진화할 수 있게 된다. 운삼(運三)은 우주와 지구를 연결하여, 지구에 우주의 목적에 부합하는 시공(時空)과 존재를 만들고, 그 존재를 다시 우주와 연결되도록 하는 과정이다. 우주와 지구를 연결하는 1운(1運)과 달리 2운(2運)은 독립된 지구적 진화과정을 거쳐 인간을 만드는 과정이다.

대삼합육(大三合六)은 2운(2運)에서 천지인(天地人)이 운행되는 방식이고, 이를 통해 생칠(生七)할 수 있는 육(六)을 계속 합쳐낸다. 육(六)인 인간의 형질에 시간이 부여되는 것이다. 이처럼 육(六)은 삼(三)인 만물이 커지고 합쳐진 것을 상징한다. 고로 인간은 지구적 진화과정에서 천지인의 속성이 담긴 결과이다. 인간이 자발적으로 진화가 가능한 독립된 존재가 된 것이다. 이는 인간이 만물과 다른 존재성을 지니게 된 변화라는 것에 의미가 있다. 그런 까닭에 칠(七)로 생겨나는 순간부터 비로소 인간은 만물과 다른 의미를 지니게 된다. 고로 칠(七)은 인간 자체가 아니라 인간으로 부여된 시간에 그 의미가 있는 것이다. 그 차이는 인간에게 커지고 합쳐짐으로 인하여 지구의 본(本)이 자리잡을 수 있는 마음자리가 생겼다는 것에 있다. 마음자리는 마음(心)을 만들 수 있는 공터이지 마음(心)이 아니다. 이렇게 삼재가 합쳐짐으로써 본(本)을 위한 자리를 지니게 되는 것이 합육(合六)의 의미이다. 대삼합육의 과정에서 삼재의 천지(天地)가 담긴 경험이 인간의 마음(心)을 만들고, 그 속에 삼극(三極)의 천지를 담아가는 것이다.

총 81자의 짧은 경문으로 이루어진 천부경(天符經)은 정중앙에 위치한 육(六, 6)을 기준으로 전반부와 후반부로 나뉜다. 전반부는 지구가 생성되어 우주의 목적에 부합하고자 만물을 진화시켜 인간을 선택하는 과정이라면, 후반부는 그 인간이 인중천지일(人中天地

一)하여 우주의 목적에 부합하여 마치게 될 때까지의 과정이다. 이러한 지구적 진화에서 우주적 진화로 전환되는 매개인 인간을 상징하는 수(數)가 육(六)인 것이다. 이를 통해 인간이 진화를 위하여 본능과 구별되는 자발성을 지니게 되었다. 이 자발성은 지구적 한계를 넘는 도전에 인간이 스스로 나서야 함을 의미한다. 지구가 천지(天地)와 만물을 키우는 대삼합육(大三合六)을 통한 지구적 진화의 결과로 내놓은 것이 인간이기 때문이다.

천지(天地)와 만물이 커져서(大三) 중첩되기에 합쳐(合)질 수 있다. 고로 인간(六)은 다른 만물과 달리 천지(天地)와 공간을 의지대로 활용할 수 있다. 이는 인간이 대삼합육(大三合六)으로 삼재를 지닌 채 독립되어 생칠팔구(生七八九)의 운삼(運三)과정을 운행하기 때문이다. 지구 역시 무(無)에 삼극(三極)을 만들고, 삼극은 삼재(三才)를 키우고 합쳐 인간을 만들며, 삼재는 인간을 키우고 합치는 과정을 운행한다. 역할이 주어지지 않은 별은 삼(三)이 되고, 우주적 목적에 부합되는 역할이 시작된 별은 육(六)이 됨을 알 수 있다. 더불어 지구처럼 자체적 진화가 가능한 별은 십(十)이 되고, 이는 인중천지일(人中天地一)로 인간이 십(十)이 되는 진화과정과 동일한 방식이다. 지구의 독립된 시공에서 만들어진 존재 역시 그래서 육(六)이다. 이처럼 우주와 지구는 같은 원리를 기반으로 운행된다.

천부경(天符經) 81자의 정중앙에 위치하는 육(六)에 특별한 의미를 부여할 수 있다. 대삼합육(大三合六)은 만물인 삼(三)과 삼재(三才)인 삼(三)이 거듭되는 순환을 거치면서 합쳐지는 진화를 거쳤으며, 그 진화의 결과로 인간(六)이 되었음을 규명하고 있다. 천부경은 삼재 속 대삼합육(大三合六)의 결과로 인간을 그리고 인간내부적 대삼합육의 진화결과로 본심(本心)을 제시한다. 천부경은 인간과 만물을 동일한 지구적 의식과 가치를 지닌 존재로 여긴다. 같은 본(本)을 공유하고, 마침(終)이라는 같은 목적을 공유하기 때문이다. 그 공유된 지구적 의식이 합쳐져 만물의 몸(櫃)으로 시간을 부여받는 것이다. 그런 까닭에 마침을 위해 놓인 진화적 과정은 다르지만 환오칠(環五七)로 연동되어 계속 같은 길을 걸어간다. 만물은 인간에게 진화적 존재로서의 어머니(母)가 되고, 인간은 생칠팔구(生七八九)의 과정에 책임을 다해야 한다는 의미가 담겨 있다.

생칠팔구(生七八九)는

인간이 진화의 대표로 만물에서 독립한 후에 인간으로서 자립하여 걷는 존재적 진화의 단계이고, 지구적 진화를 마무리 지음에 필요한 마음(心)을 만들어 가는 과정이다.

생칠팔구(生七八九)는 인간으로서의 여정이다. 만물이 진화를 위한 존재적 변태를 마무리한 것이다. 인간으로서의 여정인 생칠팔구는 지구의 순리를 따른다. 태양의 밝음이 의미하지 않는 것을 좇는다면 구(九)에 다다른 것이 아니다. 수행의 과정과 방법에 집착하는 것 역시 구(九)에 다다르지 못한 증거이다. 인간은 지구의 순리에 의해 일적십거(一積十鉅)의 지구에서 구(九)까지 커질 수 있다. 그러나 구(九)부터는 오직 우주가 심어둔 본(本)인 태양의 밝음만을 좇게 된다. 십(十)인 지구는 구(九)까지 진화시킬 수 있지만, 자기와 같은 크기인 십(十)에 다다르게 할 수는 없다. 지구의 본(本)으로 설계된 태양만이 인간을 지구와 같은 크기로 진화시킬 수 있다. 이것이 우주에서 진화가 일어나는 단계적 방식이고, 우주는 권한을 이와 같이 위임함으로써 상하의 차원을 이어간다. 인간에게 마음(心)이 만들어져 마침을 위한 준비가 갖추어지면, 자발적으로 태양의 밝음을 우러르게 된다. 이를 위하여 생칠팔구는 인간에게 존재적 진화를 통한 진화의 목표를 보여주는 것이다. 칠(七)인 만물 속 인간에게는 팔(八)인 인간의 부동본(不動本)을, 팔(八)인 인간 속 인간에게는 구(九)인 성인(聖人)의 마음(心)을, 구(九)인 성인(聖人)에게는 십(十)인 신(神)의 무종일(無終一)을 그 목표로 제시하고 있다.

생칠팔구(生七八九)는 마음(心)을 본(本)으로 지니기 위한 인간의 투쟁이자, 인간으로서의 진화 역사이다. 이처럼 천부경(天符經)은 인간이 모두가 같은 수준의 존재가 아님을 보여줌으로써, 우주의 목적이 진화에 있음을 가르쳐준다. 육(六)인 인간이 칠(七)·팔(八)·구(九)의 인간적 진화과정을 거치게 되고, 이는 우주적 목적인 마침(終)에 부합해야 하는 의무이자 권리이다. 마침으로 드러난 인간의 진화적 사례가 예수와 부처, 노자이다. 이들은 지구의 수(數)인 십(十)으로 인류 앞에 놓여있기에 인간이 넘어설 수 없다. 또한 존재적으로 인간에게는 신(神)의 길 외에는 대안이 존재하지 않는다. 이들이 남긴 마음 대신 학(學)과 무늬(文)의 밝음으로 세상을 키울 수는 있지만, 그것으로 진화적 존재인 인간을 위한 길을 만들 수 없기 때문이다. 그런 까닭에 세상과 문명의 발전에도 마침이 아닌 마음을 지닌 사람조차 적은 것이다. 인간이 우주에 부합하여 신(神)으로 진화하는 밝음 대신, 인간의 길을 밝히는 밝음에 현혹된 결과이다.

칠(七)·팔(八)·구(九)는 세 종류의 단계적 입장을 지니고 있다. 우주의 입장에서는 지구 자체의 진화 상태를, 지구의 입장에서는 인간이 지닌 생(生)의 수준을, 인간의 입장에서는 하번의 생(生)에 존재하는 삶의 형태이자 마침(終)과의 거리를 상징하는 진화단계를 의미한다. 육(六)에 시간만이 추가된 칠(七)은 인간의 삶이 거듭되는 것이 불확실하고, 그 칠(七)의 시간으로 부동본(不動本)을 만든 팔(八)·구(九)부터 인간으로서의 생(生)을 거듭하는 것이 안정적으로 일어난다. 이것은 운삼(運三)의 운행과정을 통하여 설명이 되고, 인간에게 접목된 운삼의 방식이다. 칠(七)·팔(八)·구(九)는 인간의 근기(根機)를 상·중·하로 나누는 근거가 되기도 한다. 인간은 자기가 살아가는 모습과 목표를 통하여 칠(七)·팔(八)·구(九)의 진화 과정 중 어디에 놓여 있는가를 스스로 알 수 있다. 만물과 달리 인간은 스스로 진화의 단계를 자각할 수 있기 때문이다. 이런 자각이 있어야만 반복이 아닌 진화의 과정에 놓일 수 있음에도, 대개의 경우 생(生)의 후반에 그 자각이 일어나기에 기회를 살리기 어렵다. 삼재(三才)의 천지인(天地人)과 칠(七)·팔(八)·구(九)를 묶어서 한 생(生) 안의 진화과정으로 설명할 수도 있다. 생칠팔구(生七八九)는 천지인 삼재가 하나가 되는 과정이고, 인간이 삼재를 거슬러가서 삼극의 한 극(極)인 본심(本心)의 상태로 향해가는 것이다. 이것은 지구의 본(本)과 같아지기 위해 인간이 지구의 진화과정을 거슬러 올라가는 것이고, 마음(心)과 도(道)가 돌이킴의 성질을 가지는 까닭을 보여준다.

운삼(運三)은
지구가 우주적 목적에 부합하는 지구적 진화과정을 운행하는 방식이고, 지구와 인간은 운삼(運三)의 원리에 따라 진화를 위한 변화과정을 각각 거치게 된다.

운삼(運三)은 지구에 존재하는 시간적 흐름의 기본원칙이다. 또한 그 시간적 흐름에 따라 놓이게 되는 상태의 변화와 순환의 고리가 달라짐을 의미한다. 운삼의 과정을 거쳐 지구적 시간이 생겨나고, 그 시간의 특성인 직선(直線)과 원(圓)으로 지구적 변화가 거듭되어 진화가 가능해진다. 시간적 흐름이 있다는 것은 목적을 지니고 있음을 의미한다. 흐름의 대상은 천지인(天地人)으로 삼(三)이고, 이 속에서 이루고자 하는 대상은 천지인 중 인이삼(人二三)으로 삼(三)인 만물이자 인간이다. 운삼(運三)은 진화의 터전이자 대상인 삼재(三才)의 삼(三)이 운행됨이고, 그 대상에게는 터전으로 작용하는 삼재의 삼(三)을 모두 거치는 세 번의 운행이 있게 된다. 이를 위하여 1운(1運)에서 각각의 천지인이 차례대로 만들어지고, 2운(2運)에서 하나의 구조와 하나의 목적에 부합하는 천지인의 지속과 순환을 통해 운영된다. 그 속에서 만물에게 거듭되는 기회가 부여됨으로써, 인간으로의 진화가 일어나 인간으로 지속되고 순환되도록 3운(3運)의 천지인이 운영된다. 고로 인간의 진화과정인 칠

(七)·팔(八)·구(九) 역시 운삼의 방식으로 밟아가게 된다.

운삼(運三)은 지구가 우주적 진화에 적합한 존재로 자리잡아 운행되는 과정이다. 운삼의 과정을 거쳐 안정된 천지인(天地人) 구조로 운행되게 되고, 진화의 터전 위에서 만물에게 마침을 향한 진화적 운행이 공평하게 적용된다. 삼재(三才)는 운삼의 과정을 통해 만물을 운행하는 것을 목적으로 삼고, 그 만물 속에서 진화의 대표인 인간을 만들어냈다. 이에 따라 만물은 인간으로 생(生)하는 것을 목적으로 삼게 되고, 인간은 마침(終)을 그 목적으로 삼아 운행한다. 이처럼 운삼은 본(本)이 터전인 천지인 삼재와 그 대상인 만물을 운행하는 것을 의미한다. 이는 삼(三)인 천지인이 본(本)의 목적에 의해 분리될 수 없는 하나로 만들어졌기 때문이다. 만물과 인간이 운삼하는 과정은 동일하지 않지만, 그 적용되는 원리는 다르지 않다. 그런 까닭에 만물과 인간의 마침(終)에는 순서가 없다. 인간으로서 칠(七)·팔(八)·구(九)의 과정을 거치고 있어도, 마치기 전에는 언제든 다른 만물에게 뒤쳐질 수 있다. 그것이 무(無)에 의한 진화의 특성이고, 만물에서 인간이 나오는 것으로 시작됨에 기인한다.

합육(合六)과 칠(七)·팔(八)·구(九)에도 운삼(運三)의 운행과정이 그대로 드러난다. 합육(合六)은 우주에 지구가 생긴 것과 같고, 1운

(1運)에서 우주와 지구의 시공이 연결된 것처럼 칠(七)은 만물과 인간을 연결한다. 2운(2運)이 독립된 삼재인 것처럼 팔(八)은 인간의 독립된 운행이 되고, 3운(3運)이 지구적 진화의 마침을 위한 과정이듯 구(九)는 인간적 진화의 마침을 위한 과정이기 때문이다. 일묘연(一妙衍)에서 만왕만래(萬往萬來)의 과정은 칠(七)의 특성으로 연결되고, 용변부동본(用變不動本)은 팔(八)의 특성과 연결되며, 본심(本心)은 구(九)의 특성으로 설명되는 것도 운삼의 방식에 의한 것이다. 이처럼 천부경의 경문은 구조적으로 동일한 원리에 따라 배치되어 있다. 또한 운삼은 우주에 지구가 생겨난 원리를 따라 지구에 중력이 생겨나 지구적 시공과 만물이 생겨나는 과정이다. 이 과정에서 대표로 선택된 인간이 본래의 우주로 넘어가는 진화 역시 운삼의 원리가 적용된다.

인간의 생물적 진화와 인간의 존재적 진화는 완전히 다른 방식이다. 대삼합육(大三合六)이 생물적 진화에 해당한다면, 생칠팔구(生七八九)는 동일한 인간으로서의 존재적 진화이다. 2운(2運)의 변화가 마무리되어 생칠팔구(生七八九)의 3운(3運) 과정에 놓임으로써, 지구적 변화와 만물의 생물적 진화과정은 끝을 맺었다. 천부경에서 생물적 진화는 진화의 주체가 자리잡는 과정으로 이해 가능하다. 그런 까닭에 천부경(天符經)이 운삼(運三)에 존재적 진화과정인 생칠팔구를 포함하고 있는 것이다. 2운의 과정과 무궤화삼(無櫃化

三)의 과정으로 무(無)를 공유하고 있기에, 생겨남(生)의 과정에서 만물과 인간이 연결될 수 있다. 이때의 연결은 생물적인 것이 아니라 무궤화삼을 통한 무(無)에 의한 것이다. 석삼극(析三極)으로 지구가 우주와 연결되어 있는 것처럼, 합육(合六)과 생칠팔구를 통하여 만물과 인간이 연결되어 있다. 그래야만 부합됨으로 인간이 지구적 무(無)에서 우주적 무(無)로 넘어가는 시도를 계속할 수 있게 된다. 칠(七)인 상태의 인간이 다시 만물로 돌아갈 수 있도록 설계된 이유는, 동일한 무(無)인 인간 자체에게 존재적 우월성이 없음을 말하기 위함이다. 인간은 살아있는 상태에서 공존하는 만물에 대해 우월감을 지녀야 할 이유가 없다. 만물에서 넘어온 우월함과 자부심을 넘지 못하면, 본능에 의지하는 칠(七)의 단계에서 벗어나지 못한다. 팔(八)과 구(九)의 단계에 있는 사람에게는 만물과 다른 것에 대한 우월감이 없고, 마침을 위한 진화의 방향성만이 존재하기 때문이다. 생(生)의 결과는 환(環)이라는 과정을 통해서만 알 수 있다.

천부경(天符經)은 칠(七)·팔(八)·구(九)로 생겨남과 생(生)의 수준을 규정함으로써, 인간다움을 유지하는 진화를 인간에게 요구하고 있다. 그것을 위해 인간에게 본(本)을 본뜰 수 있는 마음자리가 심어져 있음과 생칠팔구(生七八九)로 본심(本心)에 다다라야 하는 이유를 함께 밝히는 것이다. 운삼의 세 번째 과정(3運)인 생칠팔구는 사람의 삶에 적용해서 이해할 수 있다. 칠(七)은 하늘(天)로부터 주어진 시간으로, 삶의 흐름이자 나이가 된다. 팔(八)은 땅(地)으로부터 영향을 받는 터전적 환경으로, 자라남의 과정이자 결실이 된다. 구(九)는 하늘과 땅의 운행주체인 본인(本人)으로, 이루어짐의 과정이자 그 본(本)의 수준이 된다. 이를 통하여 한 생(生)의 운삼(運三)이 나(我)의 진화를 위한 것으로 쓰이도록 할 수 있어야 한다. 그런 까닭에 천부경은 일시무시일(一始無始一)부터 생칠팔구까지의 과정을 운삼사성(運三四成)으로 정리하고, 그것을 인간이 일묘연(一妙衍)의 과정에서 밟아가야 함을 보여준다.

사성(四成)은

운삼(運三)의 과정마다 생기는 각각의 이루어짐으로 하나의 흐름을 매듭짓는 것이고, 운삼의 운행이 마무리되어 순환(環)과 마침(終)의 결과가 드러남이다.

천부경(天符經)을 이해하기 위해서는 경문 전체를 연결하는 고리가 필요하고, 세 가지 형태로 연결된 운삼사성(運三四成)이 그 역할을 하고 있다. 첫 번째는 석삼극(析三極)·천일일 지일이 인일삼(天一一 地一二 人一三)·천이삼 지이삼 인이삼(天二三 地二三 人二三)의 운삼(運三)과 생칠팔구(生七八九)의 지구적 사성(四成)이다. 석삼극의 성(成)은 본(本)이고, 천일일 지일이 인일삼(天一一 地一二 人一三)의 성(成)은 일적십거(一積十鉅)이며, 천이삼 지이삼 인이삼(天二三 地二三 人二三)의 성(成)은 대삼합육(大三合六)이다. 그 합육의 생칠팔구가 사성(四成)이 되어 진화의 운행구조가 완성된다. 이는 석삼극으로 시작된 운삼이 완성되어 그 결과물이 다시 두 번째의 운삼사성을 시작하는 것이다. 두 번째는 생칠(生七)·팔(八)·구(九)의 운삼과 인중천지일(人中天地一)의 우주적 사성이다. 첫 번째 운삼사성의 사성인 육(六)의 인간에게 칠(七)·팔(八)·구(九)가 각각의 성(成)이 되고, 그 각각의 매듭을 넘어 인중천지일로 존재적 진화의 사성이 이루어진다. 세 번째는 이러한 운삼사성이 일어나는 일묘연(一妙衍)의 방식에 관한 것이다. 만왕만래(萬往萬來)·용변부동본(用變不動本)·본심(本心)의 운삼과 본태양앙명(本太陽昻明)의 사성이다. 만왕만래는 만물과 인간이 뒤섞인 상태이고, 용변부동본은 인간으로 독립된 상태이며, 본심은 인간에서 나(我)로 자립된 상태이다. 그리고 본태양앙명은 나(我)로 지속되는 상태이다.

무(無)로 뒤섞인 것이 분화와 합쳐짐을 거쳐 무(無)가 되는 과정이 운삼사성(運三四成)이다. 이러한 모든 과정의 주체가 인간임을 보여주고자 인중천지일(人中天地一)이 세 가지 형태의 운삼사성 뒤에 결과로 온다. 운삼(運三)은 세 번의 운행으로 삼변(三變)의 과정을 거치고, 사성(四成)으로 그 과정이 마무리된다. 사(四)는 이루어짐에는 과정이 필요함을 의미하고, 성(成)은 이루어짐의 결과가 있게 됨이다. 사성을 운삼 뒤에 오도록 함으로써, 사성이 운삼의 과정을 포함한 결과를 설명하는 것임을 명확히 한다. 그런 까닭에 운삼의 운행과정마다 각각의 결과가 있게 된다. 이처럼 세 번의 운행과 세 번의 이루어짐이 합쳐져 사성(四成)이 되는 것이다. 천부경이 하나로 연결된 삼운(三運)과 사성(四成)이 아니라 독립된 연결인 운삼(運三) 사성(四成)으로 표기하는 이유이다. 운삼과 사성이 합쳐짐 또한 칠(七)이 되고, 사성의 결과로 환오칠(環五七)하는 것임을 보여준다.

비롯되거나(始) 생겨난(生) 하나(一)는 이루어지기까지 세 번의 운행을 포함하는 네 단계의 이루어짐을 거치게 된다. 천부경(天符經)은 지구와 만물, 인간의 진화에 이 원리가 동일하게 적용됨을 설명하고 있다. 사성(四成)은 변화와 진화의 과정에 존재하는 매듭이다. 매듭이 지어지는 사성이 있기에 생겨남(生)과 그침(死=己)이 진화로 연결되어 단계를 밟아갈 수 있는 것이다. 그런 까닭에 인간의 사성에는 환오칠(環五七)과 일종(一終)의 두 가지 결과가 있게 된다. 이는 사성이 1운(1運)의 진화인 삼(三)과 2운(2運)의 진화인 육(六) 그리고 3운(3運)의 진화인 구(九)의 결과에 따라 결정되기 때문이다. 이처럼 사성은 운삼으로 인한 각각의 결과들에 의해 결정되는 것이다.

사성(四成)의 특성은 우주가 지구의 본(本)으로 심어둔 태양을 통하여 알 수 있다. 태양은 사계절을 통하여 순환과 마침의 모형을 인간에게 보여준다. 사계절은 운삼(運三)과 사성의 과정이다. 그 속에서 봄·여름·가을이 운삼이 되어 겨울로 사성이 마무리되는 것이다. 봄·여름·가을에는 각각의 특성과 결과가 있게 되고, 그 각각의 결과들이 이어져 합쳐짐으로 겨울의 모습이 결정된다. 그 겨울에 따라 다시 새롭게 시작하는 봄이 결정된다. 그런 까닭에 사성은 운삼과정에서 일어나는 세 번의 이루어짐(三成)과 이것이 합쳐진 결과(一成)가 사성이 되는 것이다. 인간으로 태어나 운행한 삶의 결과가 마침(終)이 아닌 그침(死=己)이라면, 인간은 다시 지구의 순환과정 속에서 새로운 봄을 시작해야 한다. 반면에 그 운행의 결과가 마침(終)이라면, 지구에서의 봄이 아니라 우주에서의 봄을 맞이하게 된다. 봄이 기반하는 무(無)가 달라지기에 그 성질 또한 달라지는 것이다. 이처럼 인간에게도 시(始)와 종(終)으로서의 사성이 일어나고, 이것 역시 태양의 밝음에 의해서 일어난다.

천부경(天符經)에서 운삼(運三)을 통한 사성(四成)의 목적은 마침(終)을 통하여 무(無)의 상태에 다다름에 있다. 일시(一始)한 것의 무(無)에서 시일(始一)한 존재가 일종(一終)하여 무(無)로 종일(終一)하는 것이고, 인간이 우주적 존재인 신(神)이 된 상태이다. 이를 위하여 운삼과 사성에는 다양한 방식들이 존재한다. 인간의 운삼사성(運三四成)은 오로지 마침(終)으로 지구적 차원에서 우주적 차원으로 넘어가기 위함이다. 이것은 삼재(三才)가 합심하여 진화시킨 인간으로서의 존재적 의무이기도 하다. 천부경에서는 태양을 지구보다 큰 우주적 존재의 상징으로 삼고 있다. 태양은 지구와 만물의 생존을 결정하고, 이루어짐의 방향으로 이끌어 줌으로써 사성(四成)을 가능하게 한다. 이것을 천지(天地)가 본받았기에 자신이 아닌 만물과 인간을 위한 역할을 할 수 있는 것이다.

생칠팔구(生七八九)의 구(九)는 합육(合六)의 지구적 사성이기에 성인(聖人)으로서 다른 인간에게 같은 역할을 할 수 있다. 이것이 홍익인간(弘益人間)의 길이고, 그런 사람으로 채워진 것이 이화세계(理化世界)이다. 태양과 같은 역할을 다른 인간을 위해 행함으로써, 인간들이 마음(心)을 지닌 존재가 되도록 돕는 것이 마음의 유일한 사용법이다. 그 과정을 통하여 천지(天地)와 인간은 자연스럽게 하나가 될 수 있고, 그것이 인중천지일(人中天地一)의 모습이다. 부처와 예수, 노자가 인간을 위한 길을 걸었던 이유도 여기에 있다. 각각의 방법이 다를 뿐 저절로 그렇게 되는 것이다. 천부경이 인간의 본(本)인 마음(心)은 태양(太陽)을 따르게 된다고 가르치는 것도 다르지 않은 이치이다.

인간은 인간만의 정신과 몸 그리고 생명력을 지니고 있다. 그것이 커지고 합쳐지는 과정을 통하여 이루어진(成) 결과가 마음(心)이다. 마음(心)은 인간에게만 존재한다. 마음은 과정적 진화를 위한 도구가 아니라 존재적 진화의 마침을 위한 도구이기 때문이다. 마음(心)은 만물에게는 없었던 것이고, 인간에게도 커지고 합쳐지는 과정에서 비워진 자리가 생겼을 뿐이다. 생칠팔구(生七八九)는 그 비워진 곳에 마음이라는 무(無)의 집을 만들어 가는 과정이다. 그런 연후에 그 빈 집에 천지(天地)가 채워지면 마치게 되고, 지구의 신(神)이 될 수 있다. 그런 까닭에 지구의 신(神)은 하나의 마음을 지니고 있고, 우주의 신(神)은 무(無)의 마음을 지니게 된다. 절대무(絶代無)에 기반하는 우주의 신(神)과 우주의 무(無)에 기반하는 지구의 신(神)이 다른 이유이다. 대한민국은 사계절이 지구에서 가장 명확한 나라이다. 그로 인하여 오랜 시간 태양의 밝음이 미치는 모든 과정을 온전하게 경험해 올 수 있었다. 덕분에 마침에 가까운 존재로 진화될 가능성이 가장 높은 지역이 되었고, 천부경(天符經) 역시 나올 수 있었던 것이다.

환오칠(環五七)은

인간이 마침(終)을 향해 걸어가는 과정에서 일어나는 순환의 매듭이고, 무한의 기회를 주는 우주적 사랑의 표현이자 벗어날 수 없는 지구적 순리이다.

환오칠(環五七)은 인간의 사성(四成)인 종(終)과 환(環) 중 순환(環)으로 지구적 삶을 반복하는 것이다. 거의 모든 인간은 생(生)을 마침(終)으로 마무리 짓는 것에 실패한다. 인간은 무궤화삼(無櫃化三)의 방식에서 독립된 상태로 운행되고, 환오칠로 2운(2運) 위에서 순환함을 보여준다. 환오(環五)는 생(生)의 근거인 몸(櫃)이 2운의 천지인(天地人) 중 땅인 오(五)로 돌아감을, 환칠(環七)은 1운(1運)에서 다시 인간의 시간을 부여 받아 천지(天地)로 돌아옴을 상징한다. 순환과정에서 육(六)에 생(生)이 더해지는 것이 칠(七)이니, 칠(七)의 돌아옴에는 만물과 인간의 구분은 없다. 이 칠(七)에 다시 생(生)이 더해진 것이 팔(八)이고, 인간으로 돌아오는 상태가 된다. 마찬가지로 팔(八)에 다시 생(生)이 더해지는 것이 구(九)이고, 이때부터는 마음을 지녀 나(我)로 순환한다는 것이 천부경(天符經)의 입장이다. 고로 환오칠의 순환적 연결은 육(六)과 칠(七)로 만물과 인간이고, 환오팔(環五八)은 칠(七)과 팔(八)로 인간과 인간을 연결하며, 환오구(環五九)는 팔(八)과 구(九)로 인간과 나(我)를 연결한다. 이것이 지구적 방식인 운삼(運三) 안에서 이루어지는 환오칠(環五七)이고, 종교적 윤회의 개념을 포함한다. 이처럼 진정한 의미의 윤회는 구(九)인 상태에서만 기능하다. 그 이전의 순환은 나(我)의 윤회가 아닌 인간의 존재적 거듭됨일 뿐이다.

천부경(天符經)은 인간인 상태에서 행해야 하는 하나의 원리를 설명하기 위한 것이다. 그것은 우주에서 지구가 만들어진 원리이고, 천지(天地)와 만물이 합쳐져 인간이 만들어지는 원리이며, 인간의 마음(心)에 지구의 마음을 품어 무(無)인 십(十)으로 마치는 원리이다. 이때의 십(十)은 인간이 지구와 같은 존재가 되었음을 의미한다. 인간을 소지구(小地球)가 아니라 소우주(小宇宙)라고 표현하는 것은, 지구가 인간을 위해 우주에 만들어진 도구적 존재이기 때문이다. 인간이 지구적 관념에서 벗어나면 물질적 존재성이 무(無)로 달라질 수 있다. 더불어 지구적 한계를 넘어서면 인간이 지구적 존재에서 우주적 존재로 전환된다. 이것이 일시무시일(一始無始一)의 무(無)와 일종무종일(一終無終一)의 무(無)에 대한 개념적 차이이다. 이를 통해 우주가 지구와 같은 입장에 설 수 있는 시공(時空)을 지닌 존재로 인간을 진화시키는 것이다. 우주가 무(無)로 지구라는 한정적이지만 안정적인 독립된 시공을 만들어낸 이유이다. 그 상태에서 지구처럼 다른 인간을 진화시키고자 하는 존재가 인간이 인지하는 형태의 신(神)이다. 이처럼 인간이 지구에서 환오칠(環五七)

을 거듭하는 것은 각각의 생(生)을 위한 것이 아니다. 인간이 신(神)이 되는 진화의 길 위에 놓여져 있기에, 진화를 위해 생(生)과 생(生)을 이어주고자 환오칠이 거듭되는 것임을 자각해야 한다.

지구 안 만물의 몸(櫃)은 그 운행을 담당하는 2운(2運)의 땅(地)으로 돌아간다. 그리고 만물에 담겨 생(生)을 만든 무(無)는 그 공급자이자 시간을 상징하는 1운(1運)으로 돌아간다. 천부경(天符經)은 환오칠(環五七)을 통해 무궤화삼(無櫃化三)하는 만물과 인간의 순환을 명확하게 구분 짓는다. 인간은 만물과 달리 지구적 진화의 유일한 존재적 몸(櫃)이기 때문이다. 그 궤(櫃)의 상징인 합육(合六)의 인간이 칠(七)로 생겨남으로써 십(十)에 도전하게 된다는 것이 천부경의 입장이다. 인간은 구(九)에 다다라도 십(十)에 도달하지 못하면 재생(再生)의 과정을 거쳐야 한다. 사성(四成)의 다음에 환오칠이 오도록 함으로써, 인간의 칠(七)·팔(八)·구(九)는 환오칠의 과정을 계속 겪는 것임을 보여준다. 천부경은 환오칠을 통해 생칠팔구(生七八九)의 과정 중 인간으로서의 생(生)이 거듭되는 기준을 제시한다. 칠(七)을 벗어나 온전하게 인간으로서 윤회하는 환(環)의 과정으로 진화하는 것이다. 이 역시 운삼(運三)의 운행 원리를 따른다.

일묘연(一妙衍)은
하나의 본(本)과 원리로 한결같이 지속되며 흘러가는 신묘한 운행의 방식이고, 일묘연의 대상인 하나(一)는 합육(合六)으로 생(生)한 인간이 된다.

일묘연(一妙衍)은 하나(一)인 우주와 지구, 만물이 별개이면서 하나(一)로 흘러가는 모습이다. 각각의 독립된 하나(一)들이 하나의 목적에 따라, 하나의 원리와 과정으로 이어져 흘러가는 것이다. 이러한 흘러감의 목적인 진화의 섭리는 신묘하게 작동된다. 지구와 만물은 이 하나의 원리를 따라 흘러가며 진화를 지속한다. 이 흘러감 속에서 다른 몸(櫃)으로 재생을 거듭하지만, 그 흘러가는 원리와 존재적 본(本)의 단계는 한결같이 지속된다. 그럼으로써 우주의 목적에 부합되는 진화가 지구와 인간 안에서 신묘하게 지속된다. 그런 까닭에 만왕만래(萬往萬來)의 시간 동안 용변(用變)으로 생(生)이 달라져도, 진화의 단계는 틀림없이 지켜지며 흘러간다. 그것은 지구가 우주에 의지하고, 인간은 지구를 의지하여 우주의 무(無)로 돌아가는 하나의 원리를 따르기 때문이다.

절대무(絶代無)가 우주를 운행하는 목적은 달라지지 않는다. 고로 복잡계인 우주가 그 목적에서 어긋남 없이 운행되고, 지구가 만물과 인간을 하나의 원리로 운행하는 과정을 신묘하다 하는 것이다. 이처럼 '하나의 흘러감'이라고 말하는 것은 만물과 인간이 하나의 목적을 지니고 있음을 의미한다. 일묘연(一妙衍)을 통하여 지구와 만물, 인간이 모두 같은 길을 걷고 있음을 말하고 있다. 천부경(天符經)은 그 원리를 인간에게 적용하여 만왕만래(萬往萬來)와 용변부동본(用變不動本), 본심(本心)과 본태양앙명(本太陽昻明)을 설명한다. 인간의 마침(終)이라는 우주의 목적에 부합하도록 흘러간다는 의미이다. 일묘연의 일(一)은 우주 전체의 진화원리이고, 이를 위해 역할에 부합되는 변화를 거치는 각각의 존재이다. 인간은 이를 통하여 인중천지일(人中天地一)로 목적에 부합된다.

지구 속의 하나는 무궤화삼(無櫃化三)의 만왕만래(萬往萬來)와 운삼(運三)에 따른 용변(用變)으로 각각 진화한다. 그럼에도 이 모든 진화는 하나인 지구적 순리를 벗어나지 않는다. 일묘연(一妙衍)은 몸(櫃)에 따른 각각의 존재성과 상관 없이 하나의 목적을 위해 지속되는 하나(一)의 길을 걸어가게 됨의 표현이다. 인간은 그침으로 다시 몸을 받아서 오고, 그 쓰이는 모습과 기억이 같지 않다. 그러나 같은 길 위에 각각의 단계에 맞도록 틀림없이 놓여진다. 그런 까닭에 일묘연 속의 만왕만래와 용변부동본(用變不動本), 본심(本心)마다 각각의 운삼과정이 일어나게 된다. 일묘연의 단계마다 각각 세 번의 운삼이 있게 되고, 이는 칠(七)·팔(八)·구(九)에 각각

영(0)부터 구(9)까지의 세분화된 운삼사성(運三四成)의 과정이 존재하게 된다는 의미이다. 고로 인간의 칠(七)·팔(八)·구(九)의 존재적 진화과정은 30단계로 구분되고, 인중천지일(人中天地一)의 수준 역시 10단계의 구조를 지니게 된다. 이처럼 인간으로 생(生)하여 일종(一終)으로 무종일(無終一)에 다다라 가는 것에도 운삼사성이 적용된다. 인간의 진화적 흐름은 칠(七)·팔(八)·구(九)·인중천지일의 4단계이고, 세부적으로는 만왕만래·용변부동본·본심·본태양앙명에서 40단계의 과정을 거치게 되는 것이다. 이 모든 단계를 거쳐 진화하는 것이 일묘연의 과정이다.

만왕만래(萬往萬來)**는**
일묘연(一妙衍) 속에서 마침에 도달하기까지 거듭되는 시간의 흐름이고, 운삼(運三) 1운(1運)의 구조에 적용되어 분별없이 일어나는 순환을 상징한다.

하나의 흘러감은 만왕만래(萬往萬來)를 통하여 끊임없이 기회가 생긴다. 만왕만래는 일묘연(一妙衍) 속에서 시간이 지닌 직선과 순환의 흐름이다. 이러한 시간적 흐름만으로는 인간이 만왕만래의 거듭됨에서 벗어날 수 없다. 그래서 쓰임을 바꿔줌으로써 본능을 넘어 인간의 본(本)을 자각할 수 있도록 돕는다. 만왕만래는 한결같이 지속되는 시간이고, 시간이 마침을 위한 기회를 제공하는 방편으로 쓰이는 것이다. 인간은 이러한 시간의 순환 속에서 진화적 주체의 존재성을 지님으로써 인간으로서의 본(本)을 지닐 수 있어야 한다. 인간이 그 시간 속에서 목적에 부합되는 길을 자각하지 못한다면, 만왕만래의 과정 속에 갇히게 될 것이다. 만물과 인간은 무조건 마침을 위해 진화되는 것이 아니다. 각각의 과정마다 부합되는 자격요건을 스스로 갖추어야 하고, 그 기준은 마음(心)에 대한 자유의지와 실제의 행동이 된다. 이처럼 인간은 인간으로 생겨난 것뿐이고, 진화적 자각이 없다면 무의미한 생겨남만을 반복하게 된다.

만왕만래(萬往萬來)는 거듭되는 인간의 생(生)을 통하여 인간으로서의 본(本)을 자각하기 위한 것이다. 그 자각을 통해 인간은 만왕만래에서 인간으로서 용변(用變)하는 과정으로 넘어가게 된다. 만물 속 인간에서 인간으로 존재적 진화가 이루어지는 것이다. 이를 돕기 위해 천부경(天符經)과 역경(易經), 도덕경(道德經) 등의 경전이 세상에 나온 것이다. 만왕만래는 일묘연 전체의 특성이지만, 인간의 생칠팔구(生七八九)에서는 칠(七)의 특성으로 적용된다. 인간으로서의 진화적 본(本)이 없는 상태이고, 인간의 환오칠(環五七)이 만물 속에서 독립된 것이 아님을 보여주기 때문이다. 삼극(三極)에서 삼재(三才)가 독립하듯 인간 역시 만물에서 독립할 수 있어야 한다. 이는 흔들리지 않는 인간으로서의 본(本)을 지니는 것이다. 이것은 진화과정에서 인간으로 생(生)한 이유를 자각해야 가능해진다. 이를 통하여 생칠(生七)한 인간이 커지고(大) 합쳐짐(合)으로써 팔(八)로 생겨나게 된다. 인간이 비로소 움직이지 않는 본(本) 위에서 용변(用變)하여 마음을 만들어 가게 되는 것이다.

인간은 만왕만래(萬往萬來)를 통하여 저절로 칠(七)·팔(八)·구(九)의 과정을 밟아갈 수 없다. 그런 까닭에 인간으로 생겨난 이유를 자각하여, 자발적으로 진화의 과정을 수용하기 전에는 환오칠(環五七)에서 벗어날 수 없다. 그래서 만왕만래는 진화를 위한 기회이지만, 진화에 대한 자각이 없으면 진화의 포기와 같게 된다.

인간의 진화에 대한 자각은 진화과정을 통하여 지니게 된 마음자리를 정돈하는 것이다. 이를 통해 인간은 본능이 아닌 감정을 지니게 된다. 즉, 마음을 만들고자 하는 시도가 인간을 만왕만래에서 벗어나게 하는 것이다. 만왕만래는 우주에 포기라는 것이 없음을 상징한다. 그리고 진화를 위해 처음부터 선택된 인간이란 없음을 보여준다. 공평무사(公平無私)하게 그 진화과정을 걸어가는 인간이 있을 뿐이다. 우주에서 지구와 인간은 스스로 마침을 포기할 수 있는 권리가 없다. 그럼에도 인간은 그 길 위에 멈추어 서서 생(生)의 기회를 낭비한다. 인간은 만왕만래를 통하여 진화의 과정에 계속하여 놓여진다. 고로 인간은 그 진화의 과정 속에서 멈추어 서 있거나 앞으로 나아갈 수 있을 뿐이다.

용변부동본(用變不動本)은

인간의 존재적 본(本) 안에서 인간인 상태로 쓰임이 달라지는 순환이고, 지구의 본(本)이 인간의 부동본(不動本)으로 자리잡아 나(我)를 만들어 가는 과정이다.

  용변부동본(用變不動本)의 용변(用變)은 만왕만래(萬往萬來)를 통한 쓰임의 변화이다. 부동본(不動本)은 만왕만래 속에서 존재적 본질과 목적이 달라지지 않음을 의미한다. 그런 까닭에 용변부동본은 만왕만래와 달리, 인간으로서의 본(本)을 유지한 채 쓰임이 달라짐을 의미한다. 일묘연(一妙衍)에서 만왕만래보다 진화한 단계에서의 쓰임이다. 그리고 역경(易經)이 대상으로 삼고 있는 터전으로서의 천지(天地)와 인간의 단계이다. 이처럼 인간의 진화는 쓰임에 따라 단계가 달라지는 것이 아니다. 만물 속에서 인간으로서의 본(本)을 지니게 되는 것과 그 본(本)으로 지구의 본(本)을 하나로 합쳐 개인의 본(本)으로 독립하는 것에 달려있다. 인간은 진화적 필요에 따라 한 생(生)에서 자기의 단계보다 높거나 낮은 수준의 역할로도 쓰일 수 있다. 고로 현재의 쓰임의 모습이 아니라 자기의 본(本)을 살펴야 자기의 진화 단계를 알 수 있다. 그 자각이 인간을 다음 단계의 진화과정으로 넘어가게 만든다. 이처럼 인간의 진화는 본(本)의 상태에 따라 달라진다. 만물에서 인간으로 그리고 인간에서 마음(心)을 얻기까지는 무리로서의 본(本)이고, 마음을 얻은 이후는 본(本)을 지닌 나(我)로서의 하나(一)가 된다. 완전한 하나로 독립되어야 비로소 본태양앙명(本太陽昂明)하여 인중천지일(人中天地一)이 가능해진다.

용변부동본(用變不動本)은 지구가 인간에게 기대하는 목적이 한결같이 지속됨과 인간으로서 그 목적에서 벗어나지 않게 되었음을 말해준다. 비로소 우주의 본(本)과 지구의 본(本), 인간의 본(本)이 하나의 흘러감으로 이어진 것이다. 이 흘러감은 하늘의 목적에 부합하고자 하는 진화의 원리를 따르고, 이제는 인간으로서의 존재적 본(本)과 마음을 향한 진화적 본(本)이 달라지지 않는다. 용변(用變)의 대상은 부동본(不動本)이기에 이를 포기하거나 벗어날 수 있는 권리가 없다. 진화의 과정을 거쳐 부동본을 지님으로써 우주의 목적에 부합해야 하는 의무가 본격적으로 생겼기 때문이다. 이를 위해 지구는 지구의 본(本)을 지닐 수 있는 존재로 인간을 선택하였다. 이에 대한 보상으로 인간은 본심(本心)으로 우주의 본(本)을 담아 인중천지일(人中天地一)로 마칠 수 있는 권리 역시 지니게 되었다. 지구는 지구로서만 운행되기에 무진본(無盡本)이고, 인간은 지구의 본(本)에 의해 인간이 아닌 것으로 달라지지 않게 되었기에 부동본이다. 천부경(天符經)은 그것을 인간이 지녀야 하는 마음(心)때문임을 가르쳐준다. 인간은 자발적으로 진화를 계속해 가는 것이 쉽지 않다. 그렇기에 본(本)을 유지한 채 쓰임을 달리해 줌으로써 스스로 그것을 깨닫도록 계속 자극하는 것이다. 이를 통해 지구의 본(本)이 보여주는 부동본들을 본떠(毋) 하나(一)로 지기 안에 담아내야 마음이 만들어진다. 이것이 역경(易經)이 보여주는 인간의 길이 된다.

인간은 용변부동본(用變不動本)을 통하여 인간으로서의 본(本)과 역할로서의 본(本)을 배워간다. 그 과정에서 지구의 본(本)을 본뜨게 된다. 이를 위해 인간으로서의 본(本)을 자각하고, 자기가 놓인 진화 단계를 스스로 자각해 살아야 한다. 그것을 돕기 위해 신(神)에 다다른 인간들이 자기의 말(言)을 지구에 남겨놓은 것이다. 이들의 가르침을 배워 지구가 인간에게 주는 다양한 기회를 활용할 수 있어야 한다. 본(本)이 달라지지 않으면 쓰임이 변해도 그 목적은 달라지지 않는다. 그런 까닭에 인간이 용변(用變) 속에서 길을 찾아낼 수 있는 것이다. 그러나 쓰임에 현혹된다면 인간의 삶과 변화에서 벗어날 수 없게 된다. 이것이 인간이 세상에 쓰이게 되는 원인이다. 고로 세상에서 쓰이는 것이 아니라 자기 안의 마음자리에 뿌리를 내리고자 해야 한다. 그래야만 마음(心)을 만들어 가는 인간적 진화를 마무리할 수 있게 된다. 신(神)과 성인(聖人)들이 마음에 대해 끊임없이 말하고, 그것을 따라가야 한다고 가르치는 이유이다. 이는 인간이 마음을 지녔기 때문이 아니라, 마음을 만들어야 하는 존재임을 말해주기 위함이다. 본심(本心)으로 마음을 지니면 인간은 마음대로 밝음(明)을 좇게 된다. 인간은 마음을 지녔던 존재인 부처나 예수, 노자가 보여주는 마음(心)을 본뜨고자 해야 한다. 그것을 본뜰 수 있다면 본(本)으로 나(我)의 마음을 지닌 인간이 될 수 있다. 용변(用變)으로 여러 가지인 것처럼 보이는 이 길은, 부동본(不動本)으로 오직 한 길뿐이다.

본심(本心)은

인간이 부동본(不動本)으로 삼재(三才)를 합쳐 본(本)으로 마음(心)을 지니게 된 상태이고, 그 마음(心)으로 독립된 나(我)는 우주의 본(本)인 태양의 밝음을 우러르게 된다.

본심(本心)은 천지(天地)를 자발적으로 담는 능동적 이루어짐을 위한 과정이다. 본심으로 진화의 운행주체가 지구에서 인간으로 변화되는 것이다. 인간은 마음을 지님으로써, 지구와 같이 본(本)을 사용하여 진화할 수 있게 된다. 지구의 무진본(無盡本)은 천지인(天地人)의 운삼(運三)을 통하여 인간을 진화시켰고, 인간이 본(本)으로 마음을 지님으로써 지구의 운삼은 마무리된다. 그 마음에 삼극(三極)의 천지(天地)를 담아 지구의 본(本)과 같은 상태로 반본환원(返本還原)하여, 무시일(無始一)과 같아짐으로써 일종(一終)하는 것이다. 이는 우주적 본(本)인 태양의 밝음을 좇아 이루어진다. 천부경(天符經)에서 본(本)은 우주와 지구 그리고 인간이 공통으로 지니고 있는 것이다. 그런 까닭에 만왕만래(萬往萬來) 속에서 부동본(不動本)으로 용변(用變)하게 되어 일묘연(一妙衍)이 지속되는 것이다. 본(本)이 뒤에 오는 무진본과 부동본은 그 존재 스스로를 위한 것이다. 반면에 본(本)이 앞에 오는 본심(本心)과 본태양앙명(本太陽昂明)은 자기 밖을 위한 것이고, 그 마음이 표현되는 것이 홍익인간(弘益人間)이다.

인간은 만왕만래(萬往萬來)와 용변부동본(用變不動本)으로 우주적 진화과정에 참여하는 기회와 부동본(不動本)의 동질성을 높인다. 그 과정을 거쳐 본심(本心)으로 우주적 진화를 위한 존재적 자격을 얻는다. 우주와 지구, 인간이 지닌 본(本)의 형태와 성질이 다르기 때문이다. 우주는 무(無)를 생(生)의 본(本)으로 삼고, 지구는 태양을 생(生)의 본(本)으로 삼으며, 인간은 지구를 생(生)의 본(本)으로 삼기 때문이다. 마음은 우주와 지구가 이어지는 다리인 인간의 본(本)이다. 이처럼 본심(本心)은 인간이 지구적 순리를 벗어난 존재가 되었음을 상징한다. 지구처럼 태양의 밝음(太陽昂明)을 생(生)의 본(本)으로 삼는 것이다. 우주는 없는 것에서 생겨남을 본(本)으로 지구를 만들었고, 지구가 우주적 목적을 잃지 않도록 태양을 본

(本)으로 삼아 살아가게 한 것이다. 그런 까닭에 지구를 본(本)으로 삼아 진화한 인간이 본심(本心)을 지니게 되면, 지구의 본(本)인 태양의 밝음을 자연스럽게 따르게 된다.

우주의 무(無)는 지구진화의 본(本)으로 태양을 두고, 지구의 본(本)은 그 태양의 밝음으로 인간을 진화시킨다. 우주와 지구, 인간이 하나로 연결되어 있는 이유이다. 인중천지일(人中天地一)은 인간이 마음(心)을 통하여 태양을 직접 우러를 수 있는 상태에 도달한 것을 상징하고, 일종무종일(一終無終一)은 우주의 본(本)인 무(無)에 다다른 것을 상징할 뿐 같은 것이다. 이런 방식으로 본(本)은 인간과 지구, 우주를 진화의 과정과 결과로 연결하고 있다. 이 모든 일은 인간이 본(本)으로 마음(心)을 지님으로써, 우주의 무(無)가 인간에 직접 담기는 것으로 끝난다. 천지인(天地人) 삼재(三才)에서 본심(本心)을 지녀 독립한 인간이, 석삼극(析三極) 상태의 한 극(極)으로 자립한 상태이다. 그것이 본심(本心)을 통하여 받아들인 우주의 진화원리이자 우주의 마음이 된다.

인간이 무(無)에 다다르면 다른 것들을 키워낼 수 있는 존재가 될 수 있고, 그 존재를 부르는 이름이 신(神)이다. 인간이 마음(心)을 지니는 순간이 그 출발점이 되는 것이다. 지구에 무진본(無盡本)이 생김으로써 변화와 진화가 시작된 것처럼, 인간이 독립된 본(本)

을 지닌다는 것은 주체적 진화가 가능하게 됨을 의미한다. 그런 까닭에 본심(本心)까지의 진화가 지구에 의한 것이라면, 본심(本心) 이후의 진화는 태양에 의한 것이 된다. 이처럼 지구적 차원의 신(神)은 인간이면 누구나 될 수 있는 것이다. 모든 종교들은 인간 안의 신성(神性), 즉 마음으로 그 길을 제시하고 있다. 이것이 천부경(天符經)의 마음을 지닌 인간에 의한 홍익인간(弘益人間)의 원리이고, 홍익인간으로 인간들이 새로워지면 지구가 이화세계(理化世界)가 되는 것이다.

본(本)을 지닌 지구와 인간은 우주와 같이 무(無)의 상태이다. 우주와 지구, 인간이 하나(一)의 본(本)을 공유하기 때문이다. 그래야만 무(無)가 우주를 만들고, 우주가 무(無)로 지구를 만드는 것과 같은 무(無)가 인간 안에도 생기게 된다. 인간보다 지구가 그리고 지구보다 우주가 지속되는 기간이 길고, 우주가 지구를 그리고 지구가 인간을 생존할 수 있게 하기에 그것을 인간이 알 수 없을 뿐이다. 그것이 천부경(天符經)이 신(神)의 길을 향한 진화를 본심(本心)에서 시작하는 이유이다. 마음(心)은 우주와 지구가 일시(一始)하는 것과 같은 독립된 자발성의 상징이다. 인간 역시 마음을 지니게 되는 순간부터 진화적 자발성이 생긴다. 마음의 자발성으로 태양의 밝음을 우러러 좇아 비워진다면, 그 안에서 삼극(三極)의 천지(天地)는 자연스럽게 하나가 될 것이다. 삼극은 무시일(無始一)의 무(無)에서 생긴 것이고, 진화를 거쳐 무(無)가 된 인간의 속(人中)은 우주의 무(無)와 같게 되기 때문이다. 이것이 인간에게 기대하는 우주의 유일한 바람이고, 그 결과가 일종무종일(一終無終一)이다. 그럼으로써 인간은 지구 또는 우주와 함께 지속될 수 있게 되는 것이다.

본태양앙명(本太陽昻明)은
태양을 지구 생존의 본(本)이자 운행의 기준으로 삼는 것이고,
본심(本心)을 지닌 인간은 지구처럼 저절로 태양의 밝음을 우러
르게 된다.

  본태양(本太陽)은 지구와 인간이 우러러야 하는 밝음(昻明)이 같은 것임을 의미한다. 본태양앙명(本太陽昻明)은 본(本)을 사용하여, 본(本)을 지닌 것만이 태양의 밝음을 우러를 수 있음을 규정한다. 지구에서 본(本)을 지니고 있는 것은 지구뿐이었고, 인간이 본심(本心)으로 본(本)을 지니게 되었다. 지구의 무진본(無盡本)과 인간의 부동본(不動本)이 하나로 연결되어, 인간의 본심이 우주의 본태양과 이어지도록 하는 것을 본(本)의 위치로 보여준다. 본태양앙명은 본심에 다다른 인간의 두 가지 모습을 보여준다. 하나는 인간이 지구적 진화의 유일한 대상이라는 점이고, 다른 하나는 태양처럼 자기 밖의 인간에게 영향을 미치는 존재라는 점이다. 이것이 홍익인간(弘益人間)의 모습이자 인간을 이롭게 하는 밝음이다. 천부경(天符經)은 무진본으로 시작하여 인간이 본(本)을 지니는 것으로 지구적 진화를 마무리 짓는다. 본(本)을 지님은 지구와 인간이 독립된 존재성을 지니는 것이고, 인간이 직접 태양의 밝음을 받는 것을 의미한다. 인간이 존재적으로는 지구에서 머무르지만, 지구적

순리의 한정성에서는 자유로워진 상태이다.

   지구는 태양(太陽)과 밝음(明)으로 지구 안의 생명을 키운다. 인간은 지구 안에서 태양과 밝음으로 진화되었기에 이미 태양의 밝음을 머금고 있는 상태이다. 이러한 진화과정을 거쳐 본심(本心)에 다다르면 마음으로 직접 밝음을 우러러 인중천지일(人中天地一)로 마침이 가능해진다. 인간의 본(本)이 지구의 본(本)으로 거슬러 올라가 석삼극(析三極)으로 커진 것이 인중천지일이고, 그것이 무(無)로 마쳐진 상태라는 의미가 일종무종일(一終無終一)이다. 이것은 인간이 본심으로 본태양앙명(本太陽昻明)하여 무종일(無終一)의 상태에 도달해야 가능한 일이다. 지구와 만물이 생존할 수 있는 힘은 태양으로부터 온다. 그런 까닭에 인간이 지구를 통한 간접적 방법으로 태양의 밝음을 받는 한, 인간은 지구적 크기를 넘어설 수 없음을 보여준다.

   태양(太陽)은 온전한 하나로 자기 밖의 것을 위해 존재하고, 다른 존재를 위한 마음을 상징하는 것이 밝음(明)이다. 고로 태양의 밝음은 지구적 존재로서의 의존성과 지구가 보여주는 한정성을 넘을 수 있게 하는 우주적 다리이다. 인간은 지구를 통한 태양의 밝음으로 자기를 한결같은 상태로 진화시켜, 그것을 바탕으로 직접 본태양앙명 함으로써 자기 밖의 것에 영향을 미치는 존재로 진화하는 것이다. 이처럼 본태양앙명은 인간이 마음을 지니고, 자기를 위한 존재가 아니라 다른 존재를 위한 역할을 하는 태양을 닮아야 한다는 가르침이다. 이것이 부동본(不動本)의 인간과 본심을 지닌 인간의 차이가 된다. 인간의 안으로 들어온 밝음을 좇아 스스로를 채우고, 그 무(無)로 밖의 밝음을 좇아가는 것이 우주진화의 방향이다. 그 과정에서 태양의 밝음처럼 마음으로 다른 존재를 이롭게 하는 사람이 홍익인간(弘益人間)이다.

인간의 마음(心)은 지구적으로 압축된 것을 펼쳐내기 위한 도구이다. 인간의 마음이 태양의 밝음을 우러르면, 인간은 석삼극(析三極)과 같은 상태로 바뀌게 된다. 그 상태가 인중천지일(人中天地一)이고, 인간이 무시일(無始一)했을 때의 지구와 같은 상태가 되는 것이다. 지구처럼 인간이 자기 안에 무(無)를 머금은 십(十)의 상태에 다다른 것이다. 이때의 인간과 지구는 크기는 같지만 존재성이 다르다. 지구는 시공(時空)이고, 인간은 진화를 통해 '시공과 존재가 하나'인 자유로운 존재가 되기 때문이다. 이를 위하여 태양의 밝음을 좇음으로써 인간으로서의 마지막 진화에 도전한다. 이 길이 하늘(天)로 상징되는 우주의 진화원리이고, 인간은 그 진화원리에 부합(符)하고자 지구적 진화를 거치는 것이라고 천부경(天符經)은 가르친다. 결국 천부경은 한마음(一心)으로 태양을 좇아야 함과 태양의 밝음을 채우는 방법을 가르치는 경전이다. 완전한 밝음인 우주의 밝음을 담아내면, 태양의 밝음에 의지하는 천지(天地)는 당연하게 그 밝음을 따라 인간이라는 소우주(小宇宙) 안에 담길 것이다.

본태양앙명(本太陽昻明)으로 인간은 새로운 형태의 지구인(地球人)이자 우주인(宇宙人)인 신(神)이 된다. 인간이 살아온 지구의 무(無)는 본래 우주의 무(無)였다. 진화라는 훈련을 거친 인중천지일(人中天地一)의 인간에게, 우주의 무(無)에서 사는 것은 인간이 지구의 무(無)에서 사는 것과 다르지 않은 일이다. 일종무종일(一終無終一)은 마침(終)이 완성된 모습이고, 인간이 마음(心)으로 태양의 밝음을 좇아 스스로 이룬 것이다. 이는 인간이 우주의 독립된 무(無)인 지구의 본(本)을 따라 일묘연(一妙衍)하여 진화한 결과이다. 이러한 진화가 가능한 것은, 태양을 통하여 이루어지도록 설계된 우주법칙이 지구에 존재하기 때문이다. 인간은 태양의 밝음을 의지하여 진화되어 왔고, 이로 인하여 마음을 지니면 자연스럽게 태양의 밝음만을 좇게 된다. 인간이 생존을 위한 터전과 진화를 위한 본(本)의 경계에 놓이게 되고, 인간은 더 이상 지구적 순리에 영향을 받지 않기 때문이다. 이를 통해 지구를 넘어 우주적 존재로 자연스럽게 진화되어 가는 것이다. 천부경(天符經)이 본심(本心)의 뒤에 본태양앙명(本太陽昻明)을 배치한 이유이다.

지구 안의 천지인(天地人) 삼재(三才)는 인간적 진화의 끝인 구

(九)까지 의미가 있다. 그 이후부터는 인간이 무(無)인 삼극(三極)의 한 극(極)과 같은 상태이기에 지구적 순리를 통하여 진화할 수 없다. 인간이 지구의 인과로부터 자유로운 존재가 된 것이다. 이때부터는 지구에 작용하는 우주적 순리인 태양의 밝음을 우러러야 길을 잃지 않게 된다. 태양은 지구에서 시간의 흐름을 상징한다. 이러한 시간은 인간을 만왕만래(萬往萬來)를 통해 낳고, 용변(用變)으로 키우며, 본심(本心)으로 합쳐 진화시킨다. 인간은 자기 생(生)의 시간에 부여된 진화의 적절함을 따라갈 수 있는 무(無)의 마음(心)을 배워야 한다. 그 경험이 마음(心)을 지닌 순간 태양의 밝음만을 우러러 마침에 다다르게 한다. 우주적 순리의 상징인 태양을 머금고 있는 것이 하늘이고, 그 하늘에 부합되어(天符) 하늘과 하나가 될 수 있다는 것이 인내천(人乃天)이 된다.

인중천지일(人中天地一)은
마음(心)에 천지(天地)가 담긴 석삼극(析三極)이자 무시일(無始一)의 상태이고, 인간이 지구의 본(本)을 따라 일적십거(一積十鉅)를 거쳐 무종일(無終一)이 된 것이다.

인중천지일(人中天地一)은 인간의 본(本)인 마음(心)에 삼극(三極)의 천지(天地)가 담긴 상태이다. 이는 지구의 본(本)인 삼극이 진화를 거친 인간 안에서 다시 하나가 된 것이고, 이를 통해 인간이 '시공(時空)과 존재가 하나'인 우주와 같은 상태가 되었음을 상징한다. 인간이 일적십거(一積十鉅)의 지구적 진화과정을 거쳐 지구의 본(本)과 같은 상태에 다다랐음이다. 삼재(三才)와 달리 삼극이 혼재된 하나의 무(無)인 것처럼, 인중(人中)으로 삼극의 천지(天地)를 머금은 하나(一)인 것이다. 그 상태가 무종일(無終一)이고, 인간과 지구는 본(本)을 공유하게 된다. 이러한 상태를 사람 속에서 천지가 하나가 되었다고 하는 것이다. 이것이 가능한 것은 지구의 본(本)이 어머니(母)가 되어 인간을 번식(子)시키고, 인간이 그 본(本)을 본떠 (母) 같아지기에 같은 본(本)의 상태에 놓일 수 있는 것이다.

우주에서 본(本)을 지닌 상태는 무(無)가 된다. 인간이 진화를 거쳐 본(本)을 지니는 것은 진화가 일어난 터전의 본(本)과 같은 무

(無)를 지니는 것이다. 인간은 그 상태에서 다시 본태양앙명(本太陽昻明)하여 '시공과 존재가 하나'인 우주와 같은 모습으로 진화한다. 이를 통하여 인간은 우주적 존재로 진하디고, 마킴(終)으로 일시(一始)한 지구에서 자립한 일종(一終)의 무(無)가 된다. 인중천지일(人中天地一)을 통하여 인간은 순환하지 않고 무(無)를 머금은 무종일(無終一)의 상태로 지속된다. 인중천지일은 인간이 태양의 밝음으로 우주적 신성(神性)을 자각한 것이다. 이것은 인간이 지구적 신성(神性)으로 마음(心)을 지니게 되었기에 가능한 일이다. 고로 인간으로서의 가치를 인간인 상태에서 자각할 수 있어야 하고, 인간에게는 본심(本心)을 위한 부동본(不動本)의 삶을 사는 것이 필요하다.

인중천지일(人中天地一)은 삼극(三極)이 삼재(三才)를 운행하여 만든 인간의 속(人中)에서 다시 석삼극(析三極) 상태의 하나로 합쳐진 것이다. 천부경(天符經)은 이를 통하여 인간에게 진화의 의미와 목적을 전하고자 한다. 지구의 천지인(天地人) 삼재(三才)는 스스로를 위해 기능하지 않는다. 지구는 자기를 위해서 태양의 밝음이 필요한 것이 아니라, 자기 안의 생명을 키우기 위해 필요로 한다. 태양과 지구의 관계를 통해 지구가 목적을 지니고 있음을 알 수 있다. 태양의 밝음은 지구에서 상태의 유지가 아닌 순환과 성장을 위한 것이고, 이것은 지구의 목적이 존재적 진화에 있음을 보여준다. 천부경은 그 목적을 인간이 본(本)을 지녀 인중천지일의 존재가 되는 것이라고 말한다. 인간이 본(本)으로 마음을 지니는 순간부터, 인간 역시 자연스럽게 자기를 위해 기능하지 않게 된다. 태양의 밝음을 좇아 진화한 것처럼, 다른 인간을 위한 역할을 행하게 되는 것이다. 이를 통하여 지구의 진화과정이 인간의 신성(神性)을 깨워 우주적 존재로 준비시키는 과정일 뿐임을 보여준다. 그리고 우주적 진화의 마침을 위하여 지구는 인간을 석삼극(析三極)의 상태로 만들어준다.

무시일(無始一)과 인중천지일(人中天地一)은 일시(一始)와 일종(一終)의 상태를 설명하는 것이고, 이 무시일(無始一)에서 석삼극(析三極)으로 시작한 지구적 진화는 인간의 석삼극인 인중천지일로 끝나게 된다. 이것은 도덕경(道德經)에서 상도(常道)와 도(道)가 연동되는 방식이기도 하다. 이 방식을 통하여 인간을 십(十)의 상태로 만드는 것이 지구의 역할이자 목적이다. 이를 위해 지구는 인간을 순환시키고, 부동본(不動本)으로 진화시켜 본심(本心)으로 나(我)를 보호한다. 이러한 역할은 인간이 인중천지일이 되는 순간까지 지속된다. 그런 까닭에 일시(一始)한 것이 하나를 일종(一終)시켰다 하고, 새로운 일시(一始)인 것이니 무시일(無始一)과 같은 무종일(無終一)로 표현하는 것이다. 이처럼 삼극의 천지(天地)가 인간 속에서 하나가 되는 것은, 본떠진 존재인 인간이 본떠준 존재인 지구와 같아지는 것이다. 이것은 모든 것이 무(無)이고, 무(無)로 연결되었다가 무(無)로 마치기에 가능한 일이다.

인중천지일(人中天地一)은 지구의 진화가 완성된 것이다. 인간이 지구에서 궁극적 자유인인 신(神)이 된 상태이다. 궁극적 자유란, 지구적 선택이 아닌 우주적 선택이 가능한 상태를 말한다. 새롭게 비롯됨은 결정할 수 있는 자격을 얻은 것이고, 자유인(自由人)인 나(我)로 지속된다. 그렇다고 사람이 지구의 주인이 되는 것은 아니다. 우주에서는 어떤 것도 주인이 될 수 없다. 모든 것이 무(無)에서 비롯된 무(無)이기 때문이다. 이는 인간이 다다른 신(神)도 마찬가지이다. 신(神)의 역할은 인간에게 길을 만들어 주며 돕는 것이고, 신(神)마다 길이 다르지만, 그 목적은 모두 우주의 원리에 부합되는 하나이다. 어머니가 자식을 새로운 어머니로 키워내듯이 지구는 인간을 지구와 같게 키워냈다. 자식이 어머니와 같아졌다고 해도 별개의 존재인 것처럼, 인간이 지구와 같아져도 그 지구를 대체하는 것이 아니다. 우주에는 진화의 수준과 크기에 따라 각각의 역할이 있을 뿐이다. 지구는 시공(時空)으로 인간의 진화를 돕는 존재이다. 인간은 만물의 대표로 지구의 시공을 담게 되고, '시공과 존재가 하나'인 존재로 우주적 생(生)을 시작하게 된다.

인간들은 인중천지일(人中天地一)의 상태에 이른 사람인 예수·부처·노자를 신(神)이라고 한다. 이와 달리 본심(本心)의 끝에 다다른 사람은 성인(聖人)이라고 부르고, 공자(孔子)가 대표적이다. 고로 구(九)와 십(十)인 인간이 가르칠 수 있는 길은 다르다. 본심(本心)을 얻은 인간을 따르는 것은 세상의 길이 되고, 마침(終)에 다다른 인간을 따르는 것은 신(神)의 길이자 인간의 길이 되기 때문이다. 본심(本心)을 얻은 인간은 자기가 마음(心)을 얻은 방법을 기준으로 세상과 사람을 가르친다. 반면에 마침(終)에 다다른 인간은 마음(心)으로 밝음을 좇아갈 수 있는 길을 가리켜주고, 그 길은 모두 하나의 같은 길이다. 그럼에도 세상은 신(神)이 아니라 본심(本心)에 다다른 인간이 남긴 가르침을 따르고, 신(神)의 길과 본심(本心)을 모방하는 사람을 더 가까이 여기는 우(愚)를 범한다. 본심(本心)을 얻은 인간의 말은 칠(七)과 팔(八)의 인간에게 유익한 지혜가 되고, 마침(終)에 다다른 인간의 말은 본심(本心)을 얻고자 하는 인간과 본심을 얻은 구(九)의 인간에게 밝음이 된다.

인중천지일(人中天地一)은 지구가 인간을 위해 존재하게 되었음을 증명한다. 인간이 특별해서가 아니라, 우주진화에 부합된 결과로 생긴 것이 인간이기 때문이다. 우주의 다른 별(星)에서는 인간과 다른 존재가 우주적 진화과정을 거치고 있을 것이다. 인간처럼 존재적 진화를 거쳐 무종일(無終一)이 된 다양한 존재들이 우주에 생기는 것이다. 그리고 이러한 존재들이 우주에 모여 만물에서 인간이 선택적으로 진화된 것과 같은 진화의 경쟁을 다시 시작하게 될 것이다. 우주에서 비롯된 지구가 만물 중 인간이 선택하여 우주로 진화시킨 것처럼, 절대무(絶代無)에서 비롯된 우주는 각각의 별(星)에서 진화된 존재들을 모아 그중에서 선택된 존재를 절대무로 진화시킬 것이다. 이것이 신(神)들의 전쟁이고, 이러한 신(神)의 전쟁을 위한 비롯됨이 일종무종일(一終無終一)이다. 이처럼 일종무종일(一終無終一)은 지구수(地球數)인 십(十)을 통하여 더 큰 수(數)의 존재적 진화가 우주에서 필요함을 보여준다.

지구의 신(神)들은 우주에서 일어나는 신(神)들의 전쟁에 참가하는 인간들의 대표이다. 그런 까닭에 지구의 신(神)들은 우주 속 진화적 경쟁에서 인간이 선택될 수 있도록, 더 많은 인간을 그 진화에 참여시키고자 다양한 길을 각자의 방식으로 제시해주는 것이다. 고로 지구의 신(神)과 신(神)은 자기를 믿는 인간을 위해 싸우거나 경쟁하지 않는다. 신(神)으로 진화하고자 하지 않는 인간을 위해 시간을 낭비하지 않는다는 의미이다. 하늘에서 내려온 환웅(桓雄)과 3,000명의 신인(神人) 역시 이를 돕기 위해 지구에 내려온 것이다. 지구 안 다양한 만물의 존재성이 우주의 무(無)로 같은 것처럼, 우주에 모인 많은 존재들의 무(無) 역시 절대무(絶代無)에서는 같은 것이다. 인간은 인간으로 닫힌 의식의 문을 스스로 열어야 한다.

일종무종일(一終無終一)은

무(無)에서 비롯된 하나(一)가 마침에 다다른 하나(一)를 무종일 (無終一)로 낳는 것이고, 그 하나(一)가 우주에서의 순환과 진화적 경쟁을 새롭게 시작하는 것을 의미한다.

일종무종일(一終無終一)은 무시일(無始一)한 시공(時空)이 만든 존재가 일종(一終)한 것이고, 그 존재는 무종일(無終一)로 다시 우주에서 일시(一始)한다. 일종무종일은 지구적 진화에서 우주적 진화로의 전환이고, 새로운 형태의 존재가 된 인간의 일시무시일(一始無始一)이다. 일종무종일과 일시무시일이 다른 점은 한가지이다. 일시무시일은 존재하지 않았던 것이 존재하게 되는 비롯됨이라면, 일종무종일은 존재하는 것이 다른 시공(時空)에서 지속된다는 점이다. 이것은 하나의 진화의 과정을 마쳐진 존재가 새로운 진화과정을 시작하는 것이다. 그런 까닭에 일시무시일에서 일종(一終)까지는 일 (一)부터 십(十)까지의 과정이 되고, 일종무종일은 십(十)인 상태로 십일(十一)부터 시작한다는 차이가 있게 된다. 인간이 인중천지일 (人中天地一)인 십(十)의 상태로 마쳤기 때문이다. 이것은 지구적 차원의 일시무시일과 일종무종일이 지니는 크기이다. 일종(一終)한 인간은 불사조처럼 지구의 무(無)가 아닌 우주의 무(無)를 기반으로 비롯되게 된다. 그런 까닭에 마친 곳에서는 신(神)이 될 수 있는 것이다.

　일종(一終)은 무시일(無始一)한 하나(一)가 마친 것을 의미하고, 이것은 일시(一始)한 것이 마쳤다는 의미가 아니라 일시(一始)한 목적을 하나 달성한 것이다. 일시(一始)한 지구는 그대로 있고, 인간이 일시(一始)한 곳에서의 삶을 마치고 우주로 넘어가는 것이다. 무종일(無終一)은 무(無)로 마쳐진 상태의 새로운 하나(一)를 의미한다. 이는 일시무시일(一始無始一)의 지구가 시공(時空)으로만 존재하는 반면, 일종무종일(一終無終一)한 인간은 '시공과 존재가 하나'인 상태로 무(無)가 된 것이다. 이것이 지구와 다른 절대무(絶代無)와 우주의 특징이고, 인간 역시 이와 같은 존재가 되었음이다. 그런 까닭에 무종일(無終一)을 숫자로 표현하면 십(十)이 된다. 일시(一始)의 하나(1)가 진화의 과정을 거쳐 마침(終)으로 영(0)을 머금은 새로운 무(無)라는 의미이다. 십(十) 이상의 수(數)는, 일(1)의 뒤에 영(0)부터 구(9)까지 수(數)가 붙는 새로운 수(數)가 된다. 이것은 우주가 진화를 통한 무(無)의 자기 복제성을 드러낸다. 무(無)에서 비롯되고, 그 비롯된 것이 무(無)를 본떠 지구에서 우주로 진화해 가는 것이 우주의 진화방식이다. 인간이 그 과정을 거쳐 '시공과 존재가 하나'인 상태가 되었기에 우주에서 지속되는 것이다. 이 과정은 자기 몸을 불태워 새롭게 태어나는 불사조의 전설을 통해서도 전해진다.

무(無)는 우주적 존재가 지니는 형질의 특성이다. 이 무(無)를 활용하여 우주가 생겨났고, 우주는 다시 무(無)를 활용하여 지구와 같은 궤(櫃)인 별(星)을 만들어냈다. 이 과정은 지구에서도 동일하게 일어나고, 지구의 무(無)는 인간을 만들어 냈다. 우주는 무(無)를 기반으로 하고, 그 위에 보이는 것과 보이지 않는 것이 공존한다. 우주와 달리 지구는 무(無)가 아닌 별이라는 궤(櫃)의 상태로 무(無)를 지니고 있다. 이는 지구적 무(無)가 지닌 한계이자 우주적 목적에 부합해야 하는 이유가 된다. 우주가 지구에 부여한 목적은 '시공과 존재가 하나'인 무종일(無終一)의 진화적 존재를 만드는 것이다. 이 목적에 부합하는 과정이 인간의 진화인 것이고, 그 진화가 마무리되면 인간은 지구적 무(無)의 한계를 벗고 우주적 무(無)가 된다. 이처럼 인간이 궤(櫃)인 상태에서 벗어나 자유로운 무(無)가 되는 것이 일종무종일(一終無終一)의 의미이다. 물질적 존재와 보이는 것을 중심으로 인식하는 의식에서 벗어나야 이 길을 걷는 것이 가능하다. 그런 까닭에 천부경이 무(無)에서 시작하여 무(無)로 운행하며, 무(無)로 마치는 것이다. 인간에게 그것은 본심(本心)의 상태를 거쳐 인중천지일(人中天地一)에 다다르는 무(無)의 길이다. 인간이 지구적 무(無)를 자각한다면, 지구적 삶을 마치고 무(無)로 존재할 수 있다는 사실을 수용하도록 천부경(天符經)이 쓰여진 것이다.

우주의 암흑은 물질적인 무(無)와 비물질적인 무(無), 반물질적인 비어있는(空) 무(無)로 이루어져 있다. 이러한 암흑의 무(無)가 우주의 필요에 따라 별(星)이라는 존재로 뭉쳐지는 순간 일시무시일(一始無始一)이 시작된다. 그 목적은 존재하는 것을 통하여 무(無)를 진화시키는 것이다. 그 결과가 인간이 일종(一終)으로 진화된 존재인 인중천지일(人中天地一)이고, 우주와 같은 상태가 된 '시공(時空)과 존재가 하나'인 무종일(無終一)이다. 이를 위해 천부경(天符經)이 물질과 비물질이 분리되지 않은 무(無)의 상태로 비어있는(空) 상태에서 시작하는 것이다. 그리고 지구는 자체적인 일종무종일(一終無終一)인 일적십거(一積十鉅)의 과정을 마침으로써, 진화적 운행을 통해 인간을 마칠 수 있도록 가르치는 시공으로서의 역할을 하게 된다. 일종무종일은 인간이 그 가르침과 온전하게 하나가 되어 우주의 무(無)로 진화된 상태이고, 일종무종일이 지구적 한계를 벗어난 인간을 의미할 수 있게 된다.

 처음부터 지구가 인간을 위한 것으로 만들어진 것은 아니다. 지구적 진화의 과정에서 가장 적절한 존재로 선택되었을 뿐이다. 마찬가지로 우주의 다른 별(星)에는 다른 존재가 선택되었을 것이다. 지구와 우주를 포함한 모든 존재는 절대무(絶代無)에서 나온 것이다. 고로 인간 역시 지구적 진화를 거쳐 우주적 존재가 되면, 우주와 같은 '시공(時空)과 존재가 하나'인 절대무를 닮게 된다. 그것을 자각해야 분별적 한계를 넘어, 지구와 소통하던 인간이 우주와 소통하는 존재로 거듭날 수 있다. 신(神)이 된 인간의 역할은 이 과정을 따라오는 인간을 가르치는 교사이다. 지구의 신(神)들은 인간이 지구에서 만물과의 경쟁에서 이긴 것처럼, 우주에서도 다른 별(星)의 진화적 존재들과의 경쟁 역시 이겨내 절대무로 진화하길 바란다. 그런 까닭에 지구의 신(神)들이 인간을 대하는 마음은 하나뿐이다.

진화의 길을 걸어온 신(神)들의 입장을 인간이 필요한대로 활용하지 말아야 한다. 신(神)들은 우주에서의 진화를 위한 지구의 대표로서, 지구 출신의 우주적 존재를 늘리고자 하는 한마음으로 인간의 진화를 응원하기 때문이다. 이를 위해 각각의 경험을 다양한 방식으로 남김으로써, 인간들이 적절한 방법을 선택할 수 있도록 돕는다. 이러한 가르침의 뿌리가 되는 원리를 담고 있는 것이 천부경(天符經)이다. 그런 까닭에 천부경에는 인간들이 우주적 존재로서, 십일(十一)부터의 삶을 시작하길 바라는 우주의 마음(心)이 담겨 있다. 81자로 구성된 짧은 경전에 '하늘에 부합하는 경전'이라는 이름이 붙여진 이유이다. 천부경이 전하는 내용은 우주진화에 관한 것이고, 이는 인간이 신(神)의 길을 걸어가는 과정이라고 할 수 있다. 이 신(神)의 길은 인간이 스스로 걸어가야 한다. 그 길을 걸어가는 과정에서 세상의 학(學)이나 무늬(文), 정신(精神)과 이성(理

性) 등의 지구적 한계에 갇히지 않아야 한다.

천부경(天符經)은 인간이 마음으로 우주적 진화에 부합하는 내적 진화의 길을 걸어야 하는 존재이고, 그것을 위해서는 태양의 밝음만이 필요함을 친절히 가르쳐 준다. 우리는 천부경을 따라가며 신(神)의 길을 위해 필요한 밝음을 스스로 채워가야 한다. 이 길은 스스로의 힘으로 걸어가야만 하는 것임을 자각해야 한다. 인간은 누구나 천부경과 인연을 맺으면, 그 속에서 자기를 위한 천부(天符)의 길을 찾아 나(我)로 진화하는 삶을 살 수 있다. 이를 위하여 천부경의 목표에 단계적으로 접근하는 것이 필요하고, 그 과정은 자충(自充)과 수진(修眞)으로 나누어 설명할 수 있다. 자충수진(自充修眞)의 자충(自充)은 만물에서 인간으로 그리고 인간에서 나(我)로 독립(獨立)하여, 나(我)로 자립(自立)하기 위하여 신(神)의 길을 걸어가는 과정이다. 도덕경(道德經)의 아도(我道)로 상징되는 길이다. 수진(修眞)은 이 신(神)의 길을 위한 좇음의 대상이 무(無)를 얻은 인간들의 밝음이어야 참된 닦음이 된다는 것을 깨우쳐준다.

천부경(天符經)은 이러한 모든 내용을 81자에 담고 있다. 그 길을 따라감을 선택하고 걸어가는 것은 인간의 몫이다. 천부경은 인간이 본심(本心)을 통하여, 인간 스스로 무(無)를 채우고 밝음으로 따라가는 생(生)을 살아야 함을 보여준다. 이를 위해 그 길을 걸어

신(神)이 된 인간들이 옛적의 도(古之道)로 남긴 원리와 방법들에 대한 도가도명가명(道可道名可名)을 바르게 좇을 수 있어야 한다. 천부경은 그것을 도와줄 수 있는 전체적인 그림을 보여주고 있다. 천부경은 천부지도(天符之道), 즉 인간이 하늘에 부합되도록 걷는 길에 대한 본류(本流)이다. 그리고 예수·부처·노자가 남긴 길은 그들이 살아온 시대와 지역, 인간의 성향에 맞추어 천부지도를 설명하는 세 가지의 방법론이 된다. 인간은 이 길들 중 하나의 길에 포함되어 사는 것이고, 이 길들이 본래 하나라는 근거가 천부경에 담겨 있는 것이다.

제 5 장

역경(易經)과 도덕경(道德經)으로 찾아가는 길,
천부지도(天符之道)

당당하고 단단하며 담담하게 자유인으로

제 5 장

역경(易經)과 도덕경(道德經)으로 찾아가는 길, 천부지도(天符之道)

인간의 길, 천부지도(天符之道).

　천부경(天符經)과 역경(易經), 도덕경(道德經)을 잇는 시도는 민족적 목적이 아니라 인류 전체를 위하여 고대의 전통을 회복하는 작업이다. 이 작업이 필요한 것은 인간이 인간의 길을 묻지 않게 되면서 밝음을 덮게 된 것을 걷어내야 하기 때문이다. 그래야만 인간 세상의 경계를 넘고 어둠에서 벗어나 본래의 밝음 아래에서 인간답게 살 수 있게 된다. 이를 위해서는 인간의 존재이유와 인간의 길에 대해 질문해야 한다. 이 세 경전이 그것에 적합한 것은, 인간의 존재목적에 대해 단순한 원리와 방식으로 한결같게 자문해왔기 때문이다. 그럼에도 인간으로서의 길에 대해 묻지 않고 자기 삶만을 위해 질문했기에 답을 얻지 못했을 뿐이다. 이제 인간의 시종(始終)에 대해 하나로 꿰어지는 것을 물을 수 있어야 한다. 천부경이 인간에게 가르치는 하늘에 부합하는 삶의 길, 즉 천부지도(天符之道)는 인간의 시종(始終)에 대한 모든 것을 보여준다.

천부경(天符經)은 이 길을 마음(心)을 본(本)으로 만들어 가는 자충(自充)의 과정과 그 마음으로 밝음(明)을 좇는 수진(修眞)으로 나누어 설명한다. 역경(易經)과 도덕경(道德經)에는 이 자충과 수진의 과정을 순차적으로 실천해 가는 방법이 담겨 있다. 이를 통해 인간을 위해 한결같게 지속되고 있는 우주의 밝음(明)을 만날 수 있게 되고, 이 세 경전을 하나의 길로 이을 수 있는 것이다. 인간은 존재이유에 부합하는 삶에 대해 질문함으로써, 스스로 들어섰던 어둠을 극복해야 한다. 이것이 가능한 것은 세 경전이 하늘에 부합하는 길에 대한 단계적 방법론을 목적에 따라 담고 있기 때문이다. 그것은 하늘에 부합되는(天符) 인간의 길이고, 천부경의 우주원리에 의해 역경과 도덕경이 하나로 연결되는 것으로 확인할 수 있다. 천부경은 지구의 본(本)인 삼극(三極)에 의한 천지인(天地人)의 운행원리를 역(易)으로 보여주고, 도덕경의 상도(常道)와 도(道)를 통하여 밝음을 좇는 이유와 방법을 가르쳐준다. 천부경의 우주진화원리 위에서 역(易)은 인간이 마음(心)을 만들어가는 생칠팔구(生七八九)의 지구적 진화과정을, 도덕경은 인간이 본심(本心)으로 태양앙명(太陽昻明)하는 우주적 진화과정을 보여주는 것이다. 그런 까닭에 세 경전은 천지인(天地人)으로 구분하여 설명할 수 있다. 인간진화의 터전이 되는 지(地)의 경전인 역경과 그 결실인 인(人)의 경전인 도덕경이, 부합되고자 하는 천(天)의 경전이 천부경이 된다. 이것이 인간이 걸어야 하는 천부(天符)의 길이다.

 천부경(天符經)과 역경(易經), 도덕경(道德經)은 하나로 이어지는 방향성을 지니고 있다. 그 방향성은 성인(聖人)이나 군자(君子)로의 변화(變化)가 아니라 인간의 존재적 형질(形質)과 존재방식 자체가 달라지는 진화(進化)에 관한 것이다. 천부경은 이 방향성을 지구와 인간의 시(始)와 종(終)으로 설명하고, 역경은 용(龍)이 곤괘(坤卦)인 육(六, 6)에서 건괘(乾卦)인 구(九, 9)에 다다르는 것으로 설명하며, 도덕경은 인간이 지구의 도(道)를 찾아 우주의 상도(常道)를 좇는 것으로 설명한다. 이것이 변화를 설명하는 여타의 경전들과 이 세 경전의 차이점이다. 존재적 형질이 달라지는 것이 중요한 이유는, 인간의 존재성이 지구적 시공(時空)의 한계를 넘어 지속될 수 있는 것으로 변함을 보여주기 때문이다. 이것이 고대부터 다양한 방식과 신화들로 전해져 온 하늘과 인간의 진정한 관계성이다. 그것을 이 세 경전은 무(無)와 용(龍), 도(道)를 통하여 상징적으로 보여주고 있는 것이다.

 역(易)과 도덕경(道德經)은 인간이 마음(心)을 만들어 마침에 다다르는 것을 돕기 위해 천부경의 진화원리대로 쓰여진 것이다. 역

(易)에는 인간이 지구적 터전인 땅(坤) 위에서 하늘(乾)에 부합함으로써, 마음(心)을 지닌 존재로 진화하는 과정이 담겨 있다. 이를 위한 방법으로 건(乾)에 계속해서 묻는 영정(永貞)을 제시하고, 그것이 인간에게 제사와 점(占)의 형태로 드러난다. 도덕경은 마음인 도(道)를 지닌 인간이 그 도(道)로 우주적 하늘인 상도(常道)를 좇아 지구와 우주의 경계를 잇는 인중천지일(人中天地一)이 되는 길을 담고 있다. 이름(名)과 도(道)에 담긴 우주적 밝음(明)에 부합해야 함을 말하고, 그것이 인간에게 덕(德)으로 드러난다. 이처럼 역(易)은 인간에게 진화의 길을 걷기 위한 지구적 순리를 8괘로 가르치고, 도덕경은 그 순리를 담은 본심으로 우주와 존재적으로 이어지는 길을 담고 있는 것이다. 그럼에도 역경과 도덕경의 문자들은 이를 돕는 학(學)일 뿐이니, 경전이 쓰인 목적만을 따라가야 한다.

천부경(天符經)과 역경(易經), 도덕경(道德經)은 각각의 방식으로 인간이 우주에 부합(天符)하는 길을 걸어가야 함을 자각할 수 있도록 돕는다. 그리고 그 각각의 길에서 가장 적합한 나침반과 지도를 담고 있다. 인간의 진화수준에 따라 역경에서 도덕경으로, 도덕경에서 천부경의 마침으로 인간의 길을 연결해주기 위함이다. 이를 위해 역경은 지구적 시공(時空)으로 인간에게 마음(心)의 집을 짓는 것을 가르치고, 도덕경은 인간이 지었던 마음의 집에 다시 찾아가는 길과 그 집을 채울 수 있는 밝음을 본태양(本太陽)의 상도(常

道)로 보여준다. 이처럼 경전의 사용법은 그 목적에 맞아야 밝음이 된다. 도덕경은 마음(心)이라는 집을 지었던 경험이 있는 인간을 위한 것이다. 도덕경이 역경과 달리 지구적 순리를 펼 수 있는 서설된 하나가 아니라 도(道)와 상도(常道)를 통해 인간이 경계를 넘는 법을 직접적으로 말하는 까닭이다. 고로 마음을 만들고자 하는 사람은 역경을 공부하고, 마음으로 밝음을 좇고자 하는 사람은 도덕경을 공부하는 것이 적절하다.

역경(易經)의 8괘(卦)는 천부경(天符經)의 용변부동본(用變不動本)의 팔(八)이고, 인간의 본(本)이 하나가 될 수 있도록 적절함과 바름에 대해 가르친다. 역경의 8괘가 합쳐진 64괘의 6과 4는, 역경이 합육(合六)으로 생겨난 인간의 사성(四成)을 위한 경전임을 보여준다. 또한 도덕경(道德經)은 천부경의 수(數)인 81로 장(章)을 구분하여 도(道)로써 상도(常道)에 다다르기 위한 경전임을 보여준다. 81장(章)은 부동본(不動本)인 팔(八, 8)에 하나(一, 1)가 보태진 구(九, 9)의 수(數)이고, 역경의 8괘에 마음(心)이 보태어져 본심(本心)에 다다른 상태를 상징한다. 천부경의 진화단계에 부합하도록 구조적으로 연결된 것임을 역경과 도덕경의 수(數)로 확인할 수 있다. 그런 까닭에 시대와 사상적 배경을 공유하는 다른 경전들과 달리 태극(太極)이나 사상(四象), 음양오행(陰陽五行)에 대한 개념을 사용하지 않는 것이다. 더불어 공통적으로 존재성(存在性)과 무

(無), 그 사이의 과정과 존재적 이어짐에 대해 다룬다. 상대성(相對性)에 기반하는 변화적 개념이나 내용을 다루지 않는다. 세 경전은 모두 각각의 독립된 역할을 통해 인간의 독립과 자립의 길에 대해 말하고 있다. 이처럼 세 경전은 인간의 존재적 진화를 다룰 뿐, 존재방법이나 생(生)을 위한 인간의 변화를 다루지 않는다. 천부경과 역경, 도덕경이 민족이나 지역과 상관없이 동일한 전통을 공유하고 있음을 알 수 있다.

바르게 세워야 제대로 보인다.

인간이 지구를 상도(常道)로 삼아야 하는 것은 마음(心)이 없기 때문이고, 우주를 상도(常道)로 삼을 수 있는 것은 마음을 지녔기 때문이다. 대상이 되는 상도(常道)는 진화수준에 따라 자연스럽게 변한다. 이에 역경(易經)과 도덕경(道德經)의 하늘(天)이 지구와 우주로 다르다. 인간이 마음을 지니고자 하는 자발성을 지니는 것은, 지구적 진화가 아니라 본래의 목적인 우주적 진화에서 기인하는 것이다. 이로 인하여 스스로 무(無)를 채우는 자충(自充)과 채워진 무(無)로 다시 밝음을 좇아 닦아가는 수진(修眞)이 인간에게 일어나게 된다. 세 경전이 그 과정에서 8괘(卦)의 구조적 틀에 의한 변화의 원리들을 사용하지 않는 것은 필요하지 않기 때문이다. 생(生)

한 상태의 인간에게 영향을 미치는 이러한 개념들은, 인간이 생(生)과 생(生)을 이어가는 존재임을 잊도록 만들었다. 고로 변화의 원리는 인간의 존재목적을 위한 것으로 사용될 수 없다. 생(生)에서 생(生)으로 이어지는 길을 살고 있는 인간을 위한 것이 아니라, 인간의 부동본(不動本)을 위한 지구적인 것일 뿐이다. 그런 까닭에 마음(心)과 진화(進化)에 관한 원리를 설명하는 세 경전은 정신(精神)과 변화(變化) 원리를 활용하지 않는다.

진화(進化)는 인간이 무(無)의 존재성에 기반하여 도(道)와 상도(常道)의 구조로 이어지는 방식이다. 반면에 변화(變化)는 인간이 지구적 시공(時空)에서 영향받는 유무(有無)와 도(道)의 관계적 구조라는 차이가 있다. 인간은 지구적 변화 안에서 머물러야 하는 객체적 존재가 아니라, 우주적 진화를 위한 길을 걸어야 하는 의무를 지닌 주체적 존재임을 자각해야 한다. 이것은 인간에게 반드시 필요한 의식전환이다. 세 경전은 이를 자각하기 위한 밝음으로 사용되어야 하고, 이를 위해서 세 경전에 덧씌워진 관념적 도(道)의 어둠을 벗겨 내야 한다. 천부경은 81자의 경문으로 그 길을 보여주고 있지만, 시간은 인간의 본능을 자극하여 인간의 의식이 그것을 좇을 수 없도록 만들었다. 그런 까닭에 천부경의 원리를 의식수준에 맞도록 설명하는 경전이 필요해졌다. 그것이 인간의 목적을 자각하도록 하는 원리로써의 역경(易經)과 이를 통해 인간의 목적에 부합하는 길을 걸어가는 도덕경(道德經)이다.

인간은 다양한 혼란과 생존의 위기를 겪으면서 자유(自由)를 잃고 본래의 길에서 벗어났다. 인간은 그 길을 돌이키려는 노력 대신, 세상에 인간을 가둬 외면하는 것으로 그것을 해결해왔다. 그 길을 바로잡고자 하는 역경(易經)과 도덕경(道德經)의 시도는 세상과 학(學)에 의해 훼손되어 힘을 잃었다. 인간은 세상의 필요에 맞도록 경전들을 배워왔고, 그것은 인간이 아닌 세상의 질서를 위한 명분이 되었다. 이로 인하여 인간은 인간이 생겨난 목적에서 계속 멀어져 왔다. 세 경전은 이를 바로잡고자 하는 신(神)이 된 사람들이 남긴 경전이다. 인간의 길인 진화에 관한 내용을 공통적으로 담고 있는 이유이다. 그런 까닭에 천부경으로 우주의 진화과정 전체와 인간의 역할을 명확히 하고, 역경으로 이를 위한 인간의 지구적 진화 과정을 보여주며, 도덕경으로 인간이 지구와 우주의 진화적 경계를 넘을 수 있음을 알려준다. 그리고 부처와 예수, 노자와 같은 신(神)들은 이 세 경전이 말하는 내용이 사실이고 가능한 것임을 실제로 증명하였다.

인간은 오랜 시간의 역사와 문명을 쌓아 왔음에도, 수천 년 전의 정신적 자산을 넘거나 벗어나지 못하고 있다. 오히려 그 과거의 자산들에 점점 더 의지하고 있는 것이 현실이다. 이는 인간의 지구적 진화가 멈추었기 때문이고, 우주적 진화에서는 역행하고 있는 것이다. 진화의 대상으로 선택된 인간이 한계에 다다르면, 지구는 자기의 우주적 생존을 위하여 인간을 포기할 수 있다. 그리고 인간을 대신할 새로운 진화 대상을 선택하는 과정을 거칠 것이다. 이것이 우주적 진화의 원칙이고, 인간이 우주의 목적에 부합하는 생(生)을 살아야 하는 이유이다. 지구는 종말적 격변을 거듭해 왔고, 인간이 스스로 포기한 밝음을 되찾아야 그 대상이 되지 않는다. 인간의 의지는 진화가 진행되는 우주의 목적에 부합될 때에만 힘을 갖는다. 인간이 자기로부터 말미암아 살아가는 자유(自由)의 존재인 이유이다. 이를 위해 세 경전의 용도를 바르게 인지하여 기준을 세우고, 각각의 연관성과 역할에 부합되도록 사용할 수 있어야 하는 것이다.

천부경(天符經)은 인간이 인간의 존재적 가치를 바르게 볼 수 있게 하는 기준을 담고 있다. 천부경의 수(數)와 원리는 뒤에 출현한 역경(易經)과 도덕경(道德經)에 의미적으로 그대로 투영되어 있다. 이를 통하면, 별도의 개념을 동원하지 않아도 역경과 도덕경을 밝음으로 삼을 수 있다. 역경은 주(周)나라 이전의 유산이다. 20세기에 발견된 갑골문(甲骨文)을 통하여 역(易)이 은(殷)나라에 존재하고 있었음이 실증되었다. 연산역(連山易)과 귀장역(歸藏易)은 사라지고, 주(周)나라에서 수정된 역(易)만이 남았기에 주역(周易)으로 불리고 있을 뿐이다. 은나라는 주나라와 전혀 다른 전통을 가지고 있다. 주나라의 문화와 전통이 한족(漢族)에게 남겨진 것처럼, 은나라의 문화와 전통은 한민족(韓民族)에게 이어져 있다. 역사적 사실들과 증거들 외에도 그 문화원형의 차이가 남겨져 있는 언어와 문화, 생활습관을 통해 확인할 수 있다. 또한 천부경으로 역경과 도덕경에 담겨있는 고대의 전통이 하나의 원리임이 드러난다.

뿌리를 찾아야 밝음이 된다.

중국(中國)의 토대가 된 주(周)에서 한(漢)나라까지의 문화적 전통으로는 천부경(天符經)과 이어진 역경(易經)과 도덕경(道德經)을 이해할 수 없다. 이로 인하여 역경에는 도구가 필요하고, 도덕경은 수련법이나 형이상학을 중심으로 다룰 수 밖에 없었다. 이는 동양인의 문화와 정신을 정보가 부족한 상태의 서양인이 접근하고 이해하는 것과 다르지 않다. 문화적 유전자는 힘의 논리나 만들어진 역사적 기록과는 다른 방식으로 살아남는다. 그것은 삶을 통하여 유지되고, 생활로 이어져 전통(傳統)으로 존재하기 때문이다. 그런 까닭에 문화적 유전자는, 모방할 수는 있어도 온전히 자기 것으로 만들 수 있는 방법이 없다. 사용하는 언어와 언어의 구조, 그로 인한 의식의 구조가 다르기 때문이다. 결국 시간이 흐를수록 그 문화적 유전자는 각각 다른 형태로 이어지고, 점점 본래의 모습에서 멀어지게 된다. 원숭이가 인간을 흉내는 낼 수 있어도 인간이 될 수 없는 것과 같은 이치이다. 그런 까닭에 중국과 한국이 진혀 다른 언어와 문화, 전통사상을 지니게 된 것이다.

각각의 경전은 내용적으로 완벽하다. 다만 그 목적을 이해하기 위해서는 그 경전과 이어진 전통이 필요하다. 세 경전은 분명하게 하나의 원리를 담고 있고, 세 경전을 하나로 잇는 뿌리가 될 수 있는 것은 천부경의 진화원리뿐이다. 하나의 원리로서 천부경(天符經)은 그 문화적 전통의 뿌리이고, 역(易)은 줄기이자 꽃이며, 도덕경(道德經)은 열매로 맺힌 순환의 씨앗이다. 그런 까닭에 천부경의 진화적 원리 없이 각각의 경전을 이해하는 것은 수월하지 않은 것이다. 지금까지 천부경은 81자라는 경문적 특성과 그 목적에 의해 비전(秘傳)으로 이어져 왔다. 그것이 역경과 도덕경의 밝음이 어둠에 덮인 원인이 되었다. 세 경전이 하나의 문화적 전통에 기반하고 있음은 경전의 구조와 내용에 그대로 담겨 있다.

천부경은 우주의 변화원리가 아닌 진화원리라는 독창적인 우주관을 담고 있다. 그리고 우주와 지구가 인간을 위해 생겨나 존재한다는 것을 증명하는 유일한 경전이다. 그런 까닭에 역(易)의 수(數)와 괘(卦)의 형성에 대해 도구 없이 그대로 설명할 수 있는 경전은 천부경뿐이다. 도덕경 역시 역(易)과 연동하여 옛적의 도(古之道)인 천부경을 기준으로 인간의 길에 대해 반본환원(返本還原)을 제기한다. 이처럼 천부경과 역(易), 도덕경이 하나의 바퀴처럼 기준과 내용에서 서로 부합되고 있는 것이다. 하도낙서(河圖洛書) 역시 크게 다르지 않다. 하도(河圖)는 천부경의 일적십거(一積十鉅)의 원리가 담겨있고, 그 위에서 운행되는 낙서(洛書)는 천부경의 생칠팔구(生七八九)를 위한 운삼사성(運三四成)과 같다. 그 낙서(洛書)가 마치거나 그치는 십(十)인 하나(一)에 대한 내용은 도덕경이 담고 있다.

역(易)은 세 개의 효(3爻)로 이루어진 8괘(卦)를 기본으로 한다. 3효(爻)인 8괘는 지구의 순리적 특성들을 의미하고, 인간이 이 순리들을 하나의 부동본(不動本)으로 담아냄으로써 건괘(乾卦)의 9(九)에 다다르게 된다. 이 3효(爻)인 8괘가 2개씩 중첩되어 6효(爻)의 괘(卦)가 이루어지고, 중천건(重天乾)부터 화수미제(火水未濟)의 64괘(卦)로 역경(易經)을 이루게 된다. 고로 3효인 상태의 괘(卦)와 6효인 상태의 괘(卦)가 지닌 상(象)을 먼저 살펴야 한다. 3효인 8괘는 서로 독립된 천지인(天地人)의 상태를 의미한다. 이는 천부경 1운(1運)의 독립된 지구적 시공(時空)을 보여주는 괘상(卦象)이다. 3효의 8괘가 서로 연동되면서, 3효가 6효로 커지고 합쳐지는 대삼합육(大三合六)이 일어난다. 이로써 역(易)의 시공(時空)에 64괘의 용변(用變)이 생기게 된다. 이것이 연동된 천지인(天地人) 삼재

(三才)의 시공(時空)이 괘상으로 드러난 천부경의 2운(2運)이다. 천부경이 2운의 토대 위에서 생칠팔구(生七八九)의 3운(3運)이 일어나는 것처럼, 역(易) 역시 2운 상태인 6효의 천지인(天地人) 삼세(三才)에서 만물이 생겨나고 순환하게 된다. 즉, 64괘는 만물과 인간이 생칠팔구 하는 시공인 것이다. 천부경의 2운에 해당하는 역(易)의 시공(時空)에서, 인간이 생칠팔구와 환오칠(環五七)의 운행을 통하여 마음(心)을 만들어 가는 것이다. 역(易)이 운행하는 목적인 9(九)에 다다라 마음(心)을 지니면, 그 용(龍)은 잠룡(潛龍)으로 태어나지 않고 하늘에서 태양의 밝음을 좇게 된다. 마음을 지닌 본심(本心) 상태의 용(龍)이 십(十)에 다다르는 원리는 도덕경(道德經)에 담겨 있다.

지구에서의 모든 것은 2운(2運)이자 6효(6爻)인 상태의 땅(地) 위에서 일어나고, 그것이 드러나고 순환하는 곳 역시 땅이다. 그 땅 위에서 출발하여 지구적 하늘인 건괘(乾卦)의 순리에 도달하는 과정을 담고 있는 것이 역(易)이다. 그런 까닭에 땅(地)을 의미하는 곤괘(坤卦)가 천부경(天符經)의 대삼합육(大三合六)을 상징하는 수(數)인 6(六)으로 상징된 것이다. 이처럼 곤괘의 6(六)은 천부경에서 대삼합육(大三合六)으로 생겨난 터전으로서의 6(六)과 존재적 대상으로서의 6(六)을 머금은 상태이다. 인간은 6(六)인 곤괘(坤卦) 위에서 생칠(生七)하게 된다. 그리고 지구적 순리인 부동본(不動本)

을 상징하는 8괘(卦) 속에서 용변(用變)하는 8(八)의 과정을 거친다. 그 결과로 인간이 하나의 부동본(不動本)을 지니게 되는 9(九)에 도달한다. 그 상태가 하늘의 뜻에 부합되어 본심(本心)을 지닌 9(九)이다.

역(易)은 존재로서의 인간이 8괘의 과정을 거침으로써, 하늘의 순리에 부합하는 마음(心)을 지닌 존재가 되는 것을 목표로 한다. 지구적 순리를 통하여 인간은 한결같게 지속되는(常) 마음(心)을 지니게 되고, 우주적 순리에 부합하도록 스스로 틀림없이(自然) 행하는 본(本)을 지니게 되는 것이다. 지구적 순리인 하늘(天)은 6(六)위의 만물이 다다르고자 하는 목표가 되고, 건괘(乾卦)는 그것의 기준인 으뜸이기에 그 수(數)가 9(九)가 된다. 천부경에서 9(九)는 지구적 순리로 마음(心)을 지녀 마침(終)을 위한 자격을 지니게 된 상태이다. 역(易)의 9(九) 역시 천부경의 본심(本心)을 지닌 인간인 9(九)와 같고, 용(龍)을 통하여 그 과정을 설명한다. 이처럼 역(易)이 천부경에서 생칠팔구(生七八九)의 본심(本心)을 지니게 되는 과정을 떼어내 설명하는 경전임을 알 수 있다. 천부경(天符經)에서 인간은 9(九)에 다다른 연후에 마침(終)에 도전하게 된다. 역(易)도 9(九)에 다다르면 지구적 하늘을 넘어 우주적 하늘을 따라야 한다. 그러나 역(易)에는 그것을 위한 내용이 없다. 역(易)을 통해서는 마음(心)을 지닌 존재인 9(九)까지는 성장할 수 있으나, 그 이상인 십(十)에 이르는 길은 없다는 의미이다. 이는 용변부동본(用變不動本)의 의미를 담고 있는 건괘(乾卦)와 곤괘(坤卦)의 괘사(卦辭)와 효사(爻辭)의 내용을 통하여 알 수 있다.

역(易)의 과정을 끝낸 인간(九)에게 그 길과 방법을 알려주는 것이 도덕경(道德經)이다. 이처럼 역(易)의 과정을 거쳐 십(十)에 다다른 인간이 도덕경(道德經)의 하나(一)이고, 도덕경은 그것을 상도(常道)와 같아진 도(道)로 설명한다. 그것이 가능한 것은 도덕경이 대상으로 삼고 있는 인간이 마음(心)을 지닌 인간이기 때문이다. 도덕경은 그 증거로 깊은 곳에 도(道)가 심어진 채 태어난 인간에 대해 말한다. 더불어 도덕경은 그것을 자각한 사람이 도(道)인 마음을 지닌 성인(聖人)이 되는 것이고, 그 길은 천지자연(天地自然)의 섭생(攝生)을 잘하는 것임을 알려준다. 도덕경은 이를 위한 본태양앙명(本太陽昻明)의 원리인 상도(常道)와 도(道)의 관계를 1장만으로 충분히 보여준다. 그런 까닭에 세 경전을 하나로 설명하기 위해서는 천부경과 역경(易經)의 구조적 연관성을 살피는 것이 필요하다.

천부경(天符經)과 역경(易經)

역(易)의 괘(卦)는 8개로 구성되어 있다. 이 8개의 괘는 3효(爻)

와 6효로 변화하여 64괘로 쓰인다. 8괘(卦)의 수와 3번에 걸친 8괘의 변화는 천부경(天符經)의 운삼(運三) 과정과 같다. 지구적 환경이자 순리 중에서 지구를 운행하는 부동본(不動本)을 8가지의 괘상(卦象)으로 상징하고 있는 것이다. 이 지구적 부동본인 8괘 속에서 인간이 생겨나 순환한다. 그 과정에서 인간을 하나의 부동본을 지닌 존재로 키워내는 것이 지구적 하늘(天)인 건(乾)의 목적이다. 그런 까닭에 건괘(乾卦)의 수(數)가 9(九)로 상징되는 것이고, 이는 천부경(天符經)의 본심(本心)의 수(數)이다. 이처럼 8괘는 생칠(生七)한 인간의 일묘연(一妙衍)에서 순환하는 삶을 상징하는 용변부동본(用變不動本)의 팔(八)과 같다. 역(易)의 8괘는 지구적 부동본(不動本)인 천지자연(天地自然)의 모습이다. 천부경과 역경(易經)에서 8(八)은 인간의 무리가 살아가는 시공(時空)이고, 이는 곧 인간의 지구적 진화과정을 의미한다.

인간은 곤괘(坤卦)의 6(六) 위에서 칠(七)로 만왕만래(萬往萬來)하여, 부동본(不動本)인 8괘를 본떠 9(九)에 다다라 가는 길을 걷는다. 그런 까닭에 역(易)의 시공인 8괘에는 진화의 주체인 존재에 대한 괘(卦)가 없는 것이다. 곤(坤)은 3효(爻)인 8괘(卦)가 서로 커지고 합쳐져 6효의 8괘로 변한 상태를 상징한다. 천부경(天符經)에서 시공(時空)과 존재로서의 합육(合六)인 2운(2運) 중 대상을 제외한 터전으로서의 합육이 곤(坤)이다. 즉, 건(乾)인 9(九)에 다다르고자 하는 대상을 머금고 있는 상태이다. 이처럼 역(易)은 천부경의 대삼합육(大三合六)인 2운(2運)과 생칠팔구(生七八九)의 3운(3運)이 하나로 연동되어 운행되는 것이다. 이렇게 생겨난 인산(生七)이 지구적 순리이자 하늘인 건괘(乾卦)의 순리에 부합하여, 마음(心)을 지닌 인간이 되는 방법을 역(易)은 보여주고 있다. 역(易)은 건괘에 목표수인 9(九)를 그리고 곤괘(坤卦)에는 출발점인 6(六)을 부여함으로써, 방향성과 각각의 역할을 명확히 한다. 이처럼 역(易)의 8괘가 중첩된 64괘는 천부경이 2운(2運)을 통하여 진화에 필요한 지구적 시공(時空)과 대상을 지닌 상태와 같다.

천부경(天符經)의 입장에서 역(易)은 지구의 환경 속에서 하늘의 순리를 따라가는 인간진화의 과정이다. 이 과정을 통하여 천부(天符)의 습관이 인간에게 깃들게 되고, 그것이 마음(心)의 유일한 특성이다. 그런 까닭에 마음이 생긴 인간은 저절로 태양의 밝음을 우러르게 되는 것이다. 역(易)은 천부경의 인간 진화수인 삼(三)·육(六)·구(九)와 연결되어 있다. 3효(爻)로 구성된 괘(卦)는 만물이고, 이 3효(爻)가 6효로 커지고 합쳐진 것은 인간이며, 그것이 건(乾)의 순리를 따라 하나로 합친 것이 9효(爻)가 된다. 천부경에서는 1운(1運)에서 3(三)인 삼재(三才)가, 2운(2運)에서 그 삼재가 연동된 터전과 대상인 6(六)으로 마무리된다. 그런 연후에 그 위에서 생칠팔구(生七八九)의 3운(3運)으로 운행된다. 역(易) 역시 이 과정을 3효(3爻)

의 8괘(卦)와 6효(6爻)의 8괘, 다시 64괘(卦)로 펼쳐진 상태로 담아 낸다. 즉, 효(爻)와 괘(卦)의 변화 과정이 천부경의 운삼(運三) 과정을 그대로 담고 있는 것이다.

천부경(天符經)과 역(易)의 차이는 존재적 대상인 인간의 포함여부에 있다. 천부경이 인간을 중심으로 우주의 진화원리 그 자체를 다루고 있다면, 역(易)은 그 인간이 살아가는 지구적 천지자연(天地自然)의 섭리에 대해 다루고 있다. 이는 천부경이 우주적 진화과정 전체를 설명하는 반면, 역(易)은 인간의 지구적 진화과정만을 설명하기 때문이다. 이처럼 역(易)은 지구적 진화를 위한 부동본(不動本)만을 다루는 것이고, 인간이 부동본이 된다는 것은 8괘를 합친 본심(本心)이기에 또한 담을 수 없다. 그런 까닭에 9(九)인 인간을 상징하는 괘(卦)가 있을 수 없는 것이다. 천부경의 삼(三)·육(六)·구(九)와 역(易)의 3효(爻)·6효 그리고 건(乾)에 다다라 얻게 되는 인간의 9효는 같은 것이다. 역(易)은 건(乾)의 9(九)를 통하여 인간의 목표를 보여준다. 이 9(九)는 천부경 3운(3運)의 목표인 본심(本心)을 지닌 인간의 수(數)인 구(九)와 같다. 그런 의미에서 역(易)은 천부경의 운삼(運三) 과정 중 생칠팔구(生七八九)의 3운(3運)을 마무리 지어가는 과정이다. 이를 위한 지구의 순리를 8개의 부동본인 괘(卦)를 통하여 상징적으로 보여주고 있다. 9(九)로 완성된 인간을 통하여 역(易)은 3변(變)하게 되고, 비로소 존재를 머금은 9괘(卦)이자 9효로 완전한 모습을 갖추게 된다. 고로 역(易)에서 9효가 상징하는 것은 승천(昇天)이 끝난 용(龍)인 인간이다.

역(易)을 그 자체로 이해하기 위해서는 역(易)이 쓰인 목적을 명확히 알아야 한다. 이는 구조와 내용적 동질성을 지니고 있고, 시기적으로 앞선 동일한 전통인 천부경(天符經)과 연동함으로써 가능해진다. 1운(1運)의 독립된 3효(爻)로 구성된 8괘(卦)는, 2운(2運)에서 연동된 6효의 8괘로 변환된다. 이것이 6효로 완성된 땅(坤)이고, 그 위에 인간이 생겨나는 것이 7(七)이 된다. 이렇게 인간이 제외된 일적십거(一積十鉅) 안의 천지인(天地人)을 상징하는 것이 8괘인 것이다. 이를 통하여 하나의 부동본(不動本)으로 하늘에 부합되면 마음(心)을 지닌 인간이 된다. 그런 까닭에 9(九)에 다다른 인간은 부동본을 지닌 9번째 괘(卦)이자 지구적 순리에서 자유로운 우주적 순리를 좇는 존재가 된다. 이를 통해 역(易)의 지구적 진화가 마무리된다. 역(易)의 8괘는 아직 존재가 없는 상태인 천지인의 부동본(不動本)이고, 8괘가 중첩된 64괘(8괘*8괘)는 인간의 괘(卦)이자 지구의 괘(卦)가 된다. 반면에 8괘에 9(九)에 다다른 인간이 더해지면 역(易)은 9괘가 되고, 9괘가 중첩된 81괘(9괘*9괘)는 신(神)의 괘(卦)이자 우주의 괘(卦)로 천부경(天符經)이 된다. 이것이 일적십거의 천부경 위에서 8(八)의 역(易)이 구(九)인 인간으로 연결되어 본태양앙명(本太陽昻明)하는 방식이다. 이는 지구적 하늘인 건괘

(乾卦)의 용(龍)을 통하여, 역(易)이 말하고자 하는 인간의 모습을 시간의 흐름과 진화적 특징을 통해 보여준다.

역(易)의 건괘(乾卦)와 곤괘(坤卦)를 풀이하면, 천부경(天符經)과의 연관성이 명확히 드러난다. 역(易)은 괘사(卦辭)와 효사(爻辭)로 이루어져 있다. 계사전(繫辭傳)을 비롯한 십익(十翼)은 본래의 역(易)이 아니라, 역(易)에 기반하여 추가된 독립된 철학이자 학문(學問)일 뿐이다. 그런 까닭에 십익(十翼)에는 본질이 아닌 방법론과 근거에 대한 제시가 담기게 된다. 이처럼 역(易)에 없는 내용으로 추론하여 이해하는 십익(十翼)은 역(易)의 근거가 될 수 없다. 역(易)이 만들어진 근원이 아니라, 오히려 역(易)을 기반으로 만든 후대의 학문(學文)이 역(易)을 규정하는 것은 가능하지 않다. 다른 경전과 마찬가지로 역(易)은 그대로의 모습으로 이해되어 설명되고 쓰여야 한다. 그럼에도 역(易)이 쓰인 목적을 명확히 알지 못하기에, 그 선후(先後)가 뒤바뀐 채 역(易)이 다루어져 왔다. 모든 경전에는 그것이 쓰인 목적이 있고, 따라서 독립된 경전 그 자체로 이어질 수 있도록 이해 가능하게 만들어진다. 역(易)이 지닌 명확함에도 불구하고 인간의 진화라는 본연의 목적을 잃어버린 것은, 지금까지 이해할 수 없는 문화적 전통으로 다루어져 왔다는 증거가 된다.

건괘(乾卦)

건괘(乾卦)의 괘사(卦辭)는 '건(乾) 원(元) 형(亨) 이정(利貞)'이다. 이 괘사를 통하여 천부경(天符經)의 '하늘에 부합된다는 원리(天符)'가 역(易)에 그대로 담겨 있음이 드러난다. 건(乾)이 상징하는 것은 '하늘(天)'이고, 원(元)은 모든 것이 따라야 하는 '으뜸'이며, 형(亨)은 하늘에 제사를 지냄이고, 정(貞)은 묻는 것이다. 정(貞)은 갑골문(甲骨文)을 통하여 '묻다'라는 의미가 명확하게 드러났다. 이것을 연결하면 '하늘은, 으뜸이니, (하늘에)제사를 지내, 물어야 이롭다'가 된다. 모든 것의 으뜸인 하늘(天)에 부합되어야 한다는 의미이다. 그런 까닭에 갑골문의 기록에 보면, 왕(王)은 소소한 것까지 하늘에 묻는 곤괘(坤卦)의 빈마지정(牝馬之貞)을 행한다. 이는 으뜸인 하늘의 순리에 부합하는 바를 물어 통해야 이롭기 때문이다. 역(易)은 하늘을 상징하는 건괘(乾卦)에 부합되는 것을 목적으로 하고 있다. 그런 까닭에 곤괘(坤卦)부터의 원(元)은 건원(乾元)으로 '하늘의 순리에 부합됨'을 상징하게 되고, 형(亨)은 그 원리에 부합되고자 하는 제사의 목적대로 '통함'의 의미로 사용될 수 있는 것이다. 이는 건괘(乾卦)외의 괘(卦)들은 하늘인 건(乾)에 부합되어야 하는 대상이기 때문이다.

천부경(天符經)과 달리 천지(天地)가 아닌 건곤(乾坤)을 사용한 것

은, 역(易)이 지구적 한정성을 지니고 있기 때문이다. 역(易)은 천부
경처럼 인간의 마침(終)을 설명하기 위한 것이 아니라, 인간이 그
마침에 도전할 수 있는 자격을 갖추는 것에 그 목적이 있다. 즉,
9(九)로 상징되는 건괘(乾卦)의 하늘에 다다르면 본심(本心)을 지닌
구(九)의 상태가 되는 것이다. 그런 까닭에 괘(卦)에는 인간이 빠져
있고, 천지(天地)는 건곤(乾坤)의 괘상(卦象)으로 대신 표현한다. 건
괘(乾卦)의 원형이정(元亨利貞)은 '지구적 기준인 순리로서의 하늘과
그 하늘에 부합되어야 하는 이유'를 담고 있다. 반면에, 건괘(乾卦)
이외의 원형이정(元亨利貞)은 지구적 순리에 부합되기 위한 물음과
그 통함의 적절성에 대한 내용으로 이해해야 한다. 고로 원형이정
(元亨利貞)은 독립된 사덕(四德)의 의미를 지닐 수 없다. 이것이 역
(易)에 나타난 하늘(天)의 모습이고, 그 지구적 하늘에 부합되는(天
符) 역(易)의 기본사상인 것이다. 역(易)은 만물을 머금고 있는 터전
인 곤(坤)을 6(六)으로, 생칠(生七)한 인간의 지구적 목적인 건괘(乾
卦)를 9(九)로 삼아 길을 보여준다. 이를 통하여 역(易)이 천부경(天
符經)의 2운(2運)과 3운(3運)의 과정에 대한 것임을 명확히 알 수
있다.

    천부경 2운(2運)의 천지인(天地人) 삼재(三才)가 역(易)의 토대가
되고, 그 삼재(三才)는 대삼합육(大三合六)의 성질을 지니고 있다.
그 토대 위에서 생칠(生七)한 인간이 환오칠(環五七)의 과정으로 만

왕만래(萬往萬來)하고, 인간의 부동본(不動本)으로 용변(用變)하는 팔(八)의 과정을 거쳐 마음(心)을 지닌 구(九)가 되는 3운(3運)에 대해 적고 있는 것이 역(易)이다. 고로 역(易)은 기(乾)의 지구적 순리에 부합함으로써, 인간이 진화하는 과정인 것이다. 이를 위해 지구적 순리인 하늘의 뜻과 통하는 방법을 알려주고, 인간이 그것을 물음으로써 진화해야 함을 역설한다. 그것이 용(龍)으로 상징되는 인간이, 그 인간에게 부여된 시간인 건괘(乾卦)와 그 결과와 과정이 드러난 삶을 상징하는 곤괘(坤卦)의 사이에서 역(易)으로 운행되는 모습이다. 이어지는 건괘(乾卦)의 효사(爻辭)는 용(龍)을 사용하여, 시간과 그에 따른 인간의 모습에 대해 말하고 있다.

용(龍)을 사용한 것은 물속부터 하늘까지 다다르는 유일한 동물이고, 이것이 인간이 하늘에 부합되어 진화하는 단계를 그대로 부여주기 때문이다. 용(龍)은 하나의 존재가 존재적 진화를 거쳐 같되 다른 존재가 된 것이고, 하늘로 올라가는 인간의 천부지도(天符之道)를 상징하는 신성(神性)이다. 용(龍)은 수많은 시간과 과정을 거쳐야 될 수 있다. 이 과정을 거쳐 하늘로 올라가는 것으로 길이 끝나는 것이 아니라, 승천(昇天)한 뒤에 새로운 길이 남아있음을 용(龍)으로 상징하는 것이다. 건괘(乾卦)에서 이러한 용(龍)이 괘사(卦辭)가 아닌 효사(爻辭)에 나오는 것은, 각각의 생(生)과 때(時)에 부합하는 단계적 역할이 있음을 나타내기 위함이다. 건괘는 물속에

잠겨 있던 용(龍)에게 시간이 부여된 것에서 출발한다. 이는 천부
경에서 합육(合六)인 상태의 인간이다. 그 시간이 펼쳐지는 과정을
거쳐 주어진 생(生)이 다하므로 끝난다.

인간은 한 생(生)에서의 결과에 따라, 생칠팔구(生七八九)의 인간
진화단계에서 다음 생(生)에 살게 될 용(龍)의 수준이 결정된다.
고로 건괘 상구(上九)의 항용유회(亢龍有悔)는 한 마리 용(龍)의 후
회를 말하는 것이 아니다. 5효(爻)까지의 시간을 보내고 한 생(生)
의 끝에 다다르면, 지나온 시간에 대한 후회가 있게 된다는 것으로
받아들여야 한다. 그것은 한 생(生)에 모든 진화과정을 담아내는
것이 어렵고, 주어진 모든 시간이 용변(用變)한 존재적 필요에 부합
될 수 없기 때문이다. 그런 까닭에 효사(爻辭)를 통해 인간의 길을
걷지 않거나 그 길에 다다르지 못하면 항용유회, 즉 후회하게 되는
것이 그 생(生)임을 가르쳐준다. 이를 통하여 진화의 과정으로 주
어진 현재의 생(生)에 어울리는 삶을 살아야 함을 가르친다. 인간
의 생(生)이 목적이 아니라, 생(生)이 인간의 목적을 위한 기회임을
깨닫도록 하고자 함이다.

용(龍)은 하늘을 오르는 것이 최종 목적이 아니다. 하늘로 오른
후에, 태양앙명(太陽昻明)을 통하여 신(神)의 길을 걷는 것을 최종
목적으로 한다. 거듭되는 현군룡(見群龍)인 팔(八)까지의 생(生) 속

에서 잠용(潛龍)부터의 시간을 거듭함으로써, 항용유회(亢龍有悔)의 과정을 넘어 하늘에 오르는 것이다. 항용유회가 아니게 되는 생(生)은 구(九)에 다다르는 것이나, 용(龍)이 하늘에 오른 것은 천부경(天符經)에서 본심(本心)을 지닌 구(九)인 상태의 인간을 상징한다. 마음(心)을 얻어 하늘로 올라간 것이고, 태양의 밝음을 직접 좇아 마칠 수 있는 상태의 인간이다. 이것이 역경(易經)에서 용(龍)과 건괘(乾卦)가 지니고 있는 인간과 구(九)의 의미이다.

인간은 왕(王)이나 부자로 성공하는 것을 목적으로 생겨난 것이 아니다. 인간은 용변(用變)한 현재의 생(生)의 목적에 부합되는 삶을 살아야 한다. 그것을 천부경(天符經)과 역(易) 그리고 도덕경(道德經)은 하나의 원리로 가르치고 있다. 인간은 자기의 생(生)에 부여된 기회를 위해 살아갈 수 있어야 후회를 줄일 수 있다. 그럼으로써 생(生)에서 생(生)으로 이어지는 길에서 앞으로 나아갈 수 있다. 건괘(乾卦)의 효사(爻辭)는 시간적 흐름과 그에 따른 형태를 설명할 뿐이다. 그 시간이 모두에게 균등하고 공평하게 일어나는 것은 아니다. 역(易)은 하늘의 순리를 묻는 것이기에 각각의 괘(卦)나 효(爻)에 길흉(吉凶)이 있는 것이 아니라, 그 괘사(卦辭)나 효사(爻辭)의 때와 상황이 길(吉)하거나 흉(凶)한 것이니 적절함을 지켜야 하는 것이다.

곤괘(坤卦)

곤괘(坤卦)의 괘사(卦辭)는 '곤(坤) 원형(元亨) 이빈마지정(利牝馬之貞). 군자유유왕(君子有攸往) 선미후득(先迷後得) 주리(主利). 서남득붕(西南得朋) 동북상붕(東北喪朋) 안정(安貞) 길(吉).'이다. 이를 통하여 땅 위의 것들이 하늘에 부합되어야 하는 이유가 나온다. 곤괘(坤卦)에서 용(龍)의 짝으로 말(馬)이 사용되고 있고, 특별히 암말(牝馬)을 사용하여 그 의미를 명확히 설명한다. 곤괘에서 빈마(牝馬)가 괘사에 한 번 등장하는 것은, 삶의 모든 시간에 끊임없이 적용됨이 한결같음을 보여주고자 함이다. 말(馬) 중에서 암말(牝馬)을 사용하는 것은 출산부터 양육, 일상과 전쟁 모두에 쓰이는 존재를 상징하고자 함이다. 용(龍)이 각각의 시간과 그에 대한 존재를 상징하는 것이라면, 암말(牝馬)은 삶의 모든 과정과 살아감 그리고 새로운 말(馬)로 이어짐의 의미로 쓰이고 있다. 괘사(卦辭)의 뜻은 '땅(만물)은, 순리대로 통해야 함이니, 암말이 감(삶)을 물어야 이롭다. 군자가 가야 할 바가 있음에, 앞서면 미혹되고 뒤따르면 얻게 되니, 주인으로 이롭다. 서남은 귀한 것을 얻고 동북은 귀한 것을 잃으니, 편안한 상태에서 물어야 길하다.'로 해석이 된다.

빈마지정(牝馬之貞)을 '암말의 물음'으로 풀어도 의미는 같다. 그럼에도 '지(之)'를 '살아가는 동안(가다)'으로 해석하는 것이 적절함은, 곤괘(坤卦)가 하늘의 때에 맞추어야 하기 때문이다. 괘사(卦辭)를 통하여 한 번이 아니라 항상 때와 상황이 적절해야 함을 보여주고 있다. 마음(心)을 시간 사이의 그것이 가능하기에 그것을 위해 노력하는 것이다. 곤괘는 땅(地)과 그 땅 위의 만물과 인간을 포함한다. 곤괘(坤卦)의 괘사(卦辭)는 그 땅 위에서 각각의 존재가 하늘에 부합되는(天符) 원리에 관한 내용을 담고 있다. 선미후득(先迷後得)의 선(先)과 후(後)의 기준은 건(乾)인 하늘이고, 이는 땅에서는 시간(時)이 된다. 이것이 괘상(卦象)으로 펼쳐지면 선미(先迷)는 천지비(天地否)가 되고, 후득(後得)은 지천태(地天泰)가 된다. 괘(卦)의 해석에서 아래의 괘가 기준이 되는 것은, 6(六)인 곤괘가 9(九)인 건괘에 부합되어 다다라 가고 있는 것이기 때문이다. 원형(元亨)은 하늘의 순리에 부합되게 통해야 함을 의미하고, 빈마지정(牝馬之貞)은 그 부합됨과 통함이 삶 전체에 적용되어야 이로운 것임을 가리킨다.

선미후득(先迷後得)의 적절한 때를 살피고, 적절한 환경에 놓이는 것이 서남득붕(西南得朋)과 동북상붕(東北喪朋)이다. 서남(西南)은 지정학적으로 평지이며 따뜻한 지역을 상징하고, 동북(東北)은 고산지대이며 추운 지역의 상징이다. 붕(朋)은 목적이자 결과이고, 그 의미는 귀한 것과 친구로 쓰인다. 즉, 붕(朋)을 얻기 위해서는 때에 부합하는 조건을 갖춘 적절한 곳으로 가야 하고, 그 반대에 놓이면

오히려 지니고 있는 붕(朋)을 잃게 됨을 의미한다. 선미후득(先迷後得)은 때(時)에 관한 순리(元)이고, 서남득붕(西南得朋)·동북상붕(東北喪朋)은 상황에 대한 순리이자 통함(亨)을 말함이다. 이는 때에 맞도록 행해야 이로우며, 좋은 환경을 선택해야 함을 의미한다. 군자유유왕(君子有攸往)은 물어야 할 필요가 생긴 것이다. 그리고 그것이 군자(君子), 즉 다스리는 자(者)로 주체이니 영향을 미치는 범위와 대상이 크다. 고로 군자의 행함에 이로움이 있으려면 자기의 뜻 대로가 아니라, 하늘의 때에 부합되고 땅의 환경이 적절해야 한다. 이를 위하여 편안한 상태(安)에서 하늘의 순리에 대해 물어야, 길한 것이라고 말하고 있다. 편안함(安)이란 선택과 적절한 준비가 가능한 상태이고, 어느 쪽으로 치우치지 않은 자세를 의미한다. 길(吉)하다는 것은 그 결과의 좋음을 의미하는 것이 아니라, 군자(君子)로서 최선과 적절함을 거치는 행위의 바름(正)을 의미한다. 역(易)은 인간진화에 부합하는 적절함을 기준으로 하는 바름(正)을 가르치는 것이지, 득실(得失)로 그것의 이로움과 불리함을 가르치지 않는다. 역(易)은 용변(用變)한 삶에 맞게 살아가는 법을 가르치고자 하기 때문이다.

곤괘(坤卦)의 초효(初爻)는 리상(履霜)과 견빙지(堅氷至)를 써서, 매듭 지어지는 순환을 통하여 계속 새롭게 이어지는 것임을 말한다. 2효(2爻)의 직방대(直方大)는 '곧고(直) 네모나며(方) 큰(大)' 땅의 모습과 '위로 자라게 하고(直) 퍼트리며(方) 커지게 하는(大)' 땅의 속성에 대해 말하는 것이다. 이는 지구가 지닌 3차원적 속성의 상징이기도 하다. 땅과 만물이 '익히지 않아도 이롭지 않음이 없다(不習無不利)'고 하는 것은, 용변(用變)하여 생(生)한 것 안에 이미 그 목적이 담겨 있기에 덧붙일 학(學)과 문(文)이 필요하지 않음을 의미한다. 3효(3爻)에서 그것이 드러날 '밝음을 이미 머금고(含章)' 있기 때문이고, 그런 까닭에 땅과 만물이 '하늘에 묻는 것이 가능(可貞)'한 것이라 알려준다. 고로 인간이 세상에서 가장 귀한 '왕의 일에 종사해도(或從王事)', 용변(用變)한 목적대로 살지 않거나 '9(九)인 인간으로 이루어짐이 없으면 마침이 있을 뿐(無成有終)'이라 하는 것이다. 하늘은 왕(王)이나 부(富)와 같은 인간적 성공이 아니라, 용변(用變)에 따라 심어준 밝음(章)에 부합된 삶을 살아가길 바라기 때문이다.

4효(4爻)의 괄낭(括囊)은 밝음을 담고 묶여 있는 주머니가 땅(地)임을 알려준다. 이는 주머니 안의 것을 꺼내어 써도 그 땅에는 달라짐이 없는 용변부동본(用變不動本)의 의미이다. 그런 까닭에 '허물도 명예도 없는(無咎 無譽)' 것이다. 그 펼쳐짐과 결과는 역시 용변(用變)한 인간의 몫일 뿐이다. 5효(5爻)의 황상(黃裳)은 '묶여 있는 주머니(括囊)'가 열리고 그 안의 것이 땅 위로 펼쳐진 것이다. 주머니 안의 것이 펼쳐지는 땅(地)이 황(黃)이고, 그 땅 위에 만물이 펼쳐진 모습이 상(裳)이다. 즉, 하늘의 순리에 따라 땅이 만물로 치마를 입은 것이다. 이렇게 펼쳐진 것은 '하늘이 순리에 부합되어야 길(元吉)'하게 된다. 만물과 인간은 머금은 밝음에 부합되어야 진화할 수 있기 때문이다. 6효(6爻)는 항용유회(亢龍有悔)의 시간에 놓인 인간이다. 그 인간들을 상징하는 용(龍)이 땅 위에서 서로 싸우는 모습이 용전우야(龍戰于野)이고, 기혈현황(其血玄黃)은 용전(龍戰)으로 인하여 도태된 용(龍)들의 피(血)가 땅을 검붉게 적시는 것이다. 용전(龍戰)은 왕(王)과 같은 세상의 성공이 아니라, 함장(含章)한 것에 부합되었는가에 따라 승자가 결정된다. 이것이 세상이 아닌 하늘의 순리를 물어야 하는 까닭이다. 이는 생칠팔구(生七八九)를 위한 밑거름이 되는 것으로 환오칠(環五七)의 과정 중 환오(環五)가 된다. 6효는 한 생(生)을 의미하는 것이기도 하지만, 천부경(天符經) 중 생칠팔구(生七八九)의 진화과정이 지속되는 인간으로 살아남은 것 역시 상징한다.

건곤(乾坤)의 쓰임(用)

건괘(乾卦)와 곤괘(坤卦)가 지니는 쓰임의 차이를 규정한 것이 용구(用九)와 용육(用六)이다. 이는 천부경(天符經)에서 용변(用變)한 것이 부동본(不動本)할 수 있는 방법이다. 건괘의 용구(用九)는 '현군룡무수(見群龍無首) 길(吉)'이고, '무리 지어 용이 나타나도 머리가 없으니, 길하다'는 의미이다. 용(龍)은 물 속에서 하늘로 올라가기 위한 한 결의 삶을 살고, 하늘에 다다른 용(龍)은 태양앙명(太陽昂明)하게 된다. 이를 위해 천지에 생겨난 용(龍)들이 현군룡(見群龍)이고, 그것에 '머리(首)가 없다(無)'는 것은 모든 용(龍)에게 공평한 기회가 주어짐을 의미한다. 길(吉)한 것은 모든 용(龍)들이 건(乾)이 상징하는 하늘에 도달하고자 나타났기 때문이고, 또한 그런 생(生)을 살아야만 길(吉)한 것임을 가르쳐준다. 고로 용구(用九)란 인간이 건(乾)으로 상징되는 9(九)에 다다를 수 있도록, 인간 무리(群龍)가 땅 위에 나타나게 하는 하늘의 쓰임(用)인 용변(用變)이다. 그것이 무수(無首), 즉 모두에게 공평한 기회가 주어짐이 적절하고 바르기에 용(龍)의 입장에서 길(吉)한 것이 된다. 이는 무리를 지어 나타나는 수많은 도전과 그 기회의 공평함, 결국에는 하늘의 순리에 부합하는 용(龍)이 나타나게 될 것임을 보여준다.

역(易)은 곤괘(坤卦)에서 인간이 왕의 일(王事)을 하기 위함이 아니라, 건(乾)으로 상징되는 9(九)의 존재가 되기 위하여 생(生)한 것임을 명확히 한다. 그런 까닭에 왕(王)의 일에 종사해도 마음(心)을 이룸이 없으면, 무성유종(無成有終)으로 이루어짐이 없고 그침(死=己)만이 있다고 하는 것이다. 이때 종(終)을 사용하는 것은 10(十)을 목표로 하는 천부경(天符經)과 달리 역(易)의 목표는 9(九)이기 때문이다. 이를 위해 인간에게 필요한 것이 곤괘(坤卦)의 용육(用六)인 '이영정(利永貞)'이다. 이영정(利永貞)의 의미는 '계속해서 물어야 이롭다'는 것이다. 즉, 하늘의 순리를 묻는 것은 마음(心)이 생기는 구(九)가 될 때까지 한순간도 빠짐없이 지속되어야 한다는 의미이다. 이렇게 물음(貞)을 지속할 수 있어야 칠(七)에서 팔(八)로, 팔(八)에서 구(九)로 인간이 하나의 부동본(不動本)인 존재로 진화할 수 있다.

지구의 시공(時空) 속에서 '현군룡무수(見群龍無首)'하고, 그 용(龍)들이 '이영정(利永貞)'함으로써 하늘에 부합되어야 함을 역(易)은 담아내고 있다. 역(易)의 지구적 순리와 순환을 통하여 천부경(天符經)의 마침(終)에 도전할 수 있는 자격을 지닌 인간이 되는 것이다. 그럼에도 인간은 성공과 부(富)를 위해 물을 뿐, 하늘에게 인간의 길을 묻지 않는다. 그런 까닭에 부합되어 진화하는 삶을 살 수 없다. 천부경(天符經)은 생칠팔구(生七八九)하는 역(易)의 과정을 만왕만래(萬往萬來)·용변부동본(用變不動本)·본심(本心)으로 가르친다. 반면에 역(易)에는 생칠팔구(生七八九)하는 3운(3運)의 과정을 통하여, 8괘의 부동본으로 하나의 본(本)을 만들어 마음(心)을 지니는 방법들이 나와 있다. 삼극(三極)의 공간에서 만들어진 것이 천지인(天地人) 삼재(三才)이고, 그 삼재가 인간 안에서 하나가 되어 본심(本心)을 지니게 된다. 이처럼 역(易)의 구조와 쓰임을 통하여, 역(易)이 천부경의 원리에 따라 구성되고 쓰였음을 명확히 알 수 있다.

반본환원(返本還原)

천부경(天符經)은 우주의 목적에 부합되는 진화의 원리와 그 안에서 일어나는 지구적 진화에 관한 법칙을 담고 있다. 그 운행과 이루어짐, 순환에 관한 내용들이 역(易)과 도덕경(道德經)으로 드러난다. 도덕경은 역(易)의 전통이 이어져 후대에 쓰인 것이다. 참동계(參同契)와 도덕경이 역(易)을 이어받았고, 그 내용은 역(易)의 양면과도 같다. 참동계가 역(易)의 수행방법에 대한 것이라면, 도덕경은 역(易)의 목표점에 관한 것이다. 이는 천부경의 진화방식이 역(易)에서 참동계로 이어지고, 그 진화의 목적은 역(易)에서 도덕경으로 이어진 것으로 설명할 수 있다. 도덕경은 인간이 어떤 길을 선택해서 가도 모든 길은 상도(常道)로 돌아가는 길임을 보여준다. 그 길을 좇는 인간이 마음(心)을 지녔는가에 따라 마침과 순환이 결정될 뿐이다. 선각자들은 자애롭고 친절하여 천부경을 내어주고, 부족하자 역(易)을 그리고 다시 도덕경을 주었다. 그럼에도 세상 사람들은 세상의 언어로 이 세 경전의 길을 목적과 다른 길로 만들어 놓은 것이다.

역경(易經)을 통해 지구의 하늘(天)에 부합되어 마음을 머금는 것이 지구적인 천부(天符)이고, 비로소 인간은 우주의 하늘(天)에 부합되는 길을 걸을 수 있는 자격을 지니게 된다. 천부경(天符經)은 이와 같은 상태에 놓이는 것을 인간이 지구와 같이 본(本)을 지닌 상태로 설명하고 있다. 그런 까닭에 역경(易經)에는 건(乾)이라는 지구적 하늘에 부합하여 마음(心)을 얻어 가는 길이 담겨있을 뿐, 마침(終)에 대한 길이 없다. 상도(常道)와 도(道)의 관계로 이루어진 도덕경(道德經)이 세상에 필요하게 된 이유도 여기에 있다. 상도(常道)와 도(道)의 관계성을 통하여 인간에서 지구로 커지고, 다시 지구에서 우주로 넘어갈 수 있다. 본뜸(母)의 주체인 어머니(母)를 통한 번식(子)과 그 자식(子)이 어머니(母)가 되는 과정을 통하여 도(道)가 상도(常道)와 같아지는 것임을 보여준다. 이러한 역경(易經)과 도덕경의 특성은 본(本)에서 본(本)으로, 무(無)에서 무(無)로 진화하는 원리를 그대로 보여준다. 도(道)와 상도(常道)의 거듭됨은 진화의 모습이자 방식이고, 그것이 일어남을 일깨워 우주적 진화가 가능함을 보여준다.

인간은 인간을 위한 길이 아닌 세상을 위한 길에 의지해 산다. 그럼으로써 인간은 신(神)의 길에서 멀어져 왔다. 천부경(天符經)과 역경(易經) 그리고 도덕경(道德經)은 인간이 신(神)의 길을 걸어갈 수 있다는 것과 그 길을 걷는 방법을 알려주는 밝음이다. 이를 위하여 인간이 역(易)이 제시하는 길을 따라서 마음(心)을 얻고, 그 마음을 본(本)으로 삼아 인중천지일(人中天地一)로 도덕경의 하나(一)를 얻으면, 천부경이 알려주는 우주진화의 원리에 부합되어 신(神)이 될 수 있다. 그 길은 부처와 예수 그리고 노자를 통하여 실제로 증명된 길이다. 그 길 위에 올라선 첫 출발점이 마음(心)을 지니는 것이다. 그것을 위하여 우리는 세 경전의 가르침을 차근차근 따라가야 한다. 그 길을 따라가는 방법은, 경전 안의 문자들이 아니라 그 문자를 선택한 뜻을 따라가는 것이다. 이를 위하여 세 경전이 지니고 있는 그대로의 내용들이 세상과 사람들에게 전해져야 한다. 도가도비상도(道可道非常道)이기에 인간의 진화라는 밝음 아래에 있는 것이면 어떤 길을 걸어도 된다. 인간의 길에서 오랜 시간 멈추어 서있지만, 이제부터라도 그 길의 처음과 끝을 올바르게 알고 가야 한다. 천부경에는 그 길의 처음과 끝에 대한 모든 내용이 담겨 있다. 신(神)이 우주와 지구를 통하여 신(神)으로 키우고자 선택한 것이 인간이라는 사실에 자부심을 지녀야 한다. 그 길을 위한 밝음인 천부경을 '신(神)이 길을 걷는 우주진화의 원리'라고 부를 수 있는 이유이다. 인간에게 이것 이상의 학(學)과 문(文)은 필요하지 않다.

부록(附錄)

천부경(天符經)의 사상(思想)과 수(數)

I. 천부경(天符經)의 사상(思想)

    천부경(天符經)의 사상(思想)은 우주의 목적에 부합하는 무(無)에 의한 존재적 진화와 이를 위한 인간의 마음(心)에 기반한다. 고로 존재론적 변화에 의한 정신(精神)으로 한정되지 않는다. 이 경전의 이름이 천부경인 것은, 지구적 하늘(天)과 우주적 하늘(天)을 인간에게 연결하기 위한 목적을 지니고 있기 때문이다. 이를 위해서는 현재 시점의 인식론(認識論)이 아닌 경전 안의 인식론으로, 그 사상적 개념을 명확히 하는 것에서 경전읽기를 출발해야 한다. 그래야만 천부경을 읽는 과정에서 발생할 수 있는 오류를 줄일 수 있다. 그 중심에 자리한 두 개념이 석삼극(析三極)의 삼극(三極)과 천지인(天地人)의 삼재(三才)이다. 일반적으로 삼극과 천지인은 과정적·존재적·작용적 차이에 대한 이해 없이 동일한 것으로 다루어지고 있다. 그러나 천부경은 목적과 쓰임을 통해 이를 명확히 구분하여 사용한다. 이는 우주와 지구의 운행원리적 차이와 목적을 설명하기 위한 것이고, 이를 통해 천부경의 원리와 목적에서 벗어나지 않을 수 있게 된다.

천부경(天符經)의 원리에 다가가기 위해서는 삼극(三極)과 천지인(天地人)의 관계를 통해, 천부경이 좇고자 하는 하늘(天)의 의미를 명확히 해야 한다. 그래야만 하늘에 부합해야 하는 대상인 지구와 인간의 존재이유를 명확해진다. 천부경이 보여주는 하늘(天)은 지구적 하늘과 우주적 하늘이고, 이 두 하늘은 무(無)와 본(本)에 의해 순차적인 목표가 된다. 천부경은 삼극과 태양(太陽)으로 상징되는 순차적 하늘을 좇아 마치는 과정을 인간에게 보여주고자 한다. 그 과정이 지구적 무(無)에 의지하여 본심(本心)을 지님으로써, 우주적 무(無)인 무종일(無終一)로 마치는 것이다. 무(無)에서 만물이 생겨 인간으로 존재적인 진화를 하고, 그 인간은 지구적 존재에서 우주적 존재로 존재성이 달라지게 된다. 이를 통해 천부경의 사상적 배경이 진화임을 알 수 있다. 이러한 천부경의 사상적 원리를 통해 81자로 설명 가능한 우주진화의 원리를 인간이 좇을 수 있는 것이다.

무(無)

무(無)는 천부경(天符經)의 기본사상이다. 천부경은 무(無)에서 비롯된(始) 하나(一)가, 비롯되게 한 그 무(無)와 같은 존재가 되는 내용과 원리를 담고 있다. 천부경은 이 과정 속에서 인간이 우주의 무(無)이자 지구의 신(神)이 될 수 있음을 가르친다. 이를 위해 무(無)에서 무(無)로 연결된 우주와 지구, 인간의 진화과정의 원리를 실명한다. 진화가 일어나는 시공(時空)과 대상 역시 무(無)에서 나왔다. 이를 통해 진화가 이어지는 것은 보여지는 존재가 아니라 무(無)임을 알 수 있다. 무(無)이기에 존재할 수 있고, 거듭됨으로 그침(己=死)이나 마침(終)이 모두 무(無)가 되는 것이다. 우주의 모든 것은 무(無)이다. 그 이유는 우주 역시 무(無)에서 나왔기 때문이다. 무(無)의 과정적 변화와 진화를 통하여 무(無)에 대해 아는 것이 필요한 이유이다. 우주와 지구 역시 무(無) 속에서 일어났다 터지는 하나의 기포에 불과하다. 지구를 만든 무(無)는 지구 안의 모든 것을 조절할 수 있고, 이것이 무(無)를 부르는 다른 이름이 신(神)인 이유이다. 마음(心)을 지녀 구(九)가 되기 전에는 나(我)는 없다. 고로 본래의 나(我)라는 개념은 신(神)과 성인(聖人)에 해당되는 것이다. 신(神)과 성인(聖人)의 차이는 무(無)가 순환하는가 아니면 지속되는가로 구분된다. 천부경은 일종무종일(一終無終一)로 자기 복제성을 얻게 된 존재로서의 무(無)가 되어 새로운 일시무시일(一始無始一)이 가능한 우주적 존재가 되는 신(神)의 길을 담고 있다. 일시무시일과 일종무종일은 도덕경에서 말하는 상도(常道)와 도(道)의 구조로도 설명된다.

천부경(天符經)에서 무(無)는 우주의 존재원리이다. '무(無)에서 비롯된 하나(一始)'가 '무로 비롯된 하나(無始一)'를 만들고, 이 '무로 비롯된 하나(無始一)'가 운삼(運三)이라는 운행의 과정을 거쳐, '마침(一終)'으로써 '새로운 하나의 무인 상태(無終一)'가 되는 내용과 진화원리를 담고 있는 것이 천부경이기 때문이다. 무(無)에서 비롯된 존재가 그 무(無)와 같아지는 것이다. 천부경의 무(無)는 '있음과 없음(有無)'의 무(無)가 아닌 존재의 본질이다. 천부경이 무(無)인 상태로 시작해서 무(無)인 상태로 끝나는 이유이다. '무(無)에서 비롯된 하나(一始)'는 절대무(絶代無)에서는 우주가 되고, 우주에서는 지구가 되며, 지구에서는 각각의 만물(萬物)이 된다. 지구가 그 만물 중에서 진화에 적합한 존재로 선택한 것이 인간(人間)이다. 우주에서는 모든 것이 무(無)이고, 시공(時空)과 존재에 따라 그 무(無)의 형질이 다른 것이다. 고로 그침(死)과 마침(終)에 따라 무(無)의 형질과 시공(時空)이 달라짐일 뿐이다. 인간은 무(無)에서 비롯된 하나(一始)인 지구를 만든 무(無)를 상징하는 태양의 밝음을 좇아(太陽昻明), 우주가 지구를 만들었을 때와 같은 무(無)인 상태의 인중천지일(人中天地一)에 다다르게 된다. 이는 '무로 비롯된 하나(無始一)'가 마침(一終)으로 무(無)에서 일시(一始)한 지구와 같은 십(十)의 크기가 된 것이기에, '무로 마친 하나(無終一)'라고 하는 것이다. 일시무시일(一始無始一)의 무(無)와 일종무종일(一終無終一)의 무(無)가 의미적으로는 같지만, 그 형질은 진화를 거쳐 완전히 달라진 것을 상징하게 된다. 인간은 이렇게 무종일(無終一)에 다다른 인간을 신(神)이라 부른다.

천부경(天符經)에서 네 차례 사용되는 무(無)는, 무(無)에는 사성(四成)의 구조가 담겨있음을 보여준다. 일시무시일(一始無始一)의 무(無)가 무진본(無盡本)의 항구성(恒久性)을 통하여 무궤화삼(無櫃化三)을 반복하고, 일종무종일(一終無終一)로 복제되는 구조를 지닌다. 즉, 일시(一始)의 근거인 무(無)가 자기와 닮은 역할을 하는 새로운 무(無)를 만들어 내는 방식이다. 이처럼 천부경은 우주의 본(本)인 무(無)에 대한 거대한 담론을 81자 안에 담아내고 있다. 무종일(無終一)에 다다르면 지구적 무(無)의 물질성과 비물질성을 모두 다룰 수 있게 된다. 우주와 지구, 인간의 본(本)은 본래 무(無)이다. 우주의 목적에 부합(天符)되게 진화함으로써 나(我)라는 우주적 존재성을 지닐 수 있게 되는 것뿐이다. 이를 위해 '하늘에 부합되어 진화될 수 있는 원리'를 전하고 있는 경전이 천부경(天符經)이다. 부처와 예수, 노자는 하늘에 부합되는 존재가 되었기에 나(我)로 지속된다.

일시무시일(一始無始一)의 무(無)

일시무시일(一始無始一)에 쓰인 무(無)는 시발점인 근원으로서의 무(無)를 의미한다. 이는 무(無)가 지닌 '절대성(絶對性)'을 상징한다.

무(無)는 우주와 지구를 포함한 모든 존재하는 것의 출발점이다. 무(無)라는 시공(時空)이 없다면 어떤 것도 새로이 드러날 수 없다. 그런 까닭에 무(無)는 존재가 의지하는 것에 따라 차원이 겹침으로 거듭되는 것이다. 무(無)에서 일시(一始)한 것은 그 자체로 무(無)의 상태에 놓이고, 그 상태가 무시일(無始一)이다. 일시무시일은 일시(一始)가 시작된 곳과 일시(一始)가 시작하는 것이 모두 무(無)임을 설명하고, 그것이 본래 같은 것임을 보여준다. 이것이 중요한 것은 인간이 지구와 우주의 무(無)는 지닐 수 있는 이유가 된다. 품고 있는 무(無)는 각각의 일시(一始)한 것을 규정하는 기준이 된다. 이것은 무(無) 그 자체가 지닌 절대성에 기인한다. 일시(一始)를 낳는 무(無)와 시일(始一)한 것 속 무(無)가 지닌 차이이다. 이처럼 모든 것이 무(無)이기에 각각의 하나가 모두 이어져 같은 원리로 움직일 수 있는 것이다. 무(無)이기 때문에 모든 것이 하나로 연결될 수 있다. 이처럼 일시무시일(一始無始一)은 무(無)가 지닌 기본적인 동질성을 보여준다. 단, 우주와 지구의 무(無)는 그 목적이 다르다.

무진본(無盡本)의 무(無)

무진본(無盡本)에서 본(本)과 함께 쓰인 무(無)는 '변함이 없다'는 무(無)의 지속성을 보여준다. 이는 무(無)가 지닌 '항구성(恒久性)'을 상징한다. 일시(一始)하게 하는 무(無)와 무시일(無始一)로 인한 무

(無) 모두 변함이 없음이다. 이것이 부동본(不動本)의 특성이다. 무(無)에서 시생(始生)하는 것이니 본(本) 역시 무(無)이고, 보이는 것으로 만들어진 것도 무(無)이니 써도 다할 것이 없는 것이다. 일시(一始)한 것은 완전한 무(無)이기에 우주가 설계한 목적대로 운행시킬 수 있는 것이다. 일시(一始)한 것이 무시일(無始一)로 시작하기에 진화의 목적에 부합될 수 있고, 그것의 속성과 목적이 달라지지 않는 것이 무진본(無盡本)이다. 지구가 주어진 하나(一)의 본(本)을 잃는 순간 우주에서 없어지게 될 것이다. 일묘연(一妙衍)함이 만왕만래(萬往萬來)로 끊임없이 용변(用變)해도 부동본(不動本)인 것은 이처럼 변함과 다함이 없는 본(本)을 지녔기 때문이다. 무(無)가 아닌 상태에는 한결같이 지속됨이 없다. 진화를 위해서는 같은 상태로 이어짐이 필요하다. 이를 위해 만물 중 진화과정에 적합한 존재로 인간을 만들어 지속시키는 것이다. 그런 까닭에 인간이 부동본을 지님으로써, 본(本)으로 마음을 만들어야 우주의 목적에 맞는 진화를 시작하게 되는 것이다. 이를 위하여 인간의 생(生)을 목적이 아닌 기회로 삼아 마음(心)을 본(本)으로 만들어야 한다고 천부경은 가르치고 있다.

무궤화삼(無櫃化三)의 무(無)

무궤화삼(無櫃化三)에서 궤(櫃)와 함께 쓰인 무(無)는 '없어짐'이라는 상태를 설명하는 무(無)이다. 이는 무(無)가 지닌 '존재성(存在性)'을 상징한다. 무(無)는 무(無)로서 존재한다. 무(無)의 존재성(存在性)은 '있다'와 '없다'의 형상적 상대성(相對性)이 아니다. 천부경(天符經)에서 궤(櫃)는 무(無)가 상자에 담겨 드러난 것의 상징이고, 무(無)가 '보여지고 있는가' 아니면 '보이지 않는가'의 구분만이 있을 뿐이다. 본래 무(無)인 것이 '상자(櫃)에 담겨 있는 것'과 '담긴 상자가 없어진 것'으로 구분되는 것이다. 궤(櫃)와 무궤(無櫃)의 과정을 거치는 것은 무(無)는 궤(櫃)안의 상태에서만 진화할 수 있기 때문이다. 이것은 우주의 무(無)가 지구로 독립된 시공(時空)이 되었기에 독립과 진화가 일어나는 것과 같다. 이는 우주와 지구, 만물과 인간에게 모두 같다. 고로 존재적 구분이 아니라 그 무(無)가 지닌 본(本)을 살펴야 한다. 무궤화삼이 진화를 향한 나아감이기 때문이다. 우주의 궤(櫃)인 지구는 자기 안의 무(無)로 만물을 만들고 진화시킨다. 무궤화삼은 삼재(三才)적 천지인(天地人)의 시공(時空)에 드러난 것이 본(本)인 무(無)의 형질로 돌아가는 것이다. 무진본(無盡本)은 지구가 품은 우주적 무(無)의 특성이고, 무궤화삼은 이러한 지구적 무(無)로 돌아감이다. 무궤화삼은 궤(櫃)의 쓰임을 통하여 진화하고, 무궤(無櫃)로 진화의 기회를 얻는다. 이처럼 천부경의 무(無)에는 상대적 개념이 없다. 무(無)가 생겨나 보여지고, 다시 무(無)로 돌아가 보이지 않는 과정을 설명하기 위하여 '없어짐'을 상징적으로 사용할 뿐이다. 무(無)에서 궤(櫃)가 비롯되는 것임을 보여줌으로써, 역설적으로 존재의 속성을 명확히 깨닫게 한다. 무(無)는 궤(櫃)로 존재하는 시간에만 진화가 일어남을 알고, 인간은 그 기회를 적절하게 활용해야 한다.

일종무종일(一終無終一)의 무(無)

일종무종일(一終無終一)에 쓰인 무(無)는, '없는 상태'인 주체적 존재로서의 무(無)이다. 이는 무(無)가 지닌 '복제성(複製性)'을 상징한다. 천부경(天符經)에서는 이러한 복제성은 '시공(時空)과 존재가 하나'인 우주가 '시공'인 지구를 통하여, 인간을 '시공과 존재가 하나'인 신(神)으로 복제하는 것으로 설명한다. 그런 까닭에 일종(一終)은 시일(始一)한 것에서 마친 상태이니 무(無)이고, 무종일(無終一)은 무(無) 자체가 일시(一始)인 것이다. 시일(始一)한 것이 마치면 그것은 무시일(無始一)의 무(無)가 아니라 일시(一始)가 생겨났던 무(無)로 돌아간다. 이것은 우주적 무궤화삼(無櫃化三)의 방식이고, 생겨남(生)이 아닌 비롯됨(始)의 무궤화삼이 되는 것이다. 이와 같이 지구 안의 무(無)가 아닌 우주의 무(無)로 돌아간 것이 무종일(無終一)이고, 무종일은 일종무종일이 전하고자 하는 무(無)의 확장성과 자기복제성이다. 이것이 우주가 커지고, 지구가 복잡해져도 일묘연(一妙衍)할 수 있는 이유이다. 무(無)의 확장성(擴張性)이 시작되는 것은 무종일(無終一)에서 일어나는 일시(一始)와 무시일(無始

一)이다. 이것이 무(無)의 자기복제 방식이다. 일시(一始)한 것이 마치는 것이 아니라 일시(一始)한 것에 의해 복적에 부합하는 존재가 일종(一終)하게 되는 것이다. 이처럼 진화가 가능한 무(無)가 지닌 복제성에 의한 확장이고, 지구에서의 무(無)가 한 방향으로 흘러가 진화를 완성시키는 이유이다. 일종무종일의 무(無)는 우주와 지구, 인간을 각각 다른 크기의 무(無)를 하나로 묶는 연결고리인 것이다. 이와 달리 무시일(無始一)의 무(無)에서 기반한 존재가 '없는 상태'의 무(無)로 돌아가는 것은 순환일 뿐이다. 천부경에서 무(無)의 구분은 매우 중요한 사항이다. 이를 위해 비롯되게 한 무(無)와 비롯된 것의 무(無), 그리고 무(無)의 거듭됨으로 얻게 되는 마침(終)의 무(無)가 구별되어야 하기 때문이다.

본(本)과 본심(本心)

천부경(天符經)에서 본(本)은 무시일(無始一)한 것의 근원을 상징한다. 인간이 본심(本心)을 지닌다는 것은, 생칠팔구(生七八九)의 과정으로 인간에게 무시일(無始一) 상태의 본(本)인 마음(心)을 담았기 때문이다. 이는 무진본(無盡本)의 상태를 본뜬 것이 되고, 이로 인하여 인간의 속(中)에서 석삼극(析三極)이 가능해진다. 이는 본(本)의 지구적 반본환원(返本還原) 과정이고, 지구의 본(本)과 인간의 본(本)이 같은 상태를 지니는 것이다. 3운(3運)인 생칠팔구의 칠(七)은 운삼(運三)에서는 2운(2運)의 과정과 같다. 이 과정의 인간에게는 마음이 존재하지 않아 본능적 감성에 충실할 뿐이다. 팔(八)은 1운(1運)의 과정과 같다. 이 과정은 마음의 집을 지어 가는 것에 집중하게 되고, 성현들의 가르침에 기반한 학(學)에 관심을 갖게 된다. 마음(心)을 지닌 구(九)는 인간이 석삼극(析三極) 중 하나의 극(極)과 같은 상태가 된 것이고, 지구적 본(本)의 일부가 되어 밝음을 좇게 된다. 이처럼 생칠팔구는 인간에게 지구적 분화의 끝에서 출발점인 지구적 본(本)으로 회귀의 과정이 된다. 지구적 진화는 인간이 지구적 본(本)으로 마음(心)을 지니게 되는 것으로 끝난다. 그 뒤에는 자기 안의 도(道)는 밝음을 좇아 우주적 무(無)로 돌아가고자 한다. 천부경에서 나(我)는 본(本)으로 마음(心)을 지녔는가에 달려 있다. 즉, 마음을 지닌 사람만이 나(我)라는 존재가 될 수 있다. 그런 까닭에 나(我)인 존재인 부처와 예수, 노자는 마음을 만드는 방법과 과정에 대해 가르친다. 이것을 돕고자 우주는 지구의 본(本)으로 태양을 두었으니, 그 밝음으로 인간은 자신의 존재성이 아닌 마음(心)에서 길을 찾아야 한다. 그것이 본(本)으로서의 마음이고, 마음은 감정과는 다른 것이다. 인간은 본능과 감정을 벗고, 마음을 지닌 존재가 되는 본래의 길 위에서 내려오지 않아야 한다.

본(本)

본(本)은 하나(一)가 완성된 상태를 상징한다. 인간은 본심(本心)에 다다라야 비로소 완성된 상태인 우주와 지구에 이어질 수 있다. 천부경(天符經)은 우주가 지구를 위해 심어둔 우주적 본(本)으로 태양(太陽)을 상정한다. 그런 까닭에 지구는 이 태양의 밝음을 좇아(昻明) 살아간다. 이렇게 일시(一始)한 지구의 본(本)은 석삼극(析三極)의 삼극(三極)이다. 지구는 우주가 지구를 만든 것과 같은 원리로, 본(本)인 삼극(三極)에 의지하는 천지인(天地人) 삼재(三才)를 만들어 우주가 지구를 운행시키듯 운행한다. 그 운행의 결실인 인간이 본(本)을 지니게 된 상태가 본심(本心)이다. 이는 우주가 하나인 지구를 머금고 있는 것과 같은 원리로 지구가 하나인 인간을 머금고 있는 것이다. 이처럼 우주와 지구, 인간은 본(本)인 상태에서 하나로 이어진다. 그 때부터 인간은 우주의 목적에 부합되는 존재로서 살아가게 된다. 천부경은 그 목적을 지구를 통해 지구와 같은 크기의 존재를 진화시키는 것임을 보여준다. 이와 같이 본(本)을 통한 진화는 어머니(母)가 본뜬(母) 자식(子)이 어머니(母)가 되는 이치와 같다.

심(心)

심(心)은 지구적 진화(進化)의 완성을 상징한다. 그 진화의 대상으로 선택된 것이 인간(人間)이다. 천부경(天符經)에서 마음(心)은 목적이나 결과가 아니라 태양의 밝음을 좇아 인중천지일(人中天地一)로 마치기 위한 과정이다. 본심(本心)과 인중천지일(人中天地一)의 차이는 삼극(三極)과 천지인(天地人)에 있다. 본심은 천지인 삼재(三才)가 하나가 된 것이고, 인중천지일은 삼극(三極)이 하나가 된 것이다. 삼극(三極)은 삼극의 속성을 본떠 삼극(三極) 중 한 극(極)에 천지인(天地人)을 만들었다. 이 과정에서 인간이 선택되었고, 생칠팔구(生七八九)의 과정을 거치면서 마음(心)을 지니는 것으로 완성된다. 이는 천지인(天地人)이 하나(一)로 합쳐진 것으로 인간이 삼극 중 한 극(極)의 상태가 된 것이다. 이 상태에서 태양(太陽)의 밝음을 좇음(昻明)으로써, 삼극(三極)의 남은 두 극(極)이 인간 안에서 다시 하나로 합쳐진 것이 인중천지일(人中天地一)인 것이다. 우주는 태양(太陽)을 통하여 일시(一始)한 지구가 존재의 목적을 잃지 않게 하고, 지구는 인간을 본심(本心)으로 완성시켜 마침(終)에 다다르게 한다. 이처럼 지구와 우주의 진화적 분기점이 인간이 본(本)으로 마음(心)을 지니는 것이고, 인간이 마음을 지니도록 진화해야 하는 이유이다. 천부경(天符經)의 이런 원리가 도덕경(道德經)에서 상도(常道)와 도(道)로 남아있고, 신(神)이 된 사람들이 도(道)를 마음(心)이라 한 이유이다.

시(始)와 종(終), 생(生)과 환(環)

천부경(天符經)은 우주 진화과정에서 시작점의 무(無)와 마치는 점의 무(無)를 잇는 과정에 관한 경전이다. 이 과정은 '무(無)에서 일시(一始)하고, 그 일시(一始)한 것 안의 무(無)에서 목적에 따라 일시(一始)하여 그 무(無) 위에서 생(生)과 환(環)을 거듭함으로써, 무(無)로 일종(一終)함'으로 마친다. 무(無)에서 비롯된 하나(一始)인 인간을 무(無)인 상태로 진화시키는 것이, 우주와 지구의 역할이다. 어머니(母)가 자식(子)을 본떠(母) 낳고, 그렇게 번식(子)된 존재는 어머니(母)를 본떠(母) 어머니(母)와 같은 무(無)로 성장하는 것이다. 그것을 상징하는 것이 천부경의 시(始)와 종(終)이다. 이 시(始)와 종(終)의 진화과정을 존재로서 연결하는 것이 생(生)과 환(環)이다. 비롯된 것이 바로 마치는 것은 거의 불가능하다. 그런 까닭에 우주적 진화의 목적에 부합되도록 그에 적합한 과정을 거치는 것을 필요로 한다. 그 과정은 통나무(樸)가 두터워지는 것과 같이 빠짐없는 과정을 필요로 하고, 그 과정에서 쓰이는 두 방식이 생(生)과 환(環)이다. 이처럼 생(生)과 환(環)을 통하여 진화되어 무(無)로 마치는 것이다.

시(始)

시(始)는 비롯됨이다. 천부경(天符經)에서 비롯됨이란 하나(一)가 처음으로 생겨나 시작되는 것을 의미한다. 즉, '어떤 것'의 최초라는 의미가 된다. 우주에 독립적으로 비롯된 하나(一)인 별들이 존재하는 것처럼, 지구의 만물도 각각 독립된 하나(一)들이 어우러져 있는 것이다. 비롯된 것은 마칠 때까지 동일한 무(無)의 존재성을 지니고, 비롯된 목적에 한정 지어지는 것이기 때문이다.

종(終)

종(終)은 마침이다. 천부경(天符經)에서 마침(終)이란, 비롯된 하나(一始)가 비롯된 목적을 이룬 상태이다. 종(終)은 하나의 존재적 차원을 마치고 새로운 차원으로 넘어가는 것이다. 이는 비롯된 무(無)와 같은 크기의 무(無)가 된 것이고, 기반하고 있는 무(無)를 통하여 구분된다. 천부경에서 종(終)은 지구적 무(無)의 한정성과 한계를 넘어 우주의 무(無)와 존재성을 지니게 되는 것이다.

생(生)

생(生)은 생겨남이다. 생겨남은 비롯됨(始)을 본뜬 것이고, 그 삶은 일시(一始)한 것 안에서 일어난다. 생겨남 역시 무(無)를 기반으로 한다. 천부경(天符經)에서 생겨남은 비롯된(始) 것 안에서 무(無)

가 보여지는 존재로 드러나는 것을 의미한다. 생겨남은 비롯된 것이 목적에 디디리기기 위한 과정에서 방편으로 일어나고, 형체나 쓰임에 따라 각각 생(生)과 생(生)이 구분된다. 고로 생(生)을 사용한 생칠팔구(生七八九)가 비롯된 것 안의 생겨남임을 알 수 있다.

환(環)

환(環)은 생겨난 것이 마침(終)에 이르지 못하여 다시 생(生)하게 되는 것이다. 반면에 절대무(絶代無)에서는 일시무시일(一始無始一)과 일종무종일(一終無終一) 역시 환(環)이다. 인간은 마칠 때까지 순환(環)을 반복해야 하고, 이는 마칠 수 있는 기회를 스스로 만들어낼 수 있도록 돕는 것이다. 지구적 존재로의 환(環)에는 선택권이 없다.

삼극(三極)과 천지인(天地人; 三才)

삼극(三極)과 천지인(天地人)은 지구가 지닌 시공(時空)의 두 가지 특성이다. 삼극은 우주와 연결된 우주적 시공(時空)을 상징하고, 삼재(三才)라 불리는 천지인은 지구의 독립된 시공(時空)을 상징한다. 천부경(天符經)은 삼극과 천지인을 명확하게 별개의 개념으로 사용하고 있다. 후대에서 관념적으로 하나로 묶인 것일 뿐이다. 삼극이 우주적 목적에 부합(天符)하기 위한 시공과 존재로 삼재를 만들어 운행하는 것이다. 그런 까닭에 존재가 없는 무(無)인 상대의 삼극은 지구의 본(本)으로 삼재의 만물을 공급하고, 삼재가 따라야 하는 기준이 된다. 우주와 지구는 삼극을 통하여 연결되고, 지구와 만물은 삼재를 통하여 연결된다.

  삼재(三才)는 삼극(三極)을 본떠서 천지인(天地人)의 구조적 특성을 갖추었다. 삼재가 구조적 특성을 갖출 수 있는 것은 삼극 위에 만들어진 시공(時空)이기 때문이다. 이는 우주로부터 지구적 시공이 만들어짐을 인정받아 운행되는 것이다. 삼극은 우주의 존재 형태가 지구에 담긴 것이고, 삼재는 이를 본받아 지구가 시공을 운행하는 방식이다. 고로 우주에 의해 지구가 움직이듯, 삼극에 의해 천지인 삼재가 움직인다. 삼재는 삼극의 진화재료인 것이다. 우주는 하나로 뒤섞여 있는 것이라면, 지구는 그 속에서 독립되어 운행된다는 차이가 있기 때문이다.

  무(無)인 우주가 우주적 진화를 위한 존재로 별(星)인 지구를 만든 것처럼, 지구적 무(無)인 삼극(三極)이 지구적 진화를 위한 존재를 만드는 것이 삼재(三才)이다. 삼극은 본(本)이자 삼재의 터전이다. 지구는 우주의 무(無)에서 비롯된 상태이며, 삼극은 우주와 연동된 상태로 지구가 살아있음을 상징한다. 고로 삼극은 지구에서 우주의 무(無)와 같은 존재이고, 지구에 존재히는 지구적 존재들이 비롯되고 생겨나는 무(無)인 본(本)이다. 삼극에는 천지인(天地人)과 같은 구분이 존재하지 않는다. 왜냐하면, 그 상태는 혼재된 하나로 비롯된 것의 생명 그 자체이기 때문이다. 고로 삼극은 천지인이 아니라 나뉘어진 채 뒤섞여 있는 작은 우주이다. 이것이 우주적 존재의 특성이고, 인간이 인중천지일(人中天地一)로 석삼극(析三極) 상태에 다다른 우주적 존재가 되는 까닭이다.

　일시(一始)한 것이 무(無)의 상태로 시일(始一)하여 나뉘어진 상태가 삼극(三極)이다. 이는 우주가 펼쳐지기 전에 하나로 뭉쳐 있는 상태와 같다. 무시일(無始一)은 무(無)인 상태이고, 석삼극(析三極)은 무(無)가 나뉘어진 것이며, 무진본(無盡本)은 나뉘어진 상태인 무(無)가 다함이 없는 본(本)이라는 의미이다. 이것이 삼극이다. 이 삼극에 운삼(運三)의 과정이 시작되어 우주가 펼쳐진 것과 같은 상태가 삼재(三才)이다. 비로소 지구에 천지인(天地人)이 생긴 것이다. 그런 까닭에 천부경(天符經)은 석삼극과 운삼의 과정을 나누어 이해해야 한다. 후대의 관념적 합의로 인한 삼극과 천지인 삼재의 동일시는 구분되어야 한다. 고로 천지인적 구분은 삼재에서 한정적으로 사용되어야 한다. 삼극은 하나인 상태이기 때문이다.

삼극(三極)이 우주진화의 목적에 맞는 지구적 공간을 만들고, 그 자리를 채운 것이 삼재(三才)일 뿐이다. 삼재인 천지인(天地人)이 운행되는 터전이 삼극이고, 삼재는 그 삼극을 본(本)으로 삼아 만물의 진화와 변화를 만들어 낸다. 하나인 삼극이 지닌 세 가지 속성을 지구에 맞도록 나누어서 쓰이는 것이 삼재가 된다. 삼극이 지구를 우주의 온실로 만들었다면, 삼재는 천지자연(天地自然)으로 지구의 온실에서 만물을 키운다. 태양은 지구와 달리 삼극이 온전히 하나인 상태이다. 그런 까닭에 안이 아닌 밖의 다른 것에 영향을 미칠 수 있다. 고로 인간이 태양앙명(太陽昻明)하면 온전한 하나가 될 수 있는 것이다. 이와 달리 삼극이 삼재의 시공(時空)으로 변화된 지구는 자기 안의 것에만 영향을 줄 수 있다. 삼극은 지구가 우주적 존재임을 상징하고, 삼재는 지구의 독립된 존재성과 그 방식을 상징한다.

삼극(三極)은 만물의 본(本)이다. 삼재(三才)는 우주적 시공(時空)이자 본(本)인 삼극을 본(本)으로 삼는다. 이를 통하여 우주진화를 위한 지구의 역할을 수행한다. 고로 우주와 지구가 연결되는 삼극이 지구와 만물이 연결되는 삼재와 하나로 섞여 자리잡는 과정이 석삼극(析三極) 뒤에 나오는 것이다. 이러한 삼극은 우주적 존재로서 지구에 존재하는 것이기에, 지구 안에서 우주적 특성인 삼극을 변화시킬 수 있는 것이 없다. 고로 무진본(無盡本)이다. 그렇기에 일묘연(一妙衍)하는 과정에서 용변(用變)해도 부동본(不動本)일 수 있는 것이다. 지구는 우주의 목적에 부합(天符)하도록 움직인다. 삼재는 지구가 우주의 목적에 부합(天符)하는 실제의 운행이 일어나는 시공(時空)이다. 그런 까닭에 인간이 우주적 진화에 부합하는 궤(櫃)로 드러나 우주적 존재로 진화할 수 있게 된다. 이 목적을 달성하기 위해 삼재는 만물과 인간을 생(生)과 환(環)을 거듭하게 한다.

운삼(運三)

셋(三)으로 운행된다는 것은 지구 운행의 기본법칙이다. 천부경(天符經)은 1·2·3운(運)과정으로 삼(三)을 만들어 운행하고, 그 시공에서 대상인 삼(三)을 대삼합육(大三合六)으로 생칠팔구(生七八九)의 운삼(運三)과정을 거치게 하며, 만왕만래(萬往萬來)·용변부동본(用變不動本)·본심(本心)로 운행되는 일묘연(一妙衍)의 원리를 따른다. 그런 까닭에 각각의 1운(1運), 2운(2運), 3운(3運)이 연동되는 것이다. 운삼은 삼(三)이 운행된다는 구조적 의미와 세 번 운행된다는 과정적 의미를 포함한다. 구조적 측면의 삼(三)은 석삼극 상태의 삼극(三極)이 첫 번째의 삼(三)이고, 이 삼극의 공간에 생긴 인간을 포함한 천지인(天地人) 삼재(三才)가 두 번째의 삼(三)이며, 천지인 중 삼(三)인 인간이 세 번째의 삼(三)이다. 이를 통하여 삼(三)의 구조적 운행대상이 인간임을 알 수 있다. 즉, 운삼의 세 번째인 생칠팔구(生七八九)를 위하여 구조적 운삼의 과정을 거쳐온 것이다. 구조적 운삼의 결과는 일종무종일(一終無終一)이고, 인간의 과정적 운삼의 결과는 인중천지일(人中天地一)이 된다. 그런 까닭에 운삼의 삼(三)은 만물, 특히 인간을 상징하는 것이 된다.

 운삼(運三)의 출발은 하나인 삼극(三極)의 삼(三)이다. 삼극의 삼(三)이 대상인 천지인 삼재(三才)의 삼(三)으로 넘어가고, 천지인(天地人)의 삼(三)인 인간으로 넘어가는 것이다. 그럼으로써 운삼(運三)은 구조적 삼(三)이 그 대상인 삼(三)을 운행하는 지구적 운행을 의미하는 것이 될 수 있다. 이것이 지구적 진화의 구조가 완성되는 세 번의 과정을 거침이다. 그 과정을 거쳐 천지인 삼재에서 인간(三)이 생겨나고, 천지인과 인간이 운행되어 그치거나 마치게 된다. 운삼의 과정을 거치는 목적은 지구적 하나(一)가 되기 위한 것이다. 이를 위하여 삼(三)인 삼극을 운행하여 삼극 안에 하나인 천지인(天地人)이 생겨나게 하고, 삼(三)의 구조인 천지인을 운행하여 삼재 안에 하나인 인간을 낳으며, 삼(三)의 구조를 지닌 인간을 운행하여 인간 안에 하나인 마음(心)을 만든다. 그런 까닭에 운삼은 삼(三)의 구조를 지닌 대상을 세 번의 과정을 거쳐 하나가 되게 하는 운행인 것이다.

지구에서 지구적 차원의 운삼(運三)과 우주적 차원의 운삼은 중첩되어 일어난다. 천부경(天符經)에서 운삼은 지구적 순리대로 운행되는 것이고, 하나(一)는 우주적 순리대로 운행되는 것이다. 그런 까닭에 하나인 지구가 우주적 순리에 의하여 셋(三)으로 운행되는 지구적 순리인 운삼을 만들어 내는 것이다. 고로 지구적 운삼의 목적은 우주적 순리에 부합하는(天符) 하나(一)가 되기 위한 것이다. 이를 위한 지구적 진화가 일어나는 과정이 셋으로 분화되고, 그 셋이 운행되어 새로운 하나로 통합되어 다시 운행되는 과정인 운삼을 거듭한다. 그 과정인 1운(1運)으로 삼극(三極)과 연동된 천지인(天地人)을 만들고, 2운(2運)으로 천지인을 연동시켜 천지인과 연동된 인간을 만들며, 3운(3運)으로 진화의 터전으로서의 삼(三)과 대상으로서의 삼(三)을 운행하게 되는 것이다. 그런 까닭에 운삼사성(運三四成)이 되는 것이다. 그리고 이처럼 운삼의 최종 대상이 되는 것이 인간임을 보여준다.

운삼(運三)은 구조로서의 삼(三)과 그 대상으로서의 삼(三)이 운행되는 것이고, 1운(1運)·2운(2運)·3운(3運)으로 이어져 완성된다. 또한 1운·2운·3운의 과정마다 별개의 운삼이 일어난다. 그 과정을 통하여 인간은 인중천지일(人中天地一)에 다다르게 된다. 이를 위하여 천부경(天符經)은 운삼(運三)의 과정을 생칠팔구(生七八九)에 연결하여 설명한다. 합육(合六)과 칠(七)·팔(八)·구(九)는 운삼(運

三)의 운행과정을 보여주고, 칠(七)·팔(八)·구(九)의 진화수준을 규정한다. 합육(合六)은 우주에 지구가 생긴 것과 같은 방법으로 독립된 인간이 생겨난 것이고, 칠(七)·팔(八)·구(九)는 인간의 운삼과정이 된다. 운삼의 1운에서 우주와 지구의 시공이 연결된 것처럼, 칠(七)은 만물과 인간이 연결된 상태로 순환함을 의미한다. 2운이 독립된 삼재(三才)로 존재하는 것처럼, 팔(八)은 인간이 만물에서 독립된 인간으로 순환함을 의미한다. 지구적 진화의 마침을 위한 과정인 3운은 그 진화의 유일한 대상인 인간이 순환하는 것처럼, 구(九)는 마침에 도전할 수 있는 유일한 대상인 마음(心)을 지닌 나(我)로 순환하는 것을 의미한다. 일묘연(一妙衍)의 과정에서 만왕만래(萬往萬來)의 과정은 칠(七)의 특성이 되고, 용변부동본(用變不動本)은 팔(八)의 특성이 되며, 본심(本心)은 구(九)의 특성으로 규정할 수 있는 것도 운삼(運三)의 방식이 적용되기 때문이다.

사성(四成)

사성(四成)은 진화의 과정에서 각각의 매듭이 지어지는 것이다. 즉, 일관된 과정을 거쳐 완성된 모습이 사성(四成)이다. 그 매듭의 방식에는 그침(己=死)과 마침(終)의 두 가지가 있게 된다. 그침(己=死)은 하나의 과정이 거듭되는 것이고, 마침(終)은 하나의 과정을 끝내고 새로운 과정을 시작하는 것이다. 사성은 변화와 진화를 목표로 일이니고, 변화의 과정인 운삼(運二)과 그 각각의 결과로 이루어진다. 또한 사성 역시 운삼의 과정에 포함되어 지속된다. 사성의 구조는 두 가지의 기본적인 형태를 지닌다. 첫 번째는 운삼의 과정을 통한 방법론적 사성(四成)이다. 모든 진화와 변화는 과정을 거쳐 이루어지는 것이라는 의미를 담고 있다. 고로 건너뛸 수 있는 과정이란 존재하지 않는다. 두 번째는 일시무시일(一始無始一)에서 일종무종일(一終無終一)로 이어져 있는 무(無)의 근원적 사성(四成)이다. 이는 무(無)가 자기를 닮은 무(無)를 우주에 새로이 내놓는 과정을 거듭하는 것이다. 이로 인하여 운삼사성(運三四成)이 중첩되어 존재하게 된다. 천부경(天符經)은 다양한 사성(四成)의 구조를 활용하여 변화와 진화를 설명하고 있다. 사성을 통하여 각각의 단계가 연결되고, 하나의 구조를 갖추게 된다.

무(無)

무(無)는 「일시무시일(一始無始一) - 무진본(無盡本) - 무궤화삼(無櫃化三) - 일종무종일(一終無終一)」의 사성(四成) 구조를 지닌다. 천부경(天符經)에 존재하는 이루어짐(成)은 무(無)의 사성구조 안에서 일어난다. 무(無)의 사성은 단순한 순서적 과정이 아니라, 무(無)가 지닌 주체성에 따라 그 존재성이 달라짐을 알려준다. 일시무시일은 시작, 무진본과 무궤화삼은 과정, 일종무종일은 결과로써 사성의 뿌리가 된다.

진화원리

진화원리로서의 사성(四成)은 「시(始) - 생(生) - 환(環) - 종(終)」의 구조를 지닌다. 이는 지구가 우주의 목적에 부합되는 진화과정을 운행하는 것이다. 시(始)는 우주의 무(無)에서 비롯되어 시작되는 것이고, 생(生)과 환(環)은 시(始) 안의 무(無)에서 생겨난 존재가 운행되는 과정이며, 종(終)은 그 존재가 무(無)과 같은 크기의 형질로 마치는 것이다. 이는 절대무(絶代無)에서 우주가 나오고, 그 우주의 무(無)에서 나온 지구가 만든 인간이 무(無)를 따라 거슬러 올라가는 것과 같다. 진화는 무(無)와 무(無)를 잇는 것이고, 이를 위해 지구적 무(無)에서 생(生)과 생(生)을 잇는 순환(環)을 거쳐 우주의 무(無)로 마치게(終) 되는 것이다.

지구적 진화구조

지구적 진화는 「삼극(三極) - 일적십거(一積十鉅) - 대삼합육(大三合六) - 인중천지일(人中天地一)」의 구조를 지닌다. 이는 지구 안에서 무(無)의 운행체계를 갖추어 가는 과정이다. 삼극은 지구적 진화의 시작인 본(本)이고, 일적십거는 지구적 진화의 구조인 천지

인(天地人) 삼재(三才)이며, 대삼합육(大三合六)은 지구적 진화의 대
상인 인간이고, 인중천지일(人中天地一)은 지구적 진화가 끝남으로
지구에서 우주로 인간의 진화과정이 넘어가는 것이다.

운행의 구조

지구적 진화의 운행구조는 「삼극(三極) - 1운(1運)[삼극三極+삼
재三才] - 2운(2運)[삼재三才(天三 地三 人三)] - 3운(3運)[삼재三
才(生七八九)]」의 과정을 거친다. 이는 지구가 우주적 진화의 목적
에 부합될 수 있는 터전과 대상, 운행방식을 고정시키는 구조적 이
루어짐이다. 삼극은 지구적 무(無)가 석삼극하여 본(本)으로 자리
잡는 것이고, 1운(1運)은 우주적 시공(時空)과 지구적 시공인 삼재
가 연결되는 과정이다. 2운(2運)은 삼극이 부여한 공간에서 천지인
(天地人)으로 연동된 삼재와 대상이 자리 잡는 것이고, 3운(3運)은
지구적 진화의 결과물인 인간이 천지인(天地人) 위에서 우주적 진
화의 목적에 부합되기 위한 생(生)이 거듭하는 것이다.

운행주체

지구의 운행주체의 변화는 「무(無) - 삼극(三極) - 삼재(三才) -
인간(人)」의 구조를 지닌다. 이는 지구의 운행과정에서 일어나는 운
행주체의 변화에 관한 것이다. 무시일(無始一)로 시작한 지구는 삼

극으로 운행을 시작하여 삼재에게 그 운행의 주도권을 넘겨주고, 인간이 그 운행의 대표로 선택되어 마침을 위해 운행된다. 이러한 운행은 무(無)의 공간에서 삼극이 생기고, 삼극의 공간(中)에서 삼재가 만들어지며, 삼재의 공간(中)에서 인간이 합쳐지고, 인간의 공간(中)에서 삼극이 합치는 과정을 거치게 된다.

운행방식

진화가 운행되는 방식은 「만왕만래(萬往萬來) - 용변부동본(用變不動本) - 본심(本心) - 본태양앙명(本太陽昂明)」의 구조를 지닌다. 하나(一)의 운행방식은 만물과 인간이 뒤섞인 상태에서 운행되는 만왕만래, 만물에서 인간으로 독립하여 순환하는 용변부동본, 인간에서 나(我)로 독립하여 순환하는 본심, 나(我)로 자립하여 지속하는 본태양앙명의 과정이다. 하나의 진화를 위한 운행방식은 독립과 자립의 반복을 통하여 이루어지고, 무(無)로 지속되는 것으로 마친다.

생(生)의 운행

생겨난 것의 운행은 「하나(一) - 삼(三) - 하나(一) - 종(終) 또는 환(環)」의 구조를 지닌다. 이는 독립된 존재의 이루어짐으로, 지구와 만물 그리고 인간에게 동일하게 작용한다. 하나(一)의 존재는 석삼극(析三極)의 원리에 따라, 세 가지의 영역이나 요소를 지니고 있는 상태로 시작된다. 그것은 다시 천지인(天地人) 삼재(三才)의 영향을 받아 셋(三)으로 나뉘어졌다가, 다시 하나로 합쳐지는 과정을 거쳐 마무리된다. 생(生)한 것은 그 운행의 결과에 따라 마침(終)이나 순환(環)으로의 사성(四成)이 결정된다.

존재적 진화

존재적 진화는 「만물(三) – 인간(六) – 인간으로서의 삶(生 七八九) – 인중천지일(人中天地一)」의 구조를 지닌다. 이는 만물이 우주의 목적에 부합하도록 커지고 합쳐져 운행함으로써 지구적 진화를 완성하는 과정이다. 본(本)에서 천지인(天地人)으로 만물이 생겨나고, 만물(三)의 진화는 무궤화삼(無櫃化三)과 대삼합육(大三合六)을 통하여 이루어진다. 그 과정 속에서 대삼합육으로 인간(六)이 선택되고, 인간은 생(生)을 거듭하여 인중천지일로 지구적 진화를 마치게 된다. 삼(三)으로 상징되는 만물이 육(六)으로 상징되는 인간이 되고, 육(六)인 인간이 생칠팔구(生七八九)의 과정을 거쳐 십(十)이자 신(神)인 인중천지일이 되는 것이 만물의 진화과정이다. 고로 인간의 진화 과정은 만물의 진화이자 마침인 것이다.

인간(人)의 진화

인간의 진화는 「칠(七) - 팔(八) - 구(九) - 종(終)」의 구조를 지닌다. 이는 인간이 만물과 분리된 상태에서 독립적인 시간을 운행하는 것이다. 천지인(天地人)에 의해 만물이 인간으로 선택적으로 진화하는 과정이 대삼합육(大三合六)이라면, 칠(七)·팔(八)·구(九)는 마음(心)이라는 본(本)을 지니고자 인간이 자발적으로 진화하는 과정이다. 그런 까닭에 생겨난 인간은 칠(七)에서 팔(八)로, 팔(八)에서 구(九)의 진화를 단계적으로 넘어간다. 육(六)인 인간에게 진화를 위한 기회의 시간이 부여된 상태가 칠(七)인 것이고, 인간의 형질적 구분은 육(六)이다. 칠(七)은 만물과 인간이 다른 시간을 지니게 됨을 상징한다. 고로 칠(七)인 상태는 본래의 육(六)에 기반하고, 육(六)으로 돌아갈 수 있다. 팔(八)은 인간이 만물에서 완전히 인간으로 독립된 진화단계이고, 구(九)는 인간에서 나(我)로 독립된 진화단계이다. 이 단계는 인간으로서의 본(本)이 없는 칠(七)에서 인간으로의 부동본(不動本)이 생긴 팔(八)을 거쳐, 나(我)라는 개인적인 본심(本心)을 지니는 것으로 구분된다. 이처럼 칠(七)·팔(八)·구(九)는 우주에 만들어진 지구가 1운(1運)의 과정으로 우주의 목적에 부합하는 구조를 갖추고, 2운(2運)으로 독립적 시공이 완성되어 3운(3運)으로 목적에 부합되는 진화를 거치는 과정과 같은 원리이다.

그침(死=己)과 마침(終)

천부경(天符經)은 무(無)에 기반하고 있기에 죽음이나 끝이라는 개념이 존재할 수 없다. 천부경에서 그침(死=己)은 무궤화삼(無櫃化三)으로 상징된다. 비롯된(始) 것의 마침(終)과 순환을 구분하기 위해, 생겨난(生) 존재의 돌아감인 무궤화삼을 그침(死=己)으로 표현하는 것이다. 본(本)에서 생겨난 것은 생(生)과 그침을 거듭할 뿐이다. 몸(櫃)이 없어지면 본래의 무(無)인 상태로 돌아가고, 화삼(化三)으로 지구적 무(無)의 본(本)과 연결된 상태로 돌아감을 의미한다. 마침(終) 역시 죽은 상태가 되는 것이 아니다. 마침은 무(無)로 돌아가는 것이 아니라, 무(無)로 존재하게 된 상태가 되는 것이다. 이때의 무(無)는 시공(時空)과 존재가 하나인 우주와 같은 모습이다. 그것이 그침(死=己)과 마침의 차이이다. 마침(終)이 비롯된(始) 것의 순환이 끝나 무(無)가 되는 것이라면, 그침(死=己)은 무(無)가 상자(櫃)에 담겼던 생(生)이 무(無)로 돌아가는 것이다. 이처럼 그침(死=己)은 비롯된 것 안에서 생(生)으로 순환하는 것이고, 마침(終)은 하나의 비롯됨(一始)의 순환이다. 그침(死=己)이 무(無)가 무(無)에 다다라 가는 과정이라면, 마침(終)은 그 과정을 끝내고 새로운 무(無)가 된 것이다.

생(生)한 것은 그쳐서 무(無)로 돌아가 다시 생겨남(生)으로 순환하고, 마쳐서 무(無)가 되어 새로이 일시(一始)하거나 무(無)로 멈추어 있게 된다. 그 과정을 통하여 마침에 다다르는 인간인 신(神)이 나타난다. 일종무종일(一終無終一)을 거쳐 비롯됨을 새로이 시작한다는 것은, 우주적 존재로서의 생(生)을 시작하는 것이다. 인간이 일종(一終)하여 무종일(無終一)의 무(無)에 멈추어 있으면, 비롯되었던 곳에서 신(神)으로 존재할 수 있다. 천부경(天符經)은 무궤화삼(無櫃化三)과 환오칠(環五七)로 그침(死=己)의 방식을 표현하고 있고, 이 책에서는 경문의 이해를 돕기 위하여 생(生)한 것의 무궤화삼을 '그침(死=己)'으로 구분하는 것일 뿐이다. 지구에서 비롯된 것은 우주적 목적에 따라 진화하고, 그 결과 마침으로 우주적 존재가 되는 것으로 마무리 된다. 작은 무(無)를 머금은 더 큰 무(無)가 되는 것이다. 우주적 비롯됨 역시 우주가 비롯된 목적에 부합하고자 함일 뿐이다. 우주적 환(環) 역시 우주가 마칠 때까지 끊임없이 거듭된다. 지구가 인간을 시공(時空)과 존재가 하나인 우주의 무(無)와 같은 상태로 만드는 것이 목표였다면, 우주는 그 존재를 받아서 절대무(絶代無)인 존재로 만들기 위해 존재하기 때문이다.

Ⅱ. 천부경(天符經)의 수(數)

　경전(經典)들이 수(數)를 사용하는 것은 시대나 지역, 관념(觀念)에 상관없이 동일한 의미를 지니기 때문이다. 그것은 지구적 본(本)과 운행원리를 따라 생겨난 수(數)가 지닌 동일성에서 기인한다. 고로 수(數)에 부여되는 존재적 논리성이나 그것의 합의과정에서 같은 기준이 자연스럽게 적용되게 된다. 그중에서 영(無, 0)·일(一, 1)·이(二, 2)·삼(三, 3)에 부여되는 기준이 달라질 뿐이다. 고로 수(數)로 전하는 방식이 다를 뿐 그 목적과 내용은 기본적으로 같다. 천부경(天符經)에 나오는 수(數)는 일(一)부터 십(十)이다. 그리고 이 수(數)들은 사용되는 과정에서 각각의 의미를 지닌다. 십(十)은 일적십거(一積十鉅)를 통하여 지구적 완성수의 기준이 된다. 반면에 일(一)부터 구(九)는 지구적 진화의 과정수로 사용된다. 그 속에서 일(一, 1)부터 육(六, 6)까지는 진화를 위한 터전과 대상을 완성하는 수(數)이고, 칠(七, 7)부터 구(九, 9)까지는 그 터전이 선택한 대상을 운행하여 진화시키는 과정이다. 이 '일(一)부터 구(九), 십(十)'을 일시무시일(一始無始一)과 일종무종일(一終無終一)의 무(無)로 연결하여 설명하는 것이 천부경이다.

천부경(天符經)은 수(數)의 구조를 통하여 진화의 변화과정과 각각의 의미를 상징적으로 표현하고 있다. 이것이 가능한 것은 천부경이 각각의 수(數)를 기본원리인 운삼사성(運三四成)의 이치로 연결하기 때문이다. 그런 까닭에 천부경의 수(數)를 통하여, 지구가 우주에 독립적 시공(時空)으로 자리를 잡는 것부터 진화를 마치는 과정까지를 모두 설명할 수 있는 것이다. 이러한 지구 안의 진화는 지구적 본(本)의 수(數)인 일(一, 1)부터 삼(三, 3)까지를 삼극수(三極數)로 하고, 그 본(本)에 의해 운행되는 천지자연(天地自然)의 수(數)인 사(四, 4)부터 육(六, 6)까지를 삼재수(三才數)하여 칠(七)·팔(八)·구(九)의 진화수(進化數)가 운행되는 것으로 드러난다.

지구의 출발점인 영(無, 0)과 완성수인 십(十)은 하나의 무(無)이다. 십(十)인 상태의 무(無)는 일(一)부터 구(九)를 포함하고 있다. 십(十)을 통하여 지구가 일시무시일(一始無始一)하여 일종무종일(一終無終一)함으로 얻게 되는 수(數)의 한계를 알 수 있다. 그 과정의 수(數)가 일적십거(一積十鉅)로 펼쳐져 있는 것이기에, 인간이 지구에서 십(十)으로 마칠 수 있는 기회를 지니게 되는 것이다. 이를 위해 지구와 인간이 역할을 나누어 하나씩 쌓아가 하늘에 부합될 수 있는 원리가 천부경(天符經)이다. 고로 지구 안의 수(數)는 구(九)까지가 한계이다. 이것을 극복할 수 있는 것은 인간이 지구적 한계인 구(九)에 다다라, 천지(天地)를 품은 하나의 새로운 십(十)인 무(無)

가 되는 방법뿐이다.

천부경(天符經)에서 지구와 인간은 본(本)을 공유하고 있다. 이는 지구가 만든 인간 역시 지구처럼 독립된 시공(時空)을 만들 수 있는 무(無)의 구조를 지니게 된다면, 십(十)의 크기를 공유할 수 있음을 의미한다. 이를 위하여 인간이 지닌 무(無)의 구조가 마음(心)이고, 그것이 수(數)로는 구(九)가 되는 것이다. 지구가 삼극(三極)과 삼재(三才)의 시공(時空)에 그 본(本)을 펼치고, 인간은 그 본(本)을 자기 안의 시공에서 하나로 합친다. 그것이 지구에서 인간이 십(十)으로 넘어갈 수 있는 유일한 길이다. 이는 지구가 석삼극(析三極)으로 나눈 본(本)이 인중천지일(人中天地一)로 합쳐지는 이치이다. 그것을 '무로 시작한 하나(無始一)'가 '무로 마친 하나(無終一)'를 만들었다고 하는 것이고, '일로 시작한 하나(一始)'가 '십(十)으로 마친 하나(一終)'의 무(無)가 되는 것으로 연결된다. 그 과정을 천부경은 수(數)를 통하여 풀어내고 있다.

천부경(天符經)에서 이(二)·오(五)·팔(八)은 땅(地)의 수(數)이다. 이(二)는 삼재(三才)가 삼극(三極)에서 받은 땅(地)의 속성이고, 오(五)는 그것이 형질로 펼쳐져 땅(地)으로 고정된 것이며, 팔(八)은 그것이 변함없이 지속되는 부동본(不動本)인 땅(地)의 모습이다. 이처럼 지구에서 고정된 터전과 과정을 상징하는 땅(地)의 수(數)인이(二)·오(五)·팔(八)은, 천부경에서 별도로 다루어지지 않는다. 천부경은 지구적 진화가 형질을 지닌 땅(地)인 오(五) 위에서 일어나고, 그 진화의 과정은 하늘의 시간과 맞물에 날린 섯임을 알려주고자 하기 때문이다. 고로 팔(八)이 그 진화과정에 진화의 대상이 부동본(不動本)으로 안정된 상태의 상징임을 알 수 있다. 더불어 지구(地球)는 땅(地)을 중심으로 하는 원(圓)의 시공(時空)이다. 즉, 땅(地)을 중심으로 운행된다는 의미이다. 천부경에서 쓰이는 수(數)의 기본적인 배열과 의미는 다음과 같다.

구분	천(天)	지(地)	인(人)	진화목표	운행단계
삼극수 (本의 數)	1	2	3	3 (만물)	운행의 시작
삼재수 (自然의 數)	4	5	6	6 (만물 중 인간)	지구의 진화
진화수 (人間의 數)	7	8	9	9 (인간 중 인간)	인간의 진화
지구	시간	터전	만물	마침(終)	천부(天符)

하나·일(一)·1

천부경(天符經)에서의 하나(一)는 독립된 개체를 상징한다. 인간과 지구, 우주 모두 독립된 개체인 하나이다. 다만 하나는 본(本)을 지녀야만 비로소 완전히 독립된 개체가 된다. 그리고 형질과 크기, 목적이 다르기에 존재하는 방식과 운행의 구조가 달라진다. 독립된 개체가 의미를 지니는 것은 삶과 진화 모두 결정할 수 있기 때문이다. 고로 우주와 지구가 하나(一)이고, 인간 중에서는 본심(本心)을 지닌 인간만이 하나(一)가 된다. 하나(一)는 무(無)에서 비롯(始)되거나 생(生)겨나고, 그 무(無)에 기반하여 혼성(混成)으로 존재한다. 하나(一)는 무(無)에서 그 무(無)인 상태로 만들어진다. 무(無)인 상태로 시작하는 하나는 나뉘어짐의 변화에 따라 본(本)의 특성이 결정된다. 일시무시일(一始無始一)의 하나(一)는 시공(時空)으로서의 하나이다. 그 하나인 시공이 무(無)에서 비롯되는 것과 무(無)인 상태임을 보여준다. 일종무종일(一終無終一)의 하나는 존재로서의 하나이고, 하나가 무(無)로 마치게 되는 것과 시공과 존재가 하나인 상태임을 보여준다. 이와 같이 각각의 하나(一)는 시공이나 존재이고, 그에 부합되는 목적을 지니고 있다. 이런 하나가 어우러져 목적을 따라 흘러가는 것이 우주진화의 과정이다. 즉, 하나(一)가 하나(一)를 활용하여 하나를 진화시키는 것이다. 그 결과로 하나가 하나를 활용한 하나와 같은 무(無)의 속성을 지니게 되는 것으로 하나의 진화가 마무리된다. 하나(一)에는 우주와 지구, 만물이라는 각각의 차원이 존재한다. 이에 따라 하나에는 과정과 단계에 차이가 있게 된다. 그런 까닭에 이 과정 속에서 하나는 운행주체의 구분과 순서, 과정과 상태로도 사용된다. 하나(一)는 시작이고, 그 하나가 의지하는 상위 차원의 변화에 영향을 받게 된다. 또한 하나는 끝이고, 그 하나가 의지하던 상위차원과 크기가 같아진 것이다.

셋·삼(三)·3

천부경(天符經)에서 삼(三)은 하나(一)가 지니고 있는 구조적 특성을 상징한다. 삼(三)은 하나(一)가 하나인 상태를 유지한 채 분화되어 있는 것이다. 이것이 석삼극(析三極)의 원리이고, 하나는 그 상태로 살아간다. 지구가 하나인 삼극에 기반한 삼재(三才)의 구조로 존재하는 것과 같다. 하나(一)인 상태로 분화된 삼(三)은 그 자체가 다시 하나(一)이자 기준이 된다. 즉, 하위 단위에서 계속 삼(三)이 되는 구조를 지니게 된다는 의미이다. 한 번의 분화가 일어난 것은 별도의 하나(一)로 존재하게 되고, 다시 그 토대 위에 보다 더 작은 단위의 삼(三)을 만들어 내는 것이다. 이때, 하나(一)인 상태가 각각 중첩된 하위 단위에게는 본(本)이 된다. 이것이 운삼(運三)의 기본원리이다.

하나(一)와 삼(三)이 중첩되는 방식은 우주와 지구 그리고 만물에게 동일한 원리로 작동된다. 이로 인하여 하나(一)의 운행 역시 삼(三)에 의지하고, 그런 까닭에 운삼(運三)의 과정이 필요한 것이다. 하나(一)가 삼(三)으로 나누어지고, 하나( )를 구성하는 삼(三)을 각각의 과정으로 한번씩 거치기 때문이다. 다만, 우주와 지구 그리고 만물에게 존재하는 삼(三)의 형태가 달라 다르게 보일 뿐이다. 삼(三)은 각각의 분별이 아니라 나뉘어진 채로 하나인 토대적 개념으로 사용된다. 지구적 삼(三)인 삼극(三極)이 그 안의 하나인 본(本)으로 삼(三)인 삼재(三才)의 토대가 되고, 삼극적 삼(三)인 삼재는 하나의 천지자연으로 만물의 토대가 된다. 이를 본받아 삼재적 삼(三)인 만물은 인간의 토대가 되고, 그것을 구분하는 인간의 수(數)가 육(六)이 되는 것이다.

하나(一)인 지구에서 삼(三)의 시공(時空)은 삼극(三極)이 된다. 이 삼극이 다시 하나(一)인 본(本)이 되고, 하나(一)로서의 삼극에서 삼(三)의 시공은 천지인(天地人) 삼재(三才)가 된다. 이 삼재는 다시 하나(一)인 천지자연(天地自然)이 되고, 하나(一)로서의 삼재에서 삼(三)의 시공은 만물이 된다. 삼극에서 삼재까지는 삼(三)의 시공이 펼쳐지는 과정이라면, 만물에서 인간은 삼(三)의 시공이 다시 합쳐지는 과정이다. 이 거듭되는 시공으로서의 삼(三)과 만물의 삼(三)이 커지고 합쳐짐으로써 얻어지는 하나(一)가 천부경(天符經)의 인간인 것이다. 그런 까닭에 인간의 수(數)가 육(六)으로 독립될 수 있는 것이다. 인간의 구조와 삶에도 이와 같은 하나(一)와 셋

(三)의 관계가 반복적으로 일어나 중첩된다.

넷·사(四)·4

　천부경(天符經)에서 사(四)는 이루어짐의 결과와 그 이루어짐의 과정 전체를 상징한다. 그런 까닭에 운삼(運三)한 것의 결과로 사성(四成)이 오고, 각각의 하나인 것이 연결된 상태로 구분되는 매듭이 된다. 하나의 인간에 대한 매듭이자 출발점이 된다. 그런 까닭에 지구는 운삼사성(運三四成)의 기준에 따라 시간은 사성의 사(四)와 운삼을 연결하는 칠(七)로 순환하게 되는 것이다. 사(四)는 과정으로서의 단계적 구분이기도 하고, 하나인 상태의 단계적 차이이기도 하다. 이는 사계절 원리와 같다. 봄·여름·가을로 운행되어 겨울이 되고, 이로 인하여 해가 바뀜으로써 다시 새로운 하나의 운행이 시작되는 원리이다. 고로 사(四)는 순환에서 구분되는 하나의 고리로, 하나(一)와 삼(三)이 합쳐짐을 거듭하는 과정이다. 사(四)는 운삼(運三)과 묶여 사용된다. 시간의 매듭으로써의 사(四)는 천일일 지일이 인일삼(天一一 地一二 人一三)의 1운(1運) 과정에서 독립된 수(數)로 삼재의 시간인 사(四)가 되고, 대삼합육(大三合六)과 묶여 2운(2運) 과정에서 만물로부터 독립된 수(數)로 인간의 시간인 칠(七)이 되며, 인중천지일(人中天地一)과 묶여 3운(3運) 과정에서 인간으로부터 독립된 수(數)로 신(神)의 시간인 십(十)이 된다.

진화의 과정은 각각의 상황에 부합하는 사(四) 단계 또는 네 가지의 형태를 거친다. 진화는 변화의 과정을 거쳐서 이루어지고 마치기 때문이다. 삼극(三極)의 삼(三)이 운행되는 안정된 삼재(三才)가 삼극의 사(四)가 되고, 삼재의 삼(三)인 만물이 한번 더 운행하여 선별한 인간이 삼재의 사(四)가 되며, 만물인 삼(三)이 진화의 과정으로 이룬 인중천지일(人中天地一)이 만물의 사(四)가 된다. 지구 안에서 일어나는 모든 것은 사성(四成)의 원리에 기반하고 있다. 고로 사(四)는 변화의 과정과 결과로 이루어진다. 사(四)는 시간적 흐름과 그 시간을 통한 변화의 처음과 끝을 담아낸다. 이는 천부경(天符經)의 2운(2運)이 천이사 지이오 인이육(天二四 地二五 人二六)으로 표기되지 않은 이유이기도 하다. 이미 1운(1運)을 통하여 수(數)가 지니는 천지인(天地人)의 구분과 순서가 마무리 되었고, 사(四)·오(五)·육(六)은 삼극에서 독립된 삼재의 특성과 형질 그리고 대상으로 진화하였기 때문이다.

여섯·육(六)·6

천부경(天符經)에서 육(六)이 상징하는 것은 인간(人)이다. 대삼합육(大三合六)으로 육(六)의 특성을 설명한다. 육(六)은 지구적 터전으로서의 육(六)과 진화대상으로 완성된 존재인 인간으로서의 육(六)을 의미한다. 그런 까닭에 3운(3運)에서 하나도 연통되어 운행될 수 있는 것이다. 존재적 과정에서는 삼(三)인 만물이 진화된 인간을 상징하는 것이 천부경의 육(六)이다. 이는 지구가 천지(天地)와 만물을 부모로 인간을 임신하는 것과 같다. 이것이 대삼합육의 과정이 지구에 필요한 이유이다. 그런 까닭에 천부경이 육(六)을 만드는 과정과 그 육(六)이 육(六)의 터전 위에서 마쳐가는 과정으로 나뉘어져 있는 것이다. 그 육(六)이 생칠팔구(生七八九)의 일묘연(一妙衍)으로 일종무종일(一終無終一)하는 것은, 지구가 태아(胎兒)인 인간을 길러 신(神)으로 우주에 출산시키는 것이 된다.

삼극(三極)이 삼재(三才)를 통하여 우주적 진화대상인 인간을 만드는 것으로 지구적 진화는 마무리된다. 그 이후부터 삼재는 지구적 진화의 결과인 육(六)이 우주적 진화를 이루어갈 수 있도록 돕는 지구적 순리로서만 작용한다. 고로 육(六)은 우주 진화과정에서 지구적 시간의 입장에서는 인과의 결과값이 되고, 지구적 존재의 입장에서는 만물의 합(合)인 인간이 되며, 지구적 공간의 입장에서는 육합(六合)으로 하나인 상태가 된다. 육(六)은 삼재가 삼극과 별도의 시공(時空)으로 존재하는 과정에서 커지고 합쳐진 결과를 상징한다. 그 안에서 삼극적 속성과 삼재적 속성을 모두 머금은 유일한 존재가 인간이기에, 그것을 상징하는 수(數)가 육(六)이 되는 것이다. 우주와 지구를 잇는 것이 시구석 삼(三)인 삼극이라면, 지구적 육(六)인 인간은 십(十)이 되어 지구와 우주를 잇는다. 천부경에서의 육(六)은 진화의 분기점 구실을 한다. 그런 까닭에 육(六)에 대한 명확한 규정이 천부경을 이해하고 해석하는 것에 중요한 것이다.

일곱·칠(七)·7

천부경(天符經)에서 칠(七)은 육(六)으로 생겨난 인간이 인간으로서의 삶을 시작한 것을 상징한다. 삼극적 속성의 삼(三)과 독립된 삼재적 속성의 삼(三)이 더해진 수(數)가 육(六)이고, 그 위에 독립된 인간의 생(生)이 더해져 칠(七)·팔(八)·구(九)가 되는 것이다. 그 출발점이 칠(七)이고, 그런 까닭에 합육(合六) 다음에 생칠팔구(生七八九)가 오는 것이다. 칠(七)은 삼재(三才)적 구분으로는 하늘의 시간이 된다. 이는 만물의 시간과 다른 새로운 시간이 부여되었음을 상징한다. 지구의 시간이 만물 중심에서 인간 중심으로 재편된 것이다. 그런 까닭에 칠(七)은 운삼(運三)으로 사성(四成)하여 다시 운삼하는 것으로 순환의 고리가 완성되었음을 의미하는 수(數)가 된다. 운삼과 사성의 '삼(三)+사(四)=칠(七)'이자, 하나로 이어진 운삼·사성·운삼의 '삼(三)+일(一)+삼(三)=칠(七)'인 것이다. 이는 시간이 지구적 진화를 위한 것에서 우주적 진화를 위한 것으로 변화되었음을 의미한다. 고로 칠(七)은 비로소 하늘에 부합되는(天符) 진화가 일어날 수 있는 존재가 지구에 생겨났음을 상징적으로 보여주는 구분이다. 우주적 진화의 존재가 비롯된 것 안에서 생겨났음을 상징하기 위해 생칠팔구(生七八九)를 사용하여 구분하는 것이다. 이처럼 만물과 인간의 본(本)을 구분 짓는 수(數)가 칠(七)인 것이다. 무궤화삼(無櫃化三) 안에서 인간의 생(生)이 독립적으로 일어나게 되고, 이를 환오칠(環五七)로 보여준다. 이는 생(生)의 시작인 칠(七)이 지구가 순환하는 주기와 맞추어진 것을 의미한다. 이처럼 칠(七)은 지구적 순환의 기본원리이다. 그런 까닭에 지구적 순환고리에서 벗어나 인간으로서의 존재적 본(本)을 지니게 된 용변부동본(用變不動本)의 상태가 팔(八)이 되는 것이다.

아홉·구(九)·9

구(九)는 같은 단위의 숫자가 커질 수 있는 끝에 다다른 것이다. 우주에서 지구의 수(數)는 십(十)이고, 구(九)는 지구적 순리를 상징하는 수(數)가 된다. 구(九)는 변화가 마무리됨을 상징하는 수(數)이자 다음단계의 진화과정에 놓이는 것이다. 천부경(天符經)에서 구(九)는 지구수(地球數)인 십(十)의 바로 전이고, 생칠팔구(生七八九)의 과정에서 끝에 나다라 마음(心)으로 지구적 한계를 벗어남을 시도하는 인간을 상징한다. 1운(1運)의 과정을 거친 삼(三)이 2운(2運)의 과정을 통하여 육(六)이 되어, 3운(3運)으로 지구적 진화의 끝에 다다른 것이다. 이는 지구적 진화과정으로 인간이 본(本)을 지닌 하나의 존재인 나(我)가 된 것의 상징이다. 그런 까닭에 구(九)는 비롯된 것 안에서는 그 자체로 완성수가 된다. 천부경에서 구(九)는 지구의 본(本)을 공유하는 마음(心)을 지닌 인간이다. 구(九)를 넘어가면 새로운 무(無)인 십(十)의 영(0)이 되고, 새로운 일(一)이 시작된다. 삼재(三才)와 만물은 지구의 삼극(三極)을 본(本)으로 삼지만, 구(九)인 인간은 무(無)인 스스로의 마음(心)이 본(本)이기에, 지구가 본(本)으로 삼는 태양의 밝음을 우러르게 된다. 이를 위해 무시일(無始一)의 지구가 1변(1變)하여 삼(三)의 수(數)를 지니고, 2변(2變)하여 육(六)의 수(數)를 지니게 되며, 3변(3變)하여 구(九)의 수(數)를 지니는 과정을 거치는 것이다. 이처럼 구(九)는 진화과정 안에서의 변화를 마무리한 것이고, 한결같은 상태의 나(我)로 순환할 수 있게 된다. 구(九)는 지구적 운삼(運三)이 완성한 수(數)가 되고, 이는 변화가 끝나고 무종일(無終一)의 사성(四成)만이 남은 상태를 의미한다. 고로 천부경은 구(九)가 지구적 인과에서 벗어난 상태이고, 지구적 순리에서 자유로워져 시공적 한계를 넘는 도전을 할 수 있게 되었다 한다. 구(九)는 지구라는 온실에서의 성장이 끝난 상태이고, 지구 밖 우주에 옮겨 심어야 할 때에 다다른 존재이다. 인간이 일종무종일(一終無終一)로 지구수(地球數)인 십(十)에 도전할 수 있는 존재임의 증거가 구(九)이고, 고로 십(十)인 신(神)이 되기 전인 성인(聖人)을 상징하는 수(數)가 된다.

열·십(十)·10

천부경(天符經)에서 십(十)은 지구수(地球數)를 의미한다. 천부경에서 십(十)은 일적십거(一積十鉅)라는 과정을 통하여 드러난다. 무(無)인 지구가 가득 찬 상태의 합이 십(十)이고, 이는 무(無)로 연결되는 우주에서 지구의 크기와 역할의 기준이 된다. 이를 통하여 십(十)부터 우주적 진화과정에서 존재로서 지속되는 것임을 알 수 있다. 인간이 지구적 진화과정을 통하여 십(十)이 되는 우주적 진화 과정을 밟아가는 이유이고, 그에 다다르면 인간과 구분 지어 우주의 인간인 신(神)이라고 하는 것이다. 이처럼 지구의 수(數)가 십(十)이기에 지구가 우주의 진화과정에서 독립된 시공(時空)으로써, 대상을 구(九)까지 진화시키는 역할로 참여할 수 있다. 지구가 우주에서 일적십거(一積十鉅)로 새롭게 출발한 것처럼, 인간이 십(十)에 다다른다는 것은 새로운 출발점에 놓이는 것을 상징한다.

일적십거(一積十鉅)의 십(十, 10)이 지닌 특성으로 십(十, 10)의 의미를 알 수 있다. 십(十)은 무(無)인 영(0)에서 비롯뇌어 일(一)부터 구(九)까지의 과정을 거쳐 다시 무(無)인 우주와 연결된 것이다. 즉, 우주적으로는 십(十)이 곧 무(無)를 의미한다. 그런 까닭에 십(十)이 존재로서 무(無)를 머금은 상태를 보여주는 것이다. 천부경(天符經)은 인간이 일종무종일(一終無終一)로 마치면 지구의 수(數)인 십(十)과 같아질 수 있고, 새롭게 비롯된 존재가 될 수 있음을 보여준다. 이를 통하여 우주적 존재의 수(數)가 십(十)이 됨을 알 수 있다. 십(十)보다 작은 존재는 우주에서 독립적인 시공(時空)으로 존재할 수 없기 때문이다. 고로 인간의 수(數)가 생칠팔구(生七八九)를 통하여 구(九)까지 커지는 것은 온전히 지구의 몫이다. 왜냐하면, 새로운 것이 아닌 십(十)인 시공 안에 포함된 수(數)라는 의미이다.

우주는 구(九)에 다다라야 비로소 십(十)안의 존재에 관심을 갖게 되고, 그 상징인 태양을 직접 좇도록 설계되어 있다. 십(十)의 과정을 거쳐서 만들어진 십(十)의 무(無)만이 새로운 비롯됨을 통하여 우주에서 계속 진화해 갈 수 있다. 그 이유는 지구는 시공(時空)으로서의 십(十)이고, 인간은 시공인 지구에서 우주적 진화를 거침으로써 시공과 존재가 하나인 우주와 같은 형질을 지닌 십(十)이 되기 때문이다. 인간이 십(十)에 다다라 지구가 운행되는 것과 같은 일을 하는 것을 신(神)이라 부르고, 고로 십(十)은 신(神)을 상징하는 수(數)가 된다. 이것이 일시무시일(一始無始一)의 무(無)는 없음인 영(0)이 되고, 일종무종일(一終無終一)의 무(無)는 지구수와 같은 십(十)이 되는 까닭이다.

삼(三)·육(六)·구(九)

천부경(天符經)에서 삼(三)·육(六)·구(九)로 연결된 수(數)는 지구가 만물을 우주적 진화의 목적에 맞는 대상으로 만들어 가는 과정이다. 이는 운삼(運三)으로 삼변(三變)하는 과정이다. 여기에는 지구라는 시공(時空)의 터전적 변화로써의 삼(三)·육(六)·구(九)도 포함된다. 그런 까닭에 천부경에서 삼(三)은 만물이자 삼극(三極)이고, 육(六)은 만물이 진화한 상태의 인간이자 삼재(三才)이며, 구(九)는 지구적 진화가 완성된 홍익인간(弘益人間)이자 이화세계(理化世界)가 된다. 이처럼 우리나라는 천부경의 원리를 좇는 것을 목적으로 하기에 홍익인간과 이화세계를 건국과 통치이념으로 삼고 있는 것이다. 터전이 육(六)인 삼재에서 생(生)하기에 육(六)으로서 칠(七)의 생(生)을 사는 것이라면, 터전이 구(九)인 이화세계에서 생(生)하면 구(九)로서 십(十)의 삶을 살 수 있게 된다. 이처럼 삼(三, 3)과 육(六, 6)이 지구적 존재라면, 구(九, 9)는 지구적 존재와 우주적 존재의 중간에 위치한다. 삼(三)의 변화과정은 존재적 진화과정을 그대로 보여준나. 1운(1運)의 과정인 천일일 지일이 인일삼(天一一 地一二 人一三)은 삼(三)이 생겨나는 것을 설명하고, 2운(2運)의 과정인 천이삼 지이삼 인이삼(天二三 地二三 人二三)의 과정에서는 삼(三)이 대삼(大三)하여 합육(合六)으로 육(六)을 만들어 낸다. 3운(3運)의 과정인 생칠팔구(生七八九)를 통해서는 하나의 존재성이 거듭됨으로써 진화한 구(九)가 드러난다.

칠(七)·팔(八)·구(九)는 인간의 독립된 진화단계를 상징하고, 천부경(天符經)은 이 목적을 가르쳐 인간을 진화의 목적대로 이끌어 주고자 한다. 이는 우주의 목적이 지구에 담겨 인간으로 넘어가는 과정이고, 이것이 홍익인간으로 이어진 인내천(人乃天)의 의미이다. 이를 위해 일(一)부터 구(九)까지의 과정을 통하여 그 역할을 위한 준비를 갖추는 것이다. 고로 삼(三)·육(六)·구(九)는 우주의 목적에 부합되는 존재가 지구에서 완성되어 가는 과정의 수(數)이다.

영(無, 0)과 십(十, 10)

영(無, 0)은 무(無)이다. 천부경(天符經)에서 무(無)는 무시일(無始

一)과 무종일(無終一)로 새로운 시작을 의미한다. 영(無, 0)에서 일(一, 1)이 나온다. 마찬가지로 하나가 마친 영(無, 0)인 십(十, 10)에서도 다시 일(一, 1)이 나온다. 그런 까닭에 천부경(天符經)에서 일시무시일(一始無始一)의 무(無)는 마침에 다다를 때까지의 수(數)인 일(一, 1)부터 구(九, 9)까지를 포함한다. 마찬가지로 일종무종일(一終無終一)의 십(十) 역시 일(一, 1)부터 구(九, 9)까지를 포함한다. 이런 방식으로 우주적 차원의 진화가 연결되어 계속 커지게 된다. 그것을 천부경은 영(無, 0)과 십(十, 10)을 통해 상징적으로 보여주는 것이다. 지구에서의 진화란 일(一, 1)부터 구(九, 9)까지의 과정을 거쳐 십(十)이 되는 것으로, 지구적 무(無)가 질적 변화를 통하여 우주적 무(無)가 되는 것을 의미한다.

일(一)부터 구(九)까지의 지구적 진화과정은 시공(時空) 안에서 존재가 생겨나 우주적 진화과정에 놓이기 위해 성장하는 과정이다. 그것이 일시(一始)한 무(無)와 일종(一終)한 무(無)의 차이가 된다. 또한 무종일(無終一)을 통하여 이 무(無)가 영(無, 0)으로 돌아간 것이 아니라 새로운 형태인 십(十, 10)의 무(無)임을 알 수 있다. 일시(一始)하게 한 무(無)와 일종(一終)한 무(無)가 시공과 존재를 하나로 머금은 우주의 무(無)와 크기는 다르지만 같은 상태임을 알 수 있다. 고로 일종(一終)한 무(無)는 지구처럼 자기 안의 것을 키우는 신(神)이 될 수 있고, 새로운 진화의 길인 우주적 존재로서의 생(生)을 시작할 수 있다. 우주적 존재의 삶을 선택한다면 운행되는 질량이 커져, 십일(十一, 11)부터 구십구(九十九, 99)에 다다르는 과정을 밟아가 일백(一百, 100)으로 십(十, 10)의 무종일(無終一)을 마치게 될 것이다. 하나의 단위는 십(十)에서 끝나고, 십(十)의 단위는 백(百)에서 끝나기 때문이다.

영(無, 0)에서 십(十)의 진화는 그 진화 과정이 일어난 시공(時空)인 지구의 특성을 존재인 인간이 머금어 무(無)로 커진 것이다. 이를 위해 지구는 일적십거(一積十鉅)를 통해 십(十)의 시공을 만들고, 이를 통하여 하나(一)인 일적(一積)이 십(十)에 다다라 그 상태로 고정(鉅)될 수 있는 방법을 보여 준다. 이러한 과정을 거쳐 인간은 지구의 본(本)을 본떠(母) 담아 마음(心)을 만들고, 태양의 밝음을 좇아 우주적 존재로 넘어가는 과정을 천부경(天符經)은 담고 있다. 일종무종일(一終無終一)인 십(十)은 지구적 경험을 지닌 우주적 존재이다. 천부경에 존재하는 모든 수(數)는 진화를 위한 수(數)이고, 그 진화과정에서 일어나는 터전의 변화를 상징하는 것으로 또한 쓰인다. 그리고 그 수(數)들은 영(無, 0)과 십(十, 10)의 사이에 있다.